大宋帝国三百年

第一部

月润江南◎著

清華大学出版社

北 京

内容简介

本系列图书按照时间顺序，讲述了从唐末农民起义到崖山海战之间三百余年中发生的历史故事。

本书史料均源于正史，其中既有国与国之间的博弈，也有人与人之间的爱恨；既有帝王的开疆拓土、或明或昏，也有名臣们的生平际遇、宦海沉浮，众多人与事交织成一部大气磅礴的两宋历史剧，读者可从中感受到那段时期的社会风貌与人情百态，更可从人与人及国与国的博弈中品味世情的冷暖与处世之道。

本书行文沉稳大气而不失轻松幽默，语言极具镜头感，读来有"追剧"的感受，令读者不忍释卷、拍案叫绝，是一部老少咸宜的历史小说。

图书在版编目(CIP)数据

大宋帝国三百年·第一部 / 月润江南著. —北京：清华大学出版社，2020
ISBN 978-7-302-53597-3

Ⅰ. ①大… Ⅱ. ①月… Ⅲ. ①中国历史—宋代—通俗读物 Ⅳ. ①K244.09

中国版本图书馆CIP数据核字(2019)第173926号

责任编辑：陈立静
封面设计：杨玉兰
责任校对：吴春华
责任印制：刘海龙

出版发行：清华大学出版社
   网 址：http://www.tup.com.cn, http://www.wqbook.com
   地 址：北京清华大学学研大厦A座 **邮 编：**100084
   社 总 机：010-62770175   **邮 购：**010-62786544
   投稿与读者服务：010-62776969, c-service@tup.tsinghua.edu.cn
   质量反馈：010-62772015, zhiliang@tup.tsinghua.edu.cn
印 装 者：三河市少明印务有限公司
经 销：全国新华书店
开 本：170mm×240mm **印 张：**16.5 **字 数：**278千字
版 次：2020年1月第1版 **印 次：**2020年1月第1次印刷
定 价：49.80元

产品编号：078197-01

自序

　　我很喜欢历史，因为历史很有趣儿。有趣儿的人、有趣儿的事、有趣儿的片段，构成了有趣儿的历史。

　　我喜欢徜徉在这有趣儿的历史长河中，感受着、体会着那悠长的时光隧道深处曾经的金戈铁马、荡气回肠，曾经的英雄迟暮、黯然神伤。这些有趣儿的人和事，纵然相隔千年，却依然闪耀着光芒，吸引着后人去探究、去寻找、去品味、去思考。历史就在我们身边，她从未走远。我相信，这是每一位喜欢历史的朋友共同的感受。于是，我想把那些有趣儿的历史写下来，献给自己，也献给所有喜欢历史的朋友。

　　在本书中，我用我的方式主要记述了从公元960年（北宋建隆元年，陈桥兵变）到公元1279年（南宋祥兴二年，崖山海战）期间，两宋319年有趣儿的历史。

　　本书的原始资料均来源于《宋史》《续资治通鉴长编》《建炎以来系年要录》《三朝北盟汇编》等宋朝史料，以及《涑水纪闻》《默记》《闻见近录》《丁晋公谈录》等宋人笔记。要知道，写历史，我是认真的。当然，为了行文的流畅，也为了阅读的方便，在对历史事件、人物等进行叙述的过程中，相应的出处就不再一一标注了。

　　这样做有个更重要的好处，就是能保持历史的趣味性。作为一名历史爱好者，我曾读过太多艰涩难懂的历史古籍，也曾读过太多学究气十足的历史著作，这样的书读得多了，往往会有一种怅然若失、索然无味的感觉。

　　历史本来很有趣儿，历史也可以被写得很有趣儿。

　　我相信，用一些有趣儿的文字写一段有趣儿的历史，一定很有趣儿！

　　我更相信，我不孤单，一定会有一群有趣儿的朋友伴我一路前行，这个过程一定也很有趣儿！

目录 · CONTENTS

楔子　001

第一章　我来也　005

第二章　乱世之始　010

第三章　转　折　016

第四章　帝国之殇　021

第五章　混沌的时代　027

第六章　生于忧患　死于安乐　034

第七章　儿皇帝万「碎」　040

第八章　初闯天涯　048

第九章　跟我学政治　056

第十章　郭威难测　062

第十一章　稳坐钓鱼台　068

第十二章　世宗柴荣　075

第十三章　闪亮登场　082

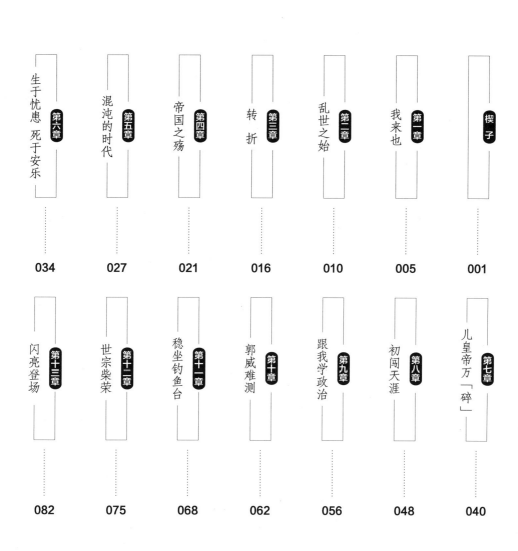

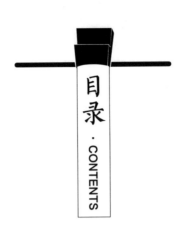

目录 · CONTENTS

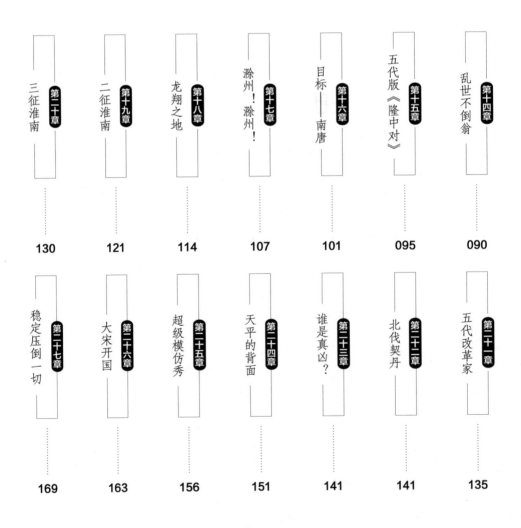

第二十章 三征淮南 130

第十九章 二征淮南 121

第十八章 龙翔之地 114

第十七章 滁州！滁州！ 107

第十六章 目标——南唐 101

第十五章 五代版《隆中对》 095

第十四章 乱世不倒翁 090

第二十七章 稳定压倒一切 169

第二十六章 大宋开国 163

第二十五章 超级模仿秀 156

第二十四章 天平的背面 151

第二十三章 谁是真凶？ 141

第二十二章 北伐契丹 141

第二十一章 五代改革家 135

目录 · CONTENTS

第三十四章 兵者诡道 212

第三十三章 猛士守四方 206

第三十二章 雪夜定策 200

第三十一章 百世之基 193

第三十章 妄为者，弃！ 187

第二十九章 亲征淮南 181

第二十八章 平定李筠 175

五代大事年表 255

第四十章 皇权与相权 249

第三十九章 将不可骄 243

第三十八章 六十六天的征服 236

第三十七章 成都！成都！ 229

第三十六章 蜀主的传说 221

第三十五章 平定荆湖 217

楔子

国学大师胡适先生曾说，历史是个任人打扮的小姑娘。而在我看来，有时候历史更像一个任性调皮的小男孩，因为他总是出人意料。就像我们即将了解的这段历史，一个辉煌王朝的开端恰恰源于一个落魄流浪的人。

这个人名叫赵匡胤。

"匡胤"这个名字还是蛮讲究的："匡"即"匡正、救济"，"胤"即"子孙后代"。很显然，爹地妈咪给取这个名儿，就是希望小赵同学能匡时济世、福泽子孙。

可是，目前这位流浪汉同志考虑的并不是什么"匡胤"的问题，而是"匡肚"——如何填饱肚子才是最重要的。人是铁饭是钢，一顿不吃饿得慌，对一个流浪汉来说，吃饭才是头等大事。流浪汉赵匡胤的行囊就要见底，而且异地他乡举目无亲，这秋风也不知道向谁去打，一分钱难倒英雄汉哪！

老天爷似乎想给他来点更刺激的。俗话说，有人的地方就有江湖，而有江湖的地方当然就有赌徒。路边的几个年轻人此时正赌得热火朝天、不亦乐乎。反正也没几个钱了，不如赌一把，兴许能绝处逢生呢。

但凡江湖人士走投无路时，多半会选择赌，孤注一掷是江湖的一大特色。于

是，赵匡胤决定试试。别看这个营养不良的青年脸色不好（流浪的缘故，可以理解），可手气却是出奇地好，一下子大杀四方。

眼瞅着那银子像着了魔似的一个劲儿地飞进赵匡胤的腰包，这伙人被惹急了。在那个年代，有两种人是不能惹的，一种是兵，一种是匪。很不幸，流浪汉小赵遇上了其中之一——匪。

这帮赌徒本就是当地的小混混，平常保护费收惯了，混吃混喝是家常便饭，走路都呈螃蟹状，从来只有欺负别人的份儿，如今哪能受得了这鸟气，一听赵匡胤的外地口音（河南话），二话不说，一哄而上，板砖木棍一起招呼。

虽然赵匡胤同学也算是个练家子，武艺很是了得。可武功再高，也怕菜刀，双拳再强，难抵四掌。面对一群急红了眼的匪徒，小赵同学只有招架的份儿了，几个回合下来，终于不敌，被一顿海扁，抢了个精光，连最后几个救命的铜板也算作辛苦费一块效劳了。可见，赌博确实不是件好事，输了固然心情不爽，赢了也未必走得出场，弄不好还赚俩熊猫眼，实在是件费力不讨好的活儿。

钱没赢到，反而吃了一顿"排山倒海"。人财两失，怎一个背字了得，小赵同学那时混得可真够惨的。然而苦难是一块试金石，有的人视它如鸿沟，无法跨越，自甘沉沦；有的人视它如垫脚石，从容面对，越挫越勇。很显然，赵匡胤属于后者。在人生最艰难的岁月中，赵匡胤咬咬牙挺了过来，并充分发扬了流浪汉的乐观主义精神，在某一个没刷牙没洗脸外加没吃早餐的清晨，面对着朝霞，豪气冲天地写了一首诗。

咏日

欲出未出光辣达，

千山万山如火发。

须臾走向天上来，

逐却残星赶却月。

"辣达"，怪怪的形容词，真不知道他是怎么想出来的；怪怪的押韵——其实根本就不押韵。

不伦不类，毫无章法，这叫什么诗嘛！

　　这的确算不上严格意义上的诗，但在我看来，它不是诗却胜似诗。诗以抒怀，诗以言志。这首诗（我们姑且称之为诗吧）正是赵匡胤当时心态的写照。

　　流浪的生活给了他苦难，也给了他收获，让他更明白了生命的意义，更清楚了人生的价值。他开始有了更加远大的理想和目标——当然不是流浪（请注意这句话）。

　　让他没想到的是，这首不像诗的诗却暗合了他人生的际遇，而他也像诗中的那轮红日，即将喷薄而出，光耀一片三百多年的锦绣河山……

第一章 · 我来也

后唐天成二年（927年）二月十六，夜，帝都洛阳夹马营。

禁军将领赵弘殷家喜事临门，夫人杜氏生下了一个大胖小子，这就是后来开创大宋三百余年基业的赵匡胤。

在古代史书中，但凡皇帝出生总是会有异象，比如风呀雨呀、火光冲天呀、紫气升腾呀，总而言之，就是变着法儿地告诉你这个人不一般，仿佛这个光屁股小子一生下来就不是吃奶的，是天命所系来拯救苍生的——尽管他也和所有正常婴儿一样吃奶拉粑粑。没办法，中国特色嘛，历朝历代都是这么愚民的，皇家专利，祖传秘方，雅俗共赏，万民同乐。

赵匡胤也不例外，史官也是按着这个老套路发挥。史书记载，杜氏梦见太阳落入怀中，不久就有了身孕。赵匡胤出生的那天夜里"赤光绕室"，就是满屋子放红光，邻居们还以为赵家失火了。尤为奇特的是"胞衣如菡萏"，胎盘好似一朵荷花，浑身更是香气扑鼻，浓郁芬芳，且"异香经宿不散"，故得乳名"香孩儿"。不仅如此，这个刚刚出生的婴儿身上还有一层令人惊异的金色，《宋史》记载为"体有金色，三日不变"。

浑身金光闪闪，而且三天不变，简直就是一个金娃娃。在古代，这可是不得了的事情。不过，这种现象在今天有一个学名——新生儿黄疸。刚出生的赵匡胤可能身体不太好。

| 出身 |

身体不太好的小赵同学，出身却比较好。赵匡胤祖上三世为官，属于中等水平的世宦之家。高祖赵朓在唐朝末期的官场里混，历任永清、文安、幽都三县县令。曾祖父赵珽在唐末各地的藩镇中谋职，后逐步升官至御史中丞，类似于今天的监察部部长，虽然官名很唬人，但在唐末乱世中，这只是藩镇大佬们给手下文官安排的一种闲职。祖父赵敬历任营州、蓟州、涿州三州刺史，也算是地方实力派。

赵匡胤的祖先大多出身于文官系统，到了赵匡胤的父亲赵弘殷这一代，事情有了变化，赵家开始弃文从武了。史载赵弘殷"少骁勇，善骑射"，在后梁（907—923年）时期开始从军，为当时的河北藩镇军阀赵王王镕的帐下大将。时值后唐（923—936年）庄宗李存勖为争夺中原地区，领兵在黄河一带与后梁部队大战，两军势均力敌，关键时刻，李存勖向土豪王镕请求援军。赵弘殷奉王镕之命，率领五百骑兵驰援李存勖。战斗中，赵弘殷身先士卒、锐不可当，深受李存勖赏识，被其留在帐下。

后来，李存勖终于夺了后梁的天下，定鼎中原，登基称帝。赵弘殷由此攀龙附凤、平步青云，被李存勖任命为飞捷指挥使，通俗一点说就是后唐中央禁军的将领，也就是禁卫军的小头头，专门负责皇帝的安全。说起来，赵弘殷这禁军将领当得实在有点意思，为嘛呢？因为他历任后唐、后晋、后汉、后周四个朝代的禁军将领，给N个皇帝站过岗，不管皇宫里如何刀光剑影、鸡飞狗跳，这位赵将军都能获得每届新BOSS的信任，屹立不倒，继续着他那份非常有前途的保镖事业，实在令人佩服！

不过在那个充满着无厘头的时代，赵保镖顶多算个超级打工仔，因为还有一个打工皇帝——老神仙冯道。这个史上最牛的不倒翁，还是留到后面再细谈吧。

赵弘殷虽然官职不高，但相对稳定，好歹算是个中产阶级，生活比一般的老百姓可谓是天上地下了。尽管处于战乱频仍、硝烟四起的年代，赵匡胤仍然拥有一个比较滋润的童年。

| 铁头门 |

俗话说，龙生龙，凤生凤，老鼠的儿子会打洞。有个当将军的老爹，小赵同学从小就对军事产生了浓厚的兴趣，舞刀弄枪、策马扬鞭就是他童年的最爱，以至于调皮捣蛋、顽劣异常。

有一件事情很能说明问题。小赵同学为了过一把将军的瘾，拽来一匹未经驯化的烈马，连马鞍都没套就窜到马背上了。马匹受惊，一路狂奔，向城门口疾驰而去，得意忘形的小赵同学一脑门撞在城门洞上，直挺挺地摔了下来。路边旁观的人都以为他必死无疑，没想到这小子跟没事人似的，一骨碌翻起身来，追了出去，直到驯服烈马，趾高气扬地回来为止。

头可断，血可流，男人面子不能丢。这铁头哥们的倔强性格由此可见一斑。而"铁头门"事件也让大家对这个超级男生产生了金甲护身的错觉，使他小小年纪就已小有名气。正应了张爱玲的那句话——出名要趁早。

其实，小时候调皮的孩子长大了往往能成大事，所以孩子调皮并不是什么坏事。调皮的赵匡胤小朋友就这样在喊打喊杀的军营里逐渐长大，很快和一帮军官子弟混熟了，这其中就包括韩令坤（请记住这个人的名字）。

部队大院里长大的孩子，身上流淌着军人的血液，最喜好的自然是军事类游戏，"之乎者也"显然对他们是没有任何吸引力的。对这群孩子来说，屁股是用来骑马的，不是用来坐课椅的。赵匡胤同学平时最喜欢的就是和小朋友们玩兵法布阵的游戏，他常常自任大将军，指挥手下的一帮小屁孩儿排兵布阵，指挥得有板有眼。队列排得整整齐齐，他自己在队列后压阵，一路浩浩荡荡，招摇过市。路人见了，无不惊异。

一个人的时候，赵匡胤也闲不住。家门口附近有一个小石马，他时不时地跨上去感受一下，驾驾驾地边呼号边挥刀舞棒，玩得昏天黑地。小小的他，心中却有了一个驰骋疆场、策马扬鞭的大大梦想。

受军事家庭的熏陶，赵匡胤还喜爱射箭和武术，而且这小子天生就是一个练武的料儿，再加上父亲的悉心教导，小赵同学进步神速，武艺日益精湛，终于摔打出一身好功夫。练着练着，赵匡胤自创了一套拳术，这就是江湖中非常有名的太祖长拳。这套拳法后来被宋代的少林寺僧人整理之后流传下来，成为少林寺十八家拳术之一，实打实的武林秘籍啊有没有！

不仅如此，小赵同学那颗铁头似乎自从被撞之后就开了窍，他居然又发明了一种特制兵器，学名盘龙棍，民间俗称双节棍（此时你的脑海中肯定想到了周杰

伦）。小赵同学发明双节棍的目的还是与马有关，据说这种双节棍是专门用来扫敌人马腿的，一旦缠住，顺手一拉，对方必定摔个人仰马翻，一击必中，简直就是大杀器啊有没有！

可见，小赵同学不仅武艺高强，更重要的是脑子好使，排兵布阵、创造兵器样样精通，这些都为他后来的军事生涯奠定了坚实的基础。不过多年的军旅生涯让赵弘殷觉得，光懂得武艺骑射是远远不够的，那只是匹夫之勇、蛮夫之力，要想真正驰骋天下、纵横四海，还得有点文化，于是老赵替小赵请了一位很有学问的先生——辛文悦。

赵匡胤虽然很不情愿，但在辛夫子的严厉教导下，或多或少地打下了一点文化基础，懂得了一些治国平天下的道理，而在后来的奋斗历程中，赵匡胤更是逐渐意识到读书的重要意义和作用，慢慢养成了爱读书的好习惯，最终达到了手不释卷的程度。

| 奋斗 |

男大当婚，女大当嫁。十九岁那年，赵匡胤在父母的主持下成婚了。成家后的赵匡胤成熟了很多，他开始思考人生。

中国人自古讲究成家立业，对于赵匡胤来说也是如此。家已经成了，可业如何立呢？连年的战乱让赵家也饱受了流离之苦，而两个弟弟还年幼，作为家中长子的赵匡胤油然而生出一种责任感。于是，在二十一岁那年，待业青年赵匡胤同志决定离开家，独自去寻求一条出路，好歹混口饭吃啊。

可是家里人都不同意，在这兵荒马乱的年头，就业形势还是比较严峻的；而赵弘殷作为禁军的中层干部，虽然级别不高，但毕竟也在朝中混了个脸熟。有这么一个当官的老爸，沿着后门溜达一圈，在老爸手下混个一官半职，那是小case啊，何必到处去挤招聘会，弄得一身臭汗、灰头土脸呢。

有捷径，为什么不走？

作为一个有理想、有魄力、有武艺还有点文化的"四有"青年，赵匡胤理所当然地认为：依靠父亲的关系算不得英雄好汉，靠天靠地不如靠自己！年轻人就要有一股天不怕地不怕的闯劲，俺赵匡胤，就是要靠自己闯出一番天地！

男人不怕没出身，就怕没出息，你改变不了历史，但可以改变自己的未来。

所以梦想还是要有的，万一实现了呢。更何况我们这位小赵同志还是头撞城墙也不回的人，他认定的事情，注定是九头牛都拉不回来的。这才是魄力！这才是赵匡胤！性格决定命运，诚哉斯言！

但是，且慢！还有一个很重要的现实问题摆在眼前——世道啊，那个世道太乱了！乱到什么程度呢？连人吃人都算不上新闻了，出门寻条出路弄不好就变成了自寻死路。

那到底是一个怎样的时代呢？

第二章 · 乱世之始

　　大唐帝国的光辉照耀着中华大地，"天可汗"的名号映衬着帝国的荣光，灿烂的中华文明在那一刻荣耀至极，光芒万丈。

　　"天可汗"的曾孙、帝国的统治者唐玄宗和他的贵妃正在恣意享受，"春寒赐浴华清池，温泉水滑洗凝脂"。面对温泉，春暖花开，一切都是那么岁月静好，晚年的唐玄宗没有料到一股暗流已在悄然涌动。他的"干儿子"安禄山正在冽冽寒风中检阅军队，刀光闪闪，剑戟森森，大腹便便的他此时肚子里装的可不是对干爹的忠心。

　　历史无数次地证明，干儿子是最靠不住的。公元755年，安禄山和史思明在范阳率十五万叛军反唐，口号是老掉牙的"清君侧"，安史之乱由此爆发。"渔阳鼙鼓动地来，惊破霓裳羽衣曲"，干儿子终于造起了干爹的反。

　　帝国的北方一时间狼烟四起，生灵涂炭。唐王朝承平日久，匆匆组织起来的新军根本就不是久经战阵的叛军的对手，因此节节败退，狼狈不堪。很快，都城长安失守。

　　唐玄宗做梦也想不到昔日憨头憨脑的干儿子竟然会造自己的反，毫无准备之下，只能仓皇逃往帝国的后花园——蜀地。后面的经过大家很清楚：马嵬坡兵士哗变，祸国殃民的杨国忠被剁成肉酱，一代美人杨贵妃香消玉殒，遗恨千古……

　　随后，唐王朝在各地勤王武装的配合下逐渐稳住阵脚，重新集结力量开始组织反攻。历史告诉我们，人心向背才是战争的决定性因素。这场统治阶级争权夺利的不义之战，显然没有多少人乐意捧场；再加上叛军暴虐成性，滥杀无辜，老百姓吃尽了叛军的苦头，自然人心思唐。而安禄山和史思明倒行逆施，终至众叛亲离，先后被自己的儿子砍了脑袋（看来亲儿子也不一定靠得住啊），叛军开始逐渐瓦解。

公元762年，名将郭子仪与李光弼在回鹘铁骑的帮助下剿灭了叛军，叛乱终于平息。长达七年的安史之乱成为大唐王朝由盛转衰的拐点。

| 后遗症 |

俗话说，病来如山倒，病去如抽丝。人是如此，国家亦是如此。唐王朝经此变乱，落下了严重的后遗症——藩镇割据，说白了就是国家得了半身不遂，身体的各部分已不听自己使唤。

长时间的叛乱，使各地节度使在战争中逐步坐大，渐成尾大不掉之势，钱粮赋税擅自截留，将官校佐随意任免。心情好了，讨个封号；心情不好，搞点恐吓，有时甚至吆五喝六、要挟中央，大有我是流氓我怕谁的架势。而中央政府为了平息叛乱，不得不委曲求全、虚与委蛇，从而形成唐朝后期藩镇长期割据、中央政府日渐衰微的局面。藩镇割据成为大唐王朝一颗切不掉的毒瘤，最终要了大唐王朝的命。

伴随着藩镇割据的愈演愈烈，大唐王朝的并发症也出现了——宦官专权、朋党之争，类似于间歇性脑瘫。安史之乱后的中央政府，政治局势可以用一句话来概括：外面藩镇打架，里面朋党吵架。大家都在忙着搞武斗、搞党争、抢地盘、抢势力，打得不可开交，吵得不亦乐乎。皇帝突然发现自己很孤单，帝国的统治者找不到可以信任的人，偌大的国家似乎没有人能真正理解他，他那困惑无助的眼睛环伺四周，突然瞄见了一个小可爱——太监！这些朝夕相伴、形影不离的太监，在皇帝的眼里实在是贴心人。别的不说，就那一声声娇滴滴、粉嫩嫩的"奴才"，已经让主子听着周身舒坦、受用不尽了。还是奴才贴心啊！

统治者的思维很简单：宦官毕竟是家奴，身份卑微，就算想篡位也没人捧场，而且没有生殖能力，就算一时得点好处也无法承继，只有依附皇帝才有生存空间（逐出皇宫就是废人一个），较之藩镇割据的武将和朋党之争的文官，更加容易

控制，表面上看似乎也更加忠诚。领导嘛，都喜欢乖的，可以理解，可以理解。

然而事实是，作为刑余之人的宦官，往往对一种名叫权力的东西充满了畸形的欲望。在皇帝的默许甚至怂恿下，宦官渐渐进入帝国的权力核心，他们把持禁军，宣诏承旨，成为帝国的实际控制者。于是在唐后期，奇怪的现象发生了：顺宗、宪宗、敬宗均死于宦官之手，另外七个皇帝——穆宗、文宗、武宗、宣宗、懿宗、僖宗、昭宗都由宦官拥立。曾经辉煌灿烂的唐王朝被巨大的阴影笼罩着……

公元873年，帝国的接力棒在颤颤巍巍中交到了年仅十二岁的唐僖宗手里。还是个孩子的他玩尿和泥巴还行，怎晓得治国安邦？风雨飘摇中的大唐王朝，即将迎来一场更大的风暴……

｜科举的副作用｜

长安城。

春光明媚，鸟语花香，正是大唐科举放榜的日子。

张贴皇榜的地方早已是人山人海、水泄不通，看榜的人"颈项都伸得很长，仿佛许多鸭，被无形的手捏住了的，向上提着"。

一个浓眉大眼的年轻人挤在人群中，瞪圆了眼睛，搜寻了N遍，偌大的榜单上，哪里有他的名字啊。本来想考个公务员，混个铁饭碗，无奈这其中水太深，考了N次，连门儿都没摸着。年轻人彻底崩溃！他狠狠地留下了一首诗。

不第后赋菊

待到秋来九月八，

我花开后百花杀。

冲天香阵透长安，

满城尽带黄金甲。

这首杀气腾腾的诗，还好不是在文字狱盛行的清朝，否则有十颗脑袋恐怕都砍光了。

这个小愤青就是黄巢，山东曹州冤句人（今山东省菏泽市西南）。史载他家世代贩盐，地地道道的犯罪世家。贩卖私盐是古代一门古老、非法、高风险但绝对暴利的职业，尤其为黑社会所喜爱。《隋唐演义》中著名的黑道大佬程咬金就是干这行出身的，他也光荣地成为这一行业中逆袭漂白、跻身上流社会、转为成功人士的杰出代表。注意，这是演义小说里的人设，真正的程咬金可是实打实的官四代。

唐朝在安史之乱后，中央财政日益紧张，一方面是由于战乱的破坏加之地方藩镇的截留，另一方面则是皇帝和大臣们养小老婆的缘故——人家也得有点买化妆品的钱呀。于是帝国政府为了增加收入，实行食盐国家专卖，盐利成为最重要的收入来源。有点经济学常识的人都知道，垄断会导致一个必然的结果——行业腐败和行业倒退。

对比一下当时的盐价就很清楚了：唐玄宗时，盐价每斗才十钱；肃宗时，每斗一百一十钱；德宗时已高达每斗三百七十钱。注意，这还只是官方定价，市场上的实际盐价有时甚至比官方定价高出一倍。这自然逼得穷苦老百姓只能吃得清淡点。"朱门酒肉臭，路有冻死骨"是当时社会的真实写照。

政府为了保护垄断利益，对私盐贩子自然毫不手软。唐律规定，私人贩卖食盐一石以上（约合100斤）就处以死刑。但即便如此，贩卖私盐的现象仍然屡禁不止，尤其是山东。道理很简单，山东靠海，海水晒干了就能卖钱，绝对暴利。马克思曾引用英国经济评论家托·约·登宁所言："如果有10%的利润，它就保证到处被使用；有20%的利润，它就活跃起来；有50%的利润，它就铤而走险；为了100%的利润，它就敢践踏人间法律；有300%的利润，它就敢犯任何罪行，甚至冒绞首的危险。"所以民间私盐泛滥也就不足为奇了。

况且唐朝官盐质次价高，弄不好会崩掉两颗门牙。但这又算得了什么——俺是垄断俺怕谁，爱咋咋地！

而私盐呢，价格低、口感好，我们一直用它！

黄巢家通过世代贩盐，积累了不少财富。有了钱，小黄同学就有接受教育的机会（读书在那时还是很奢侈的事情）。和所有读书人一样，黄巢当然也想混个金榜题名、光宗耀祖，彻底洗清家族历史，洗白了上岸，可惜人家老李家的门不好迈啊。科举制的初衷是为国取士，不过任何事物总是有两面性，古板苛刻、贿赂之风盛行的科举制也是造反派的生产线，黄巢、洪秀全就是最典型的例子。

屡试不第的黄巢心中憋着一口恶气。恰逢那年头官府查禁私盐风声日紧，私盐行当越来越难混。公元875年，山东最大的私盐贩子王仙芝揭竿而起，聚众起

义。小愤青黄巢立马拉起人马响应，于是两个私盐贩子领导的唐末农民大起义爆发了。

| 失败的招安 |

起义军走州过县、杀富济贫、开仓放粮、赈济灾民，队伍迅速壮大；而朝廷派出的各路进剿军却各怀鬼胎，行动迟缓，以至于坐失良机，频频受挫。

帝国政府在连吃败仗后，抛出了诱饵——招安。你们也别瞎折腾了，不就是要个官嘛，咱老李家别的不多，官帽可是海了去了。

官帽的确准备了，可惜却忘了黄巢的。不过这也难怪，谁让你小黄那时候的名头还不够猛呢。

唐僖宗下诏任命王仙芝为左神策军押牙兼监察御史，这个官职听上去挺唬人，可惜水分太大，其实就是个中央禁军的小头头兼八品言官，类似于《西游记》中弼马温这样的角色。这样芝麻绿豆大的官，老王不但不嫌弃，还很兴奋——到底是个私盐贩子。

这边厢，新上任的王御史正美滋滋地忙着与昔日的对手称兄道弟。

那边厢，黄愤青已经跳起来了：靠！闹了半天，原来没我小黄什么事啊！

黄巢怒而指责王仙芝："当初你把俺们拉下水，现在你洗洗手拍拍屁股做官去了，把我们这群跟着你混饭吃的兄弟晾在这儿喝西北风啊？！"（当初共立大誓，横行天下，今君独取官而去，试问五万余众，何处安身？）

在场的其他首领也都群情激愤，喧哗不已。黄愤青一激动，抡起拳头就把王仙芝一顿暴捶，打得老王满地找牙，鼻青脸肿。众怒难犯，王仙芝见势不妙，只好暂时放弃招安念头，继续造反。

自此以后，黄巢与王仙芝分道扬镳，各率一支义军转战南北。后来，倒霉的王仙芝在湖北黄梅战死，手下的一票人投奔了新BOSS黄巢。

| 满城尽带黄金甲 |

乾符五年（878年）二月，各路农民军公推黄巢为黄王，号冲天大将军（灵感来自黄巢当年的那句"冲天香阵透长安"），改元王霸——称王称霸的意思。

此时的黄巢，还只是希望能称霸一方，做个土地主，因此并没有完全放弃唐王朝招安的美梦，所以乾符六年（879年）五月，黄巢率军转战至岭南，大军兵临广州城下时，他并没有急于攻城，而是向朝廷抛了一个媚眼，要求被封为广州节度使。

谁知中央政府对他压根不来电，只是给了个"率府率"的闲职——一个陪太子玩的五品闲官。手握数十万大军的黄巢自然没那么傻，而中央的态度彻底激怒了这个私盐贩子。

你不给，难道我就不能自己取吗？！

仅仅一天时间，广州城破，唐岭南道节度使李迢被生俘，十二万在广州经商的外国商人成了黄巢泄愤的刀下冤魂。

从此，黄同学彻底丢掉幻想，准备战斗了。

随后，黄巢率军由南至北横扫长江流域，于广明元年（880年）九月渡过淮河。义军兵锋所指，州县望风归附。十一月，大唐王朝的东都洛阳不战而降，东都留守（洛阳市长）刘允章率文武百官出城迎接黄巢大军。兵败如山倒，仅仅十六天之后，帝国首都长安也失陷了。

冲天香阵透长安，满城尽带黄金甲——黄巢当年的豪言，今日终于实现了。

起义军连夜发布安民告示：黄巢大王起兵，就是为了老百姓，我们义军不会像姓李的（李唐王朝）那样不爱惜人民，你们只管安心生活，不用担心。（黄王起兵，本为百姓，非如李氏不爱汝曹，汝曹但安居无恐。）

义军主动示好的姿态感染了长安百姓。黄巢率军初进长安城的时候，受到了百姓的热烈欢迎。黄巢一激动（黄巢的显著特点），就把抢来的大量金银财宝分发给了穷苦百姓，赢得了民众的好感。

第三章 · 转

折

进入繁华的帝国都城没几天，农民起义军的老毛病就犯了。他们以"杀唐官、惩民贼"为名，到处烧杀淫掠，强取豪夺。《资治通鉴》记载："各出大掠，焚市肆，杀人满街。"内库烧为锦绣灰，天街踏尽公卿骨，帝国都城一片混乱，长安城变为人间地狱。

而此时他们的头儿黄巢连腿上的泥都来不及洗干净，就已经爬上了皇帝的龙床。广明元年十二月十三日（881年1月16日），黄巢于含元殿匆忙称帝，国号大齐，改元金统。被糖衣炮弹打得晕头转向的起义军迅速腐化堕落，开始肆无忌惮地享用起帝国诱人的财富，早就把追剿逃亡的大唐皇帝的事情抛到九霄云外了。

| 集结号 |

跑路皇帝唐僖宗循着一百多年前唐玄宗跑过的老路，跌跌撞撞地来到四川这个有着优良传统的帝国避难所，终于远离了叛军的威胁。趁着这个时机，大唐王朝稳住了阵脚，并迅速吹响集结号，号召天下勤王，诸路大军在长安混乱的形势下开始向农民军进逼。

此时，持续的抢掠已经造成长安城内的粮荒，农民军抢劫的最终结果是把自己抢得没东西吃了。而来自四面八方的军队已对长安形成包围态势，正在皇宫里享受齐人之福的大齐皇帝黄巢这才意识到几十万大军困守孤城的危险。四月五日，黄巢主动率领大军撤出长安。各路勤王军自然不会放过复国第一功的机会，争先恐后地进入"光复"后的长安。

受尽了农民军劫掠之苦的长安百姓原以为政府军回来了,世道能太平点,于是箪食壶浆以迎王师。谁承想官军抢起来也颇有一套,较之农民军是有过之而无不及。于是,一场更大规模的劫掠开始了。这次抢劫让老百姓懂得了一个最朴素的道理:官军和农民军没什么区别,都是匪,至于打什么旗号并不重要。

真是"兴,百姓苦;亡,百姓苦"!

如果说农民军的抢劫是把自己抢得没的吃了,那么这次官军的抢劫更是搞笑,因为官军抢到最后把自己吃饭的家伙都给抢没了。就在政府军抢掠到兴头上,已经混乱到没有建制的时候,刚刚退出长安城、惊魂未定的大齐军发现政府军并没有后续的增援部队,于是黄巢又率军杀回城里,来了一出教科书级别的关门打狗。那些只顾着抢钱而毫无防备的政府军被杀得措手不及。

黄巢二进宫,这下可苦了长安城的百姓。

黄巢回到长安后,对老百姓欢迎唐军一事切齿痛恨,一激动(老毛病了)就纵兵进行报复性屠杀,并称之为"洗城",整个长安城顿时血流成河、十室九空。百姓们纷纷外逃,偌大的帝都顷刻间变得空空荡荡。

黄巢的几十万大军困守在长安城里,民心尽失,形势日渐不利。就在这关键时刻,一个投机分子爬上了历史的舞台。

| 我叫朱三 |

朱温,安徽砀山(今安徽省宿州市砀山县)人。因为在家中排行第三,故得乳名朱三。

朱三的老爸是个乡村的穷教书匠,日子本来就过得紧巴巴,可惜老朱又命不长,朱三还未成年,老朱就撒手人寰,扔下娘儿四个相依为命。迫于生计,朱母只好到萧县地主刘崇家做老妈子,顺便把三张吃饭的嘴也捎上了。地主家也没有余粮,不能白吃饭,于是老大老二被分配去放牛,朱三被分配去养猪。

寄人篱下的日子本来就不好过,可朱三又偏偏好勇斗狠、惹是生非,乡亲们愈发看不起他,朱三就是在众人的蔑视和责骂声中长大的,并逐渐养成了狡猾奸诈的性格,而低人一等的环境也让不择手段出人头地的念头在朱三心里深深地扎根发芽。

乾符四年（877年），黄巢军经过朱三的家乡，在"跟着我，有肉吃"的诱惑下，朱三和二哥朱存参加了起义军。朱存比较倒霉，不久就战死沙场。而朱三则在起义军中很快就找到了自己的舞台，狡诈的性格让他在历次作战中如鱼得水，凭着军功节节高升，逐渐成为黄巢手下一员大将。

当长安城里菊花盛开时，身为同州防御使（同州警备区司令）的朱温正负责大齐帝国东面的安全。同州（今陕西省渭南市大荔县）是帝都长安的东大门，战略位置极其重要，也正因为如此，唐政府调集重兵拼命围攻，试图打开通往都城的道路。朱温渐渐顶不住了，向老板频频求援，但遇到了障碍，负责军事的高级官员孟楷将朱温的求援信全部截留，不予通报，黄巢压根不知情。其实按照当时的情况，就算黄巢知道了也无济于事，因为此时他正被唐军死死地困于长安，哪里抽得出身？长安城内已经人吃人了（这一说法存在争议），自己朝不保夕，如何支援朱三？

朱温左等等不来粮草，右等等不来援兵，身边还有个大苍蝇在天天聒噪，Who？黄巢派来的监军——太监！原来皇宫的太监们又在黄老板那儿找到了新工作——监军。对于这份工作太监们太熟悉了，这本来就是他们在大唐王朝时的必修课嘛，于是轻车熟路，皆大欢喜。

老朱没等来援兵，没等来粮草，却等来一个该死的太监，这个郁闷哪！面对微妙的局势，谋士谢瞳趁机进言。

第一，黄巢只是个草莽之徒，不过趁着乱世捞一把而已，没什么真本事，跟着他没肉吃。

第二，唐僖宗虽然跑路了，可各路唐军还很多，正在积极筹划复国，老百姓人心思旧。百足之虫，死而不僵，两百多年的江山不是说玩完就玩完的。

第三，现在朝廷内钩心斗角、小人当道，尤其是那个姓孟的家伙有意作梗，你老朱在外面为老黄家小老婆的脂粉钱鞠躬尽瘁，又有谁能听得见、看得见？秦将章邯（秦二世时任少府，为秦朝的军事支柱）不就是因为这样才背秦归楚的吗？

总之，反水是上策！

朱温此时也看出了农民军的颓势，决定叛变，于是果断而迅速地把太监剁了祭旗，并派使者向老对手——河中节度使（河中战区总司令）王重荣递交了合作意向书，顺便认了王重荣当舅舅（朱温的生母姓王）。朱温的使者向大唐王朝衷心地表达了老朱誓做反骨仔的坚定决心，并对双方的合作愿景尤其是官帽的大小表示了无限的期待。王重荣亲切会见了来宾，并代表大唐帝国向老朱表示了亲切的慰问，勉励朱三同志继续做好反骨的本职工作，为大唐王朝伟大的封建主义建设贡献智慧和力量。

后台老板唐僖宗闻讯后欣喜若狂，在政府军与反政府军势均力敌的关键时刻，左右时局的朱三反水，无疑是个大大的利好，于是他果断而迅速地抓住了这根救命稻草。在他看来，这实在是一根大唐王朝的救命稻草，然而事实证明，他错了。朱三的确是一根稻草，可惜不是救命的，而是压垮唐帝国这头骆驼的最后一根稻草。

不过，不管怎样，帝国总算是暂时找到了苟延残喘的机会，于是双方签字画押，合作愉快。唐僖宗迅速任命朱温为左金吾卫大将军、河中行营副招讨使（河中战区副司令长官，掌管镇压起义、招安等事），并对朱温寄予了无限美好的期待，赐名"全忠"。

朱三麻利地举起屠刀，毫不犹豫地向昔日的兄弟砍了过去。事实足以证明，朱全忠既不会忠于黄巢，也不会忠于大唐，他只忠于他自己。对于朱三来说，忠义仁孝都不重要，重要的是权力！

| 沙陀传奇 |

此时，农民起义军的另外一个劲敌也趁乱杀了过来，那就是唐王朝的世袭雇佣兵——沙陀人。

沙陀是西突厥的一个分支，作为马背上的民族，一向骁勇善战、彪悍异常，自唐太宗时起就成为大唐的雇佣兵，世世代代为帝国镇守北方。而现在，沙陀铁骑的一支就在号称"独眼龙"（一只眼睛失明）的猛将李克用的率领下向长安疾驰。

李克用本姓朱邪，其父因军功被唐朝赐名李国昌，从此老朱邪家改姓李。李克用不仅本人勇猛过人、威震四方，他手下的沙陀骑兵也很有一套。据说两军对垒时，李克用的沙陀铁骑是清一色的黑衣黑裤，颇有点黑客帝国的味道，远远望去仿佛一群乌鸦，故称"鸦军"。这架势在战场上确实能起到震慑敌军的作用，以至于农民军与之交战时颇多怯场。

公元883年，躺在长安享了两年福的黄巢，面对李克用、朱温及各路唐军的夹

击，终于支撑不住，被迫撤出长安，仓皇东逃。此时的政府军刚刚收复长安，正忙着庆功邀赏，暂时无暇东顾。农民军趁机在向东转移的过程中攻城略地，本来尚可站稳脚跟，以图东山再起，然而农民军将领孟楷（就是扣下朱温战报的那位）的战死却最终将这支队伍拖向了覆灭的深渊。

| 蚂蚁搬家 |

陈州，即今天的河南省淮阳县，这个巴掌大的地方却出了一个超级牛人——大唐王朝陈州州长赵犨（chōu）。作为地方的父母官，称职的赵州长早在黄巢大军撤出长安之前就料到了农民军的撤退路线，并提前备战备荒。他先将城外方圆六十里的老百姓全部挪到城内，同时来了个坚壁清野——义军的来，粮食的不给。然后大范围地征招（或者抓）年轻男子入伍，整顿训练，积极备战。

赵州长已经把刀磨得快快的了，而那颗脑袋不久就送上门来了。黄巢手下大将孟楷刚刚拿下蔡州，志得意满，根本没将小小的陈州放在眼里。就在孟楷准备以攻克蔡州的余威一鼓作气拿下陈州这个弹丸之地时，却当头挨了一记闷棍，被赵犨在项城偷袭得手，几乎全军覆没，孟楷也乖乖地做了俘虏，并被砍了脑袋。

心腹大将的阵亡让黄巢恼怒异常，为了给爱将报仇，老黄一激动（冲动是魔鬼啊），就把全部家当抖了出来，将小小的陈州围了个里三层外三层，准备将赵犨像一只蚂蚁一样捏死。可惜赵犨并不是一只简单的蚂蚁，事实证明，这位赵州长是一只敢于伸腿绊倒大象的蚁王。

被愤怒冲昏了头脑的黄巢，此时犯了一个致命的错误。他完全不顾后面虽然还在狂欢但随时可能出击的政府军，把自己的大军全部集中在陈州。在一个没有什么战略意义的地方与对方死磕，放弃了农民军游击战的特长，而与政府军玩起了阵地战。以己之短，攻彼之长，焉能不败耶？

公元883年，陈州保卫战打响。这场战役持续了三百天之久，演变成了一场拉锯战。双方都打得异常艰苦，粮草成了胜利的关键。被黄巢视作蚂蚁的赵犨同志充分发扬了蚂蚁的本色，早在黄巢大军压境之前，赵州长就使出了蚂蚁搬家的独门绝技，将方圆百里的粮草搬了个一干二净。

赵犨坚壁清野的政策，使起义军的粮草供给异常困难。黄巢没有粮食，就派人四处掳掠，甚至——吃人！

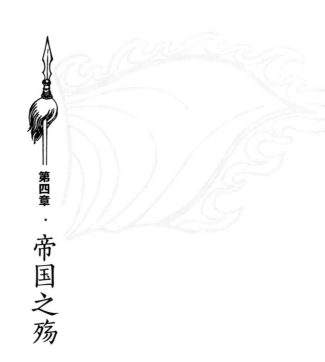

第四章·帝国之殇

黄巢采用机械化手段，将活人粉碎，以人肉作军粮，供应围城的部队，以保证农民军的战斗力，创造了前无古人后无来者的人吃人纪录。这份骇人听闻的吃人纪录，若非记载于正史，真是令人难以置信。

《资治通鉴》记载道："时民间无积聚，贼掠人为粮，生投于碓硙，并骨食之，号给粮之处曰'舂磨寨'。"意思是说，当时由于连年战争，老百姓家里都没有粮食了，这群叛贼就到处抢掠活人当军粮。他们将人扔到巨大的石头寨臼中，用巨型的石头大锤（类似于北方用石臼捣蒜或南方用来舂稻谷的那种工具，只是体积放大了很多倍），将人连肉带骨一起捣碎，做成人肉粮食，供给部队吃，并将制作这种人肉粮食的地方称为"舂磨寨"。

难怪鲁迅先生说：翻开中国的历史，只发现了两个字——吃人！

此时的黄巢不再是什么冲天大将军，也不再是什么大齐皇帝，而是一个输红了眼的孤注一掷的赌徒，已经完全丧失了理智，成为吃人的恶魔。上帝要让其灭亡，必先让其疯狂，疯狂的黄巢已经蹦跶不了几天了。

次年二月，李克用率五万沙陀铁骑南下，自北面步步紧逼。三月，朱温攻破黄巢外围重要据点瓦子寨，斩杀数万。各路唐军逐渐形成对黄巢的战略压迫态势。

| 菊花残 |

黄巢终于为他幼稚的冲动付出了代价。面对唐军的优势兵力，黄巢不敢硬拼，撤了陈州之围，转向东北威逼朱温老巢汴州（今河南省开封市）。猪窝要被掀了，老朱急了，立马向李克用求援。李克用还真够意思，二话不说，当即率精锐骑兵追赶，终于在黄河岸边的王满渡追上了黄巢军，出其不意，击其半渡，黄巢大败。经此一役，黄巢军主力损失殆尽。

黄巢收拾残兵，继续东逃，李克用紧追不舍，一昼夜疾驰数百里，追得黄巢屁股冒烟，连当皇帝的那副行头都一股脑地扔给了李克用。

李克用一直追到黄巢的老家——山东冤句，直到人困马乏、粮草不济才悻悻然收兵，回到朱温的老巢汴州开Party去了。收尾工作交给了感化军节度使时溥以及黄巢曾经的铁杆手下尚让。他们没有犯黄巢拿下长安之后贪图享受的错误，而是死死咬住残兵，穷追不舍。降将尚让的表现尤其积极，简直可以说是不遗余力。不过，叛徒终究没有好下场，没多久时溥就把他杀了，顺便笑纳了尚夫人。

六月，走投无路的黄巢于山东泰山狼虎谷（今山东省莱芜市圣井乡祥沟村附近）兵败，被叛徒——外甥林言杀害。正当林言美滋滋地拿着黄巢的脑袋做着升官的美梦时，苦苦追赶的官军把林言的脑袋当作利息也割了下来。理由很简单：俺们辛辛苦苦追了那么久，水都没喝一口，这么一个天大的功劳，怎么能便宜了你小子！林言以为自己挺狠，没想到遇上了更狠的。

轰轰烈烈的黄巢起义终于在闹剧般的结局中草草收场。

黄巢率几十万大军纵横唐帝国长达十年，他起兵之地在山东曹县，战死之地在山东莱芜，两地相距不过三百里，真是终点又回到起点啊。

> 长安菊花冲天香，回首残阳遍地伤。
> 十年征战十年血，为谁辛苦为谁忙？

帝都长安的菊花已经不再芬芳，大唐王朝的丧钟也悄然敲响……

| 烤鸭门 |

朱温的救命恩人李克用率沙陀铁骑来到了老朱的老巢汴州。朱温为了答谢李克用的恩德，同时也尽一尽地主之谊，在上源驿大摆宴席为李克用接风洗尘。

常言道，文人相轻，实际上武夫亦难相处。事实也充分证明，武将在一起喝酒是不太合适的，对于怀有野心的武将而言，这一点尤其重要。

李克用一向看不起肥头大耳的叛徒朱温，三杯酒下肚，潜意识里的东西就憋不住了。他怀着十万分鄙视的心情，深刻总结了朱温"光荣"的屠杀历史，重点描述了老朱同志"艰难"的反水生涯，并代表全体唐军将领向朱三表示了诚挚的蔑视和真心的羞辱。朱三被整成了猪头三。

老朱发飙了，平时皇帝还得让我三分呢，你个小小的沙陀蛮子敢这样羞辱我！哼，我的地盘我做主！

当晚，喝得烂醉如泥的李克用被部下用冷水泼醒，此时驿馆外已是火光冲天了。原来朱温安排部队将驿馆团团围住，并用车辆、树木等杂物将驿馆大门和周围的道路全部堵死，一把大火准备把"独眼龙"烤成"独眼鸭"。

也是李克用命不该绝，就在驿馆被围、烈火熊熊之际，一场大雨不期而至，将火浇灭了。李克用在贴身侍卫的拼死保护下，终于逃出生天。从此，两家化友为敌，结成世仇，开始了长达数十年的混战，并最终在他们的儿子辈做了一个了断。

这场火还有一个非常有趣的插曲。朱温的手下杨彦洪全权负责此次烤独眼鸭的活动。为了保证不让一个沙陀人漏网，杨将军拍着胸脯信心满满地告诉主子：沙陀人是习惯骑马的，一旦被袭，他们一定会抢了马就跑路，所以只要看到有人骑马，就立刻放箭，杀无赦！结果，战斗打到难解难分的当口，杨彦洪同志一着急，骑着马从朱温面前经过。朱老板的记性倒是不错，抬手就是一箭，十环！唉，不作死就不会死啊！

"烤鸭门"事件后，朱温和李克用便开始了你死我活的斗争。与此同时，北方各地的割据军阀也纷纷起事，打着剿灭起义军的旗号，抢地盘、抢钱财、抓壮丁、扩军队，反正有枪便是草头王，中原大地由此陷入一片混乱。

在乱哄哄的军阀混战中，朱温东一榔头西一棒槌，渐渐打成了最大的地方军

阀，于是他便成为唐王朝极力争取的对象。公元889年，在收拾了另一个死敌秦宗权之后，朱温被帝国政府封为检校太尉兼中书令，进封东平王。昔日寄人篱下的小混混，终于混到了王爷级别，而且朱三的高兴劲还没过去呢，天上又掉下来一个更大的馅饼。

｜恶人自有恶人磨｜

公元900年，太监刘季述等人将唐昭宗幽禁，改立太子李裕为帝。公元901年初，与朱温关系密切的宰相崔胤在朱温的武力支持下，与护驾都头孙德昭等人联手做掉了刘季述，接昭宗复位，改年号为天复，朱温因功被封梁王。

接着，崔胤想趁势把宦官一网打尽，彻底清除阉党势力。出发点倒是不错，可惜这位崔宰相保密工作不到家，刀还没磨利索呢，整个皇宫的太监就都听见崔大人的磨刀声了。

这下太监们不干了：为了大唐王朝，咱们下面的没了也就算了，怎么上面的你也要啊！

兔子急了还咬人呢，更何况太监。于是以韩全诲为首的一伙太监迅速联络凤翔（今陕西省宝鸡市凤翔县）节度使李茂贞为外援（韩全诲曾经担任李茂贞的监军），武力对抗崔胤。这下轮到崔宰相慌神了，于当年十月连忙矫诏令朱温带兵赴京师（这位崔大人好像忘了董卓的教训）。

唱了一辈子白脸的朱三终于轮到唱回红脸了。他率兵七万，直逼长安。韩全诲一伙索性劫持唐昭宗，投靠了李茂贞。朱温追到凤翔城下，义正词严地要求迎还皇帝。李茂贞缩在城里做了缩头乌龟，这一缩就是两年，最后实在撑不下去了，迫于无奈，于天复三年（903年）正月诛杀宦官韩全诲等人，与朱温议和。

朱三得意扬扬地将唐昭宗送回皇宫，顺便把太监来了个一锅烩，还发了道诏令，连各地监军的太监也做掉了，只在宫里留了三十个老弱病残的，干吗？扫地洒水啊，总不能让皇帝亲自动手吧。

唐中期形成的宦官专权局面至此结束，原因很简单：太监都杀绝了，还怎么专权。真是恶人自有恶人磨啊。这大概是猪头三一生干过的唯一一件好事了。

| 朱三篡唐 |

公元903年，救驾有功的朱温被唐昭宗任命为诸道兵马副元帅（全国武装部队副总司令），并授予"回天再造竭忠守正功臣"的荣誉称号，一时间风光无限。朱温趁机将他的猪蹄伸到了中央政府的各个角落，并将贪婪的目光死死地盯在皇帝的宝座上。

具有讽刺意味的是，引狼入室的宰相崔胤率先做了朱温称帝之路的垫脚石。公元904年，朱温以侄儿意外身亡为借口，将崔胤一家族诛。接着，朱三把长安拆成了一片废墟，挟持皇帝迁都洛阳，并在途中将唐昭宗的近侍全部杀掉，换上了自己的人。从此，唐昭宗成了朱三随意摆弄的傀儡。

不过即使是傀儡，朱温还是不放心，因为这个傀儡年纪大了点。同年八月，朱温借口出征离开洛阳，制造不在犯罪现场的假象，同时密令蒋玄晖、朱友恭和氏叔宗三人杀害了唐昭宗，另立年仅十三岁的李柷为帝。

十月，在外面溜达了两个月的主谋朱温回到洛阳，好戏上演了。"惊闻"皇帝驾崩，他顿时做捶胸顿足、死去活来、天崩地裂、痛不欲生状，充分展示了一个业余演员的职业水平。表演完之后，朱温又严厉地斥责朱友恭和氏叔宗："奴辈负我，令我受恶名于万代！"意思就是：你们两个奴才真是辜负了我的一片好心，我是让你们俩好好照顾皇上，结果你们误会了我的意思，现在皇上挂了，后世人肯定说是我干的，你们这不是让我背黑锅、遗臭万年吗？你们实在是太不地道了！

于是，朱温决定主持公道，干掉了两个不地道的奴才——这就是给朱温卖命的下场。为了自己的前途而杀害皇帝，又为了主子的前途而被杀，这二位也算是死得其所了。

翌年二月，朱温在九曲池宴请唐昭宗的九个儿子，像杀小鸡一样将他们全部斩杀，可怜"天可汗"李世民的后世子孙最后落得如此下场。然而杀戮并没有结束，六月，朱温将反对自己的裴枢、独孤损等唐朝大臣三十余人全部杀死，还玩了一出黑色幽默，在白马驿将他们的尸首全部扔进黄河，让这些自诩为"清流"的官员永远成为"浊流"。这就是历史上有名的"白马之祸"。

奄奄一息的大唐帝国从此罹患"猪瘟"，已经病入膏肓，回天乏力了。已经迫不及待的朱温随后加紧了篡位的步伐。弑杀唐昭宗的凶手之一、枢密使蒋玄晖是

朱温的狗头军师，可惜这个军师有点书呆子气，为了给朱温称帝铺好道路，他和另一位书呆子——唐宰相柳璨开始按照古制做禅让的准备。禅让只是一个古老、美丽、玄幻的传说，但按照历朝历代的规矩，这个过场还是要走一走的。偏偏朱温是"没头脑"和"不高兴"的结合体，没读过几天书的他对于这样一套繁文缛节感到极为头大，而且他对禅让这块遮羞布压根就不感兴趣，后面的权力才是他的兴趣所在。

可是蒋玄晖和柳璨却不识趣，这两个死心眼仍然摆出一大堆道理来啰啰唆唆。朱温最终认定蒋玄晖和柳璨不怀好心，纯粹是拖延时间在忽悠我老朱。谁让你不懂领导眼色！不懂领导眼色，领导就给你脸色！于是，老朱把这俩人的脑袋拿下来铺路，没有功劳还有苦劳的两位急先锋就这样被祭了天。

接下来的事情就毫无悬念了。在唐宰相张文蔚的率领下，文武百官轮番上阵，三班倒地进行"艰苦"的劝进工作。至于这种恶心的历史场面实在是大同小异，无非是哭天抢地、要死要活，让人鸡皮疙瘩掉一地。

曾经光芒万丈的大唐王朝终于在朱全忠的手里"全终"。公元907年，朱温篡唐，改元开平，国号大梁，史称后梁。中国进入了四分五裂的五代十国时期。

第五章·

混沌的时代

　　五代十国时期实际上是唐王朝后期藩镇割据的延续，唯一的区别就是作为国家统一象征的大唐王朝已不复存在。不过不要紧，唐朝的旗号倒了，换一面就行了。于是各地割据政权纷纷在自家门前竖起旗杆。这就有了五代十国的故事。

　　五代是指北方的五个割据政权，即后梁（907—923年）、后唐（923—936年）、后晋（936—947年）、后汉（947—950年）、后周（951—960年）。请注意，这个"后"字是史学界为了与前代有所区分而添上去的，并不是这几个朝代自己加的。相反，他们都认为自个儿纯属嫡系，绝非假冒，只此一家，别无分店。而十国（902—979年）是指在该历史时期中国境内（主要在中国南部，北汉例外）的十个割据政权，即前蜀、后蜀、南汉、北汉、南唐、南平、吴越、吴、楚、闽。

　　这样一个长期四分五裂、军阀混战的时代就是赵匡胤出生和成长的年代。我们有必要对这个时期的政权更迭和社会特点做进一步的了解，因为这是理解宋初各项政治措施的基础，也是理解赵匡胤治国之道的前提。

　　历史是不能也不容割裂的，所以请各位读者稍稍换换气，调整一下心情。在我们正式进入宋史之前，五代十国这一课必须补上。

| 朱三的嗜好 |

还是先从朱三说起吧。

朱三有个嗜好——好色，这好像是男人的通病。爱美之心人皆有之，这是可以理解的。何况子曾经曰过：食色，性也。自古英雄难过美人关，这是天性使然。可是朱三的好色，实在是色得有点变态——他就喜欢别人的老婆。也不知道老朱是不是属蛤蟆的，见到绿色就兴奋，所以有送人家绿帽子的习惯，而朱三手下号称"八帝宠臣"的张全义（前后服侍过八位主子）就不幸（抑或有幸）中了"大奖"。

张全义被朱温任命为河南尹（河南省长），负责地方行政工作，重点是保障大军的粮草供应。乱世中成长起来的张全义同志还是很有几分才能的，将地方工作搞得有声有色，部队的军粮从来不缺。朱温一高兴，决定重赏忠心耿耿的运粮队长老张。奖品就是——绿帽子，而且零售的不要，直接搞批发。朱温跑到张全义家美美地住了半个月，将张全义的老婆、女儿、儿媳挨个（或者同时？年代久远，无法考证，请见谅）睡了一遍。

张全义的儿子气得拿了刀要去拼命，被"理智"的老张死死拖住："朱温是我们家的救命恩人，他爱咋样就咋样吧。"张全义的忍术也果真了得，不过这也是乱世的无奈。在那个靠拳头吃饭的年代，伦理道德是不值钱的。

其实老张也不用生气，因为领导还是比较公平的，他没有忘记自己家的那份。兴许是外面的绿帽送得差不多了，朱温觉着自己家里也要搞点绿化，于是他那双色迷迷的眼睛又盯上了自己的儿媳。朱温的几个儿子都在外面领兵打仗，媳妇都在家里搁着，老朱本着肥水不流外人田的古训，跑过来自己施肥搞开发了，此处省略一千字……

诸位，服了吧？

国学大师钱穆先生曾说过，中国最无耻的时代莫过于五代十国。欧阳修更是一针见血地指出，"五代不仁之极矣"。事实的确如此，父子相残、人伦相悖等乱象在那个时期屡见不鲜，甚至是习以为常的。

不过，不管朱温同志在某些方面的兴趣和能力如何强大，他也终究扛不过岁月的侵袭。

| 血染的帝位 |

打拼了几十年的梁太祖必须考虑继承人的问题了。对他来说，选择继承人的原则很简单，居然是和哪个儿媳妇睡得更好就选哪个儿子上位！我不得不说，老朱实在太有才了！

朱温有八个儿子，长子朱友裕早已因病去世，剩下的七个儿子中，年纪最大的是干儿子（注意是干儿子）——排行老二的朱友文。而亲儿子中，年纪最大的是排行老三的朱友珪。帝位的争夺就在老二和老三之间展开了。

干儿子朱友文仗着老婆王氏的得宠，信心爆棚。亲儿子朱友珪自然不服气，朱家的产业凭什么便宜外人，再说了——绿帽子谁没有呀！

可惜，朱友珪的老婆张氏不如王氏千娇百媚，业务方面也不如王氏娴熟，业务态度更是不如王氏端正，因此朱温更加宠爱老二家媳妇，这让老三朱友珪很是无奈。色迷心窍的朱温居然还真的准备把辛苦打来的江山传给干儿子，并且屡次透露传位于朱友文的意思，史载"意常属之"。

色是刮骨钢刀，老朱迟早会死在这把刀上。公元912年，重病中的梁太祖朱温召宰相敬翔入宫，准备下诏任老三朱友珪为莱州刺史，将其外放。在那个时代，每逢皇权更迭，外放的皇子常常还在赴任路上就莫名其妙地挂了，概率高达99.99%，所以外放和赐死其实是同义词。

这时正在宫内陪老头子从事娱乐活动的老三媳妇张氏听到了风声（老朱真是色迷心窍了，这么敏感的时刻居然还抱着老三媳妇不放，况且您老还病重着哪啊喂），立刻出宫密报朱友珪。朱友珪一看老头子真的昏了头，要把江山让给外人，急了，一咬牙一跺脚，反了！

朱友珪拉上亲信——禁卫军将领韩勍（qíng）于八月二日发动政变，带兵闯入后宫，在对骂了几句之后就把喜欢享乐的老爹送到了最最最快乐的地方——西方极乐世界。小朱三干掉了老朱三。为大不尊，带坏子孙。朱温落得这样一个下场，也不算冤枉。

正在家里干巴巴等着的老二朱友文，眼瞅着戴了N年的绿帽子马上要换成黄帽子了，却被小朱三矫诏赐死，连戴帽子的家伙都留不住了。

朱友珪踩着父兄的尸体登上了帝位。不过杀父弑兄的事情，小朱三同志也是

第一次干，没有什么经验，尤其是面对舆论哗然、群情汹汹的局面，刚刚走上工作岗位的小朱三同志缺乏必要的危机处理手段，难以塞天下悠悠之口，手忙脚乱，欲盖弥彰，于是这场宫廷政变最终引起了天下大乱。

继承顺位排在朱友珪之后的老四朱友贞自然不会放过这个千载难逢的机会，更何况他还是朱温的皇后张氏的嫡出，在讲究嫡长子继承制的传统社会里，无疑有着天然的血缘优势。于是第二年二月，在朱温的女婿赵岩（就是死守陈州的赵犨的儿子）、禁军高级将领袁象先（朱温的外甥）以及大将杨师厚的支持下，朱友贞杀入皇宫，将皇帝宝座上的朱友珪拖下来杀了祭祖，夺取了皇位。

继位仅仅八个月，屁股还没坐热的小朱三同志就此随老朱三去了。朱友贞随后登基，是为后梁末帝。不过，朱友贞在这血染的皇位上还没高兴太久，一个可怕的仇家就寻上了门。

| 名将世家 |

这个仇家不是别人，正是朱家的世仇——李家。自从"烤鸭门"事件之后，李家便与朱家杠上了。公元908年正月，在与朱温斗了十几年之后，被唐朝御封为晋王的李克用去世，长子李存勖继位，担起了复仇的大业。

作为威震天下的名将世家，李家似乎从来都不缺名将，而李存勖就是其中的佼佼者。如果说老子李克用是猛将的话，那么儿子李存勖就只能用超猛来形容了。而朱温只知道"独眼龙"李克用，至于初出茅庐的李亚子（李存勖的小名）他哪里会放在眼里。初生牛犊不怕虎的李存勖很快便给了老朱一个下马威。

同年三月，朱温趁着李克用新丧、全国举哀之时，亲自率军攻打久攻不克的晋国重镇——潞州（今山西省长治市）。在做了一番自认为周密的军事部署和人事调遣之后，朱温信心满满地返回都城汴州，搂儿媳妇去了。

此时，刚刚即位的李存勖迅速解决了亲叔叔李克宁的叛乱风波，并力排众议，率领一支精锐部队，在茫茫大雾的掩护下，于凌晨突然出现在潞州城外，以"迅雷不及掩耳盗铃响叮当之势"，向还在酣睡中的梁军发起了突袭。梁军大败，扔下无数粮草辎重，抱头鼠窜、落荒而逃，长达一年之久的潞州之围顿解。

消息传到汴州，老朱吓得不轻，朱脸立马成了猪肝色，沉默良久之后，叹道："生子当如李亚子。李克用虽死犹生啊！至于我家的那些崽子，不过是一群蠢猪废物而已。"（生子当如是，李氏不亡矣！吾家诸子乃豚犬尔。）

被牛犊撞了一下腰的朱温没有看错，李存勖果然就是后梁的掘墓人。现在这个掘墓人找上门来了。

刚刚坐上皇帝宝座的朱友贞急于想搞点政绩出来收服人心，于是在政变功臣——小舅子赵岩的建议下，准备把帝国北面一向兵骄将悍、不好管理的魏州（今河北省邯郸市大名县东北）一分为二。消息不胫而走，兵变迅速发生，叛乱的士兵占据魏州，并积极向晋王靠拢，请求援助。

李存勖自然不会放过这个送上门来的好机会，他立刻出兵占领魏州，并将其作为梁晋争霸的桥头堡，不断向南推进。经过数年的攻伐，后梁黄河以北的领土全部落入李存勖的囊中。现在横在梁军和晋军面前的就只有一条黄河了。

公元923年4月25日，东征西讨、威震四方的晋王李存勖在魏州称帝，他以大唐帝国的继承人自居，国号为唐，史称后唐。李存勖是为后唐庄宗。

决战的时刻终于到来。10月2日，后唐军队在李存勖手下大将李嗣源的率领下，抱着必死的决心，坚决地不要大后方，坚决地置左右两侧的敌军于不顾，迅速机动地渡过黄河，猛插大梁的心脏——都城汴州，上演了一出五代版的"千里跃进大别山"。大梁王朝被这致命的一击彻底打垮，都城陷入一片混乱。10月9日，汴州失守，中原易主。

仅仅七天，长达几十年的梁晋之争就画上了句号。朱温的眼力不错，他的儿子终究打不过李克用的儿子——出来混，总是要还的。

老朱家和老李家的相邻权纠纷到此结束了，这场纠纷的最终结果告诉我们一个道理：如果你和别人有仇，别急，可以先考虑回家和老婆亲热亲热，因为君子报仇，生儿不晚。

| 李天下 |

作为当时最为强盛的割据政权，军事天才李存勖所建立的后唐得到了众多地方割据势力名义上的尊奉，就连长期割据凤翔的老流氓——岐王李茂贞（就是绑架唐昭宗的那位）也俯首称臣。

成为中原新主人的李存勖春风得意，陶醉于自己的赫赫武功，有点飘飘然了。打了这么多年的仗，终于打下了一片江山，是该放松放松、洗个脚按个摩了。

就像朱三好色一样，李存勖也有自己的爱好，不过他对儿媳妇不感兴趣，而是对戏曲异常痴迷。用现在的话讲，是个地地道道的票友，不光听，还喜欢自己上台秀一段。现在咱当皇帝了，想蘸白糖蘸白糖，想蘸红糖蘸红糖，李存勖铆足了劲准备好好享受一下。于是他为自己取了个艺名——李天下，整天和一帮戏子混在一起，不遗余力地推动着后唐戏曲文化事业的发展。

有一次，李存勖精心打扮了一番，粉墨登场，和众多戏子伶人一道上台表演，过过戏瘾。作为史上最会演戏的皇帝，戏迷李存勖上台之后果然很敬业，演得很是投入，分外传情，演出效果棒棒哒！演到得意之处，这位仁兄还摇头晃脑地连喊了两声"李天下！李天下"。这时，一个伶人突然从人群中蹿出，挥起大掌，照着李存勖的脸就扇了两个大嘴巴。

事发突然，众人不禁目瞪口呆。李存勖莫名其妙挨了两巴掌，也是一脸懵逼，怒道："为何打我？"这个戏子嬉皮笑脸地回答："李（理）天下的只有皇帝一人，你叫了两声，还有一人是谁呢？"李存勖一听，咦，说得好有道理，我竟无言以对。于是转怒为喜，还给了这个戏子大把大把的赏钱。

贵为一国之君，被戏子当众打脸，居然心安理得、不以为意，甚至乐在其中、予以重赏。李存勖同志，你是欠抽呢？还是欠抽呢？还是欠抽呢？如此荒唐一幕，足见沉迷戏曲的他中毒之深。

在李存勖不遗余力的推动下，"学而优则仕"的规矩在戏曲事业发达的后唐顺理成章地变成了"戏而优则仕"。于是，两个戏子——陈俊和储德源在李存勖的授意下，屁颠屁颠地当刺史（市长）去了。为后唐帝国浴血奋战、立下汗马功劳的将士们终于明白：这个皇帝原来是个可以共患难而不可共富贵的主，自己拼死拼活多少年，竟然不如戏子吼两嗓子。

全国哗然，将士寒心。

说起来，民心其实是个很奇怪的东西。让天下归心很难，比如周公一沐三握发、一饭三吐哺，辛辛苦苦几十年好不容易才赢得天下人心。但是要失去却是太容易了，周幽王陪着褒姒妹妹玩了一把火，就把民心玩完了。所以，江山易得，民心难得，贪欲难失，民心易失。

戏迷皇帝李存勖积聚民心用了整整十五年，而失去它只用了一天。不过他并没有吸取教训，反而玩得更嗨了。于是皇帝身边开始聚集一圈又一圈的小人。子曾经曰过：唯女子与小人难养也。而李存勖仿佛是要和子较劲，女子和小人他全都养上了，一个都不能少。这个女子就是李存勖的败家媳妇——刘氏。

第六章
·
生于忧患
死于安乐

刘氏（刘玉娘）出身穷苦人家，五岁时被李克用大军掳走，后来运气不错，成了李存勖生母曹夫人的婢女。曹夫人非常疼爱她，自幼教习歌舞曲赋。刘氏长大后出落成一个水灵灵的漂亮姑娘。肥水不流外人田，曹夫人便将她许配给自己的儿子李存勖为妾。

恰好，刘氏也是戏曲的超级粉丝，两个人胃口倒是挺合得来，李存勖因此对她愈加宠爱。后来刘氏生下儿子魏王李继岌，母凭子贵，被册封为皇后。

| 败家媳妇 |

自古以来，所谓皇后，应当母仪天下，言行举止堪为天下人之表率。然而这位刘皇后距离"母仪天下"，还差着十万八千里。有一件事颇能说明问题。

当年，刘氏虽然被大军掳走，但其父尚在人世，靠四处行医为生，日子过得十分艰难。后来刘父听说女儿出息了，于是乐呵呵地跑来认亲。刘氏当时正好与李存勖的两个妃子韩氏、伊氏争宠，抢夺皇后宝座。在那个讲究门第出身的年代，要想做皇后，第一条便是看家族背景，而刘氏卑微的出身一直是她的一块心病。在争夺皇后宝座的关键时期，刘氏更是唯恐他人知晓自己出身太低。于是，面对前途和亲情，刘氏毫不犹豫地抛弃了后者。她立马发飙，怒斥其父是冒牌货，一口咬定这就是个贪图富贵的骗子，命王宫侍卫将亲生父亲暴打一顿，轰了出去。

可怜刘父不但一场富贵梦化作泡影，还吃了亲生闺女一顿"竹笋炒肉"，怎一个"惨"字了得。

后来，刘氏为了抬高自己的地位，居然认了朝中大臣张全义为父，以此证明自己属于血统高贵、如假包换的名门闺秀。找上门的亲爹不认，却腆着脸去认大臣当爹，刘氏果真是历代皇后中的一朵奇葩。

知晓内情的李存勖觉得自己媳妇的这件事实在太奇葩，于是便有意开刘氏的玩笑。一天，李存勖故意穿上破衣烂衫，背着一个破破烂烂的采药筐，儿子李继岌戴着一顶破帽子，亦步亦趋地跟在后面。两人一边向卧房中走去，一边学着刘父的声音，扯开嗓子大喊道："老夫看望女儿了！"刘氏见状勃然大怒，抄起家伙就把宝贝儿子一顿揍，把丈夫轰了出去。李存勖意犹未尽，又根据媳妇的奇葩故事编了一出戏，名字就叫《刘山人寻女》，自己亲自扮演主角刘父刘山人，才算过足了瘾。从刘氏的这出闹剧，足以看出其人品之卑劣。

出身卑微的刘皇后大概是小时候穷怕了，有了地位和权力之后，就变着法儿地捞钱。遵循见面分一半的原则，全国各地进贡国库的东西她先搬走一半，以至于后宫的金银财宝堆积如山，放都放不下。即使这样她还不满足，又自个儿开起了"公司"，颇有点经营头脑的她亲自当起了CEO，手下那帮宫女太监成了项目经理，全被派到宫外，打着"国营"的旗号贩卖货物，"皆称中官所卖"，赚了个盆满钵满。

有一年，天下大灾，连士兵都吃不饱了。为了保证军队家眷的正常生活，防止士兵哗变，大臣们建议皇后出资赈济军队。守财奴刘皇后先抬出来一张梳妆台，然后把年幼的皇子抱出来放在上面，不紧不慢地说："皇帝家也没有余粮啊！现在就剩这么一点了，你们要是觉得不够，就把皇子卖了，换点钱买粮食给士兵们吃吧！"大臣们一听，吓得汗流浃背，从此再也不敢和刘皇后提半个钱字。唉，谁让他们摊上这么一个无赖兼贪财的主子呢！

所谓"上有所好，下必甚焉"。有这么一个守财奴皇后，下面的官员自然想尽一切办法搜刮钱财来孝敬。这些人充分发扬"人无我有，人有我优"的创新精神，发明了名目繁多的苛捐杂税，大肆搜刮民脂民膏，真可谓"万税万税万万税"。

戏迷皇帝加上一个败家媳妇，李存勖的皇帝宝座已经摇摇欲坠了。

| 铁券魔咒 |

公元925年，李存勖下令后唐军队出兵征讨南方割据政权蜀国（即前蜀）。远征军以魏王李继岌（刘氏的宝贝儿子）为名义上的统帅，大将郭崇韬为实际的军事指挥，向蜀国发动了统一战争。

这次远征在军事统帅郭崇韬的正确指挥下，进展异常顺利（当然，腐败的前蜀政权也帮了大忙），仅仅七十余天就将割据四川三十五年的前蜀王氏政权消灭，取得了辉煌的战绩。然而，这空前的胜利并没有给劳苦功高的郭崇韬带来任何好处，反而要了他的命。要他命的，正是李存勖所养的那群小人和女子。

作为辅佐李存勖的重要功臣，身居后唐枢密使（掌握全国军权）要职的郭崇韬办事非常规矩，在朝廷内外尤其是军队中享有崇高的威望。他为人正直，忠心耿耿，多次劝谏李存勖远小人亲贤臣，重新振作，这自然引起皇帝身边那群戏子和宦官的不满，由此种下了祸根。

征蜀战争刚刚结束，朝廷就派钦差向延嗣来劳军。郭崇韬一向看不起这些小人，加之军务繁忙，没有亲自出城迎接，就把向公公给得罪了。

向太监回到皇宫，添油加醋地大肆污蔑郭崇韬，说他在蜀地收受贿赂、贪墨公款、拥兵自重、威胁魏王，使李存勖对郭崇韬产生了猜疑之心；而贪财又愚蠢的刘皇后要求李存勖立刻下旨诛杀郭崇韬。戏迷皇帝还没有昏聩到仅凭几句谗言就自毁长城的地步，并没有答应，只是派出了监军赴蜀地调查相关情况。

刘氏生怕远在蜀地的宝贝儿子有什么不测，于是绕过李存勖，发了道"教命"（刘氏的诏书被称为"教命"，与皇帝的诏书具有同等效力），让魏王李继岌秘密诛杀了有功之臣郭崇韬。这次败家媳妇刘氏算是真的败到家了。

郭崇韬被诛的消息让帝国上下人人自危，因为郭崇韬不仅官居要职、劳苦功高，还是后唐赐予免死铁券的三位元勋之一。有免死铁券者尚不能自保，更何况其他人。

免死铁券这个玩意儿实际上和催命符是一个概念，每张铁券后面都隐藏着一行小字：本皇帝保留最终解释权。所以千万别把这个东西当真，相反，它还是个烫手的山芋，因为后唐已经有两位拿着免死铁券的大臣GAME OVER了（郭崇韬和朱友谦），朝廷上下自然都把目光聚集在NO. Three的身上——谁让你拿着铁券呢！

| 忧劳可以兴国，逸豫可以亡身 |

很不幸，李嗣源就是这个NO. Three。

李嗣源是李克用的养子，李存勖的干哥哥，也是一位猛将。他手下的五百骑兵号称"横冲都"（横冲直撞的意思），所向披靡、威震八方，他也为自己赢得了"李横冲"的美名。我们前面提到的五代版"千里跃进大别山"的精彩战役，就是他的得意之作。

李嗣源为后唐立下了汗马功劳，是无可争议的开国元勋，李存勖还曾对他说"天下将与兄共有之"，足见其功劳之大、地位之高。当然了，皇帝也有激动的时候，这话听听就行，千万别当真啊。

高处不胜寒，随着两位劳苦功高的大臣相继伏诛，李嗣源的心里已经是七上八下了。就在他提心吊胆的时候，一个突发事件改变了他的一生。

具有优良兵变传统（后梁末帝朱友贞也曾在魏州兵变上栽了跟头）的魏州再次发生兵变。对皇帝的荒唐举动和帝国的腐败现状万分失望的士兵们决定不再给李存勖卖命，于是在军官赵在礼的率领下占据魏州，对抗朝廷。李存勖终于尝到了自己亲手种下的恶果。

戏迷皇帝李存勖已经不再是当年威震四方的李亚子了，手足无措的他在朝廷大臣的一致要求下，只得命令在军中威望颇高的李嗣源率军平叛。李嗣源立刻带兵前往魏州。可是，戏剧性的一幕发生了，政府军在奔赴魏州的路上也发生了兵变，并挟持了李嗣源，对戏迷皇帝失去信心的将士们目的很明确——大哥，带小弟们混吧！

起初，李嗣源非常犹疑，担心脱不了干系，甚至打算一个人回都城向李存勖说明一切。这时，一个关键人物跳了出来——李嗣源的女婿石敬瑭。

石敬瑭劝阻道："自古以来，哪有军队哗变而主帅没有任何关系的？就算你真的没有这个心思，别人也不会信啊。犹豫不决是兵家大忌，应该迅速行动。我愿率三百骑兵直扑汴州，则大事可成！"

李嗣源这才下定决心，决定好好干一票。由于"李横冲"的名头实在太大，他一到魏州，叛军在赵在礼的率领下立刻归附，而其他各地兵变的士兵听说新立的

主子是横冲哥哥，一个个飞奔而来，归心似箭。

很快，急先锋石敬瑭率骑兵渡过黄河，直奔汴州。无奈之下，李存勖只好从烟雾缭绕的戏台上下来，再次拿起已经有点生疏的武器，亲自上阵。为了鼓舞士气，宰相建议犒赏军士。兵马未动，粮草先行，这个道理李存勖不是不懂，可是连年的挥霍加上刚结束的平蜀战役，国库已经所剩无几了，唯一能指望的就是守财奴刘皇后守着的那堆金山了。不过有了上次赈灾的教训，大臣们实在不敢开口，皇帝只好亲自求刘皇后了。大概刘氏也明白了形势的严峻，这次居然（请注意这个词）答应了。

可惜，戏迷皇帝屁颠屁颠地来劳军，士兵们却不领情，他们说："灾荒之年没有赈济，现在慰劳我们又有什么用呢，我们的妻儿家人都已经饿死了！"就在这样的局面下，李存勖率领二万五千人的部队战战兢兢地开始向汴州进发。

结果可想而知，还没走到汴州，士兵就逃了一大半。为了稳定军心，李存勖对剩下的士兵好言相劝，表示征蜀得胜的大量钱财正在运往首都的途中，只要一入库就全部分给大家。士兵们显然对空头支票已经不感兴趣了，他们说："皇上啊，你该赏赐的时候不赏赐，现在再赏已经晚了。就算赏了我们，我们也不会感激你了。"

赏罚不明，百事不成。戏迷皇帝终于明白自己已是民心尽失、大势已去。无奈之下，他只好率领残兵原路返回洛阳，准备固守城池，拼死一搏。

四月，李嗣源大军抵达洛阳城下，李存勖率军迎击，最后的帝国反击战开始。然而，此时的后唐政府军仿佛患了兵变的瘟疫，政府军刚刚集结完毕，兵变再次发生，被李存勖任命为从马直指挥使（禁军骑兵部队首领）的戏子郭从谦（注意他的身份）反了，他是被诛杀的元勋功臣郭崇韬的干侄子（报应啊）。在他的煽动下，叛军一哄而上，将李存勖团团包围，李存勖虽然勇猛，可猛虎难敌群狼。

一片混乱之中，李存勖被乱箭射中，身受重伤，逃到绛霄殿廊柱下休息，口渴难耐，疲惫不堪。宦官看见后急忙跑到后宫告诉刘皇后，这个败家媳妇居然只让人送了一碗肉汤过来，根本不来看看自己的丈夫，而是赶紧收拾金银细软，和小叔子李存渥一起逃出宫去了，在逃亡的路上，还不忘和小叔子做了一回露水夫妻，最后逃到一个寺庙里削发为尼，但最终还是被李嗣源派人搜了出来，剁掉，结束了一个守财奴可悲的一生（真是怀疑曹夫人的眼光啊）。

留在宫中的李存勖最终因伤重不治身亡。太监们怕皇帝的尸体被叛军凌辱，干脆将"李天下"生前最喜爱的乐器一股脑地盖在他身上，点燃尸首将其火化了。戏迷皇帝终于在众多乐器燃烧的噼啪声中，达到了人生最高的艺术境界。

李存勖死了，最终死在他曾经宠幸的戏子手里，此时距他登基称帝刚好三年。"上马英雄，下马狗熊"的他用自己大起大落的一生，为"忧劳可以兴国，逸豫可以亡身"作了最佳诠释。

由此可见，子的话还是要听的。

| 李嗣源的祷告 |

公元926年4月20日，李嗣源登基称帝，是为后唐明宗。

李嗣源是五代中较为开明的君主。他在位七年，中原没有发生大的战乱，而且他基本上采取了无为而治、与民休息的政策，减轻赋税、鼓励农耕、废除酷刑、惩治腐败，再加上他登基时已经五十九岁了，对于美色、游乐之类的事情无力去感兴趣，因此饱受战乱之苦的中原百姓有了短暂的喘息之机，稍稍过了几天太平日子。后世史书对李嗣源还是有比较高的评价的，例如欧阳修就在《新五代史》中写道："明宗虽出夷狄，而为人纯质，宽仁爱人。于五代之君，有足称也。"

不过，不知道是不是被挟持当了皇帝感觉不踏实，还是对自己的治国才能有所担忧，总之，李嗣源总是显得不够自信。于是他养成了一个习惯，经常在晚上睡觉前焚香祷告，祷告的内容竟然是：苍天啊大地啊，我本来是一个外族蕃人，一辈子老老实实、安分守己，一不贪财二不好色，本想着安安稳稳地混到退休，谁知老了老了竟然稀里糊涂地当了皇帝。唉，命运弄人啊。可是我就一老实人，又怎么能够治理好天下呢？中原大乱已经很长时间了，求求你，早点派个神仙哥哥下来主持一切吧！（臣本蕃人，岂足治天下！世乱久矣，愿天早生圣人。）

也不知道是不是老天爷在云端眨了一下眼，或是被老头子点的香给熏晕了，总之结果还真是巧了，老头子的愿望应验了。就在李嗣源登基称帝的第二年，也就是后唐天成二年（927年），在距离李嗣源皇宫不远的洛阳夹马营，赵匡胤降生了。

其实赵匡胤小朋友应该感谢李嗣源老爷爷，毕竟人家是个实诚人，为你创造了一个不错的环境，能让你骑骑马、练练箭、掏掏鸟窝、赌点博，没有刀兵之祸。不过，小赵同学现在还只对家门口的那只石马感兴趣，对当皇帝不太感冒。那好，还是让这个超级男生继续撞城门、练铁头功吧，我们继续我们的话题。

第七章 · 儿皇帝万「碎」

七年的太平时期很快就过去了，随着李嗣源日渐衰老，皇位继承人的问题成为帝国政治的核心话题。李嗣源有四个亲生儿子，长子李从璟战死，剩下三个儿子从荣、从厚、从益，李嗣源对老二李从荣比较满意，一直有意培养，封其为秦王并掌中央禁卫军大权，是朝廷上下公认的种子选手。不过，后来的一件事情让这位种子选手不仅没能上位，反而连种子都丢了。

原来，公元933年年底，明宗皇帝病情加重，李从荣进宫探视，发现老爸已经奄奄一息，断定老爷子熬不过当天，于是即位心切的他立刻出宫，召集军队，准备入宫，抢班夺权。万万没想到，命大的李嗣源一口气又缓了过来。当左右密报老二李从荣准备带兵进宫时，李嗣源差点没气得又转回去。老子还没死呢，你就这样心急火燎的，我要是真死了，你还不得翻了天啊！

在中国漫长的传统社会里，皇权始终是高高在上、神圣不可侵犯的。历代帝王心中都有一个底线原则——谁夺我的权，我就要谁的命，亲生儿子也不例外！

老爷子一气之下，派干儿子李从珂的儿子李重吉（有点绕，也就是老爷子的干孙子）率军把李从荣杀了。六天之后，李嗣源殡天（可惜李从荣太猴急了）。

公元933年12月，老三李从厚登基即位，是为后唐闵帝。

| 史上最牛的秘密武器 |

非种子选手李从厚捡了个大便宜，成为后唐新任董事长。不过新皇帝完全没料到这顶皇冠能落到自己头上，兴奋之余总有点担心，因为有一个巨大的阴影让他坐立不安，那就是李嗣源的干儿子李从珂。

李从珂从小就跟随李嗣源南征北讨、出生入死，深得李嗣源的信任，被任命为凤翔节度使，封潞王，在军中素有声望。李从厚即位之后，总觉得这个干哥哥是个莫大的威胁，于是下诏命李从珂搬个家——由凤翔（陕西）节度使调任河东（山西）节度使。

那年头，皇帝让节度使搬家实际上就是让他的脑袋搬家，因为节度使再嚣张，一旦离开自己的势力范围，那就是砧板上的肉，所以调防令等同于杀头令。

李从珂当然不干，立刻起兵造反。中央政府毫不示弱，调集各路军队围攻李从珂，很快凤翔陷入了重重包围，眼看就要撑不下去了。在这危急关头，见证奇迹的时刻到了，李从珂突然抛出了一件史上最牛的秘密武器——眼泪！

原来李从珂在城头上一转悠，发现攻城的政府军竟然很多都是以前自己带过的老部下，于是眉头一皱，计上心来。只见他站在城楼上开始号啕大哭，一边哭一边脱光了上衣，露出身上因作战而留下的累累伤疤，一把鼻涕一把泪地哽咽道："俺从小就跟随先帝出生入死，屡立战功，创伤遍身，毫无怨言，和诸位一起打下了这一片大好河山。现在朝廷听信谗言，致使我们骨肉相残，这难道是我的错吗？"（我年未二十从先帝征伐，出生入死，金疮满身，树立得社稷，军士从我登阵者多矣。今朝廷信任贼臣，残害骨肉，且我有何罪！）说完更是哭得呼天抢地，痛不欲生，泪飞顿作倾盆雨。

> 男人哭吧哭吧不是罪，
>
> 再强的人也有权利去疲惫。
>
> 微笑背后若只剩心碎，
>
> 做人何必撑得那么狼狈。

正在攻城的数万政府军士兵被这一出《男人哭吧哭吧不是罪》的现场版MV深深地震撼了。

多么无助的男人啊！多么无辜的眼神啊！你那滚烫的泪珠滋润了我干涸的心灵，你那绝望的表情点燃了我满腔的怒火。哥，啥都别说了，跟定你了！

羽林都指挥使杨思权、严卫都指挥使尹晖率领所部，立马投入李从珂大哥的怀抱，政府军瞬间溃散，一场猛烈的攻城战在李从珂的无敌泪水中灰飞烟灭……

高人就是高人，不服不行啊！一转眼，中央派来平叛的部队摇身一变成了叛军，真可谓"没有枪，没有炮，敌人给我们造"。李从珂一哭成名天下闻！

一路上，不断有政府军的士兵慕名前来归降，神奇逆袭的李从珂率领归附的数万大军直逼洛阳。等到达洛阳时，政府军已经全部望风而降了。

公元934年4月5日，眼泪哥李从珂登基，是为后唐末帝。

闵帝李从厚做梦也想不到，眼看就要到手的胜利却成了"一泡眼泪引发的惨案"，皇帝的宝座就这样被干哥哥的眼泪稀里哗啦地冲走了。没办法，谁让你的泪腺不如哥哥发达呢，人比人气死人啊。

而李从厚也有了最终归宿。4月7日，闵帝被废为鄂王。两天后，一杯毒酒送他上了路。

| 沙陀奸　儿皇帝 |

刚刚坐上皇帝宝座的李从珂，突然发现这个位子确实坐得有点不舒服，因为也有一个人让他感觉很不爽，这个人就是李嗣源的女婿石敬瑭。

作为李嗣源称帝的股肱之臣兼女婿，石敬瑭颇得李嗣源重用，被任命为河东节度使、同中书门下平章事（传说中的"使相"，既有实权又有很高的荣誉），是后唐的高级干部，而且手握重兵，军中威望甚高。当初闵帝李从厚就曾把他和李从珂同时列入威胁国家安全的黑名单，是与李从珂齐名的危险人物。有这么一个功高震主的人待在边上，新皇帝李从珂怎么能睡得舒坦，于是对石敬瑭的猜忌越来越重了。

公元936年5月，李从珂下诏，将石敬瑭由河东（山西）节度使调任天平（山东）节度使。他的想法很清楚：如果你反抗，证明你心里有鬼；如果你接受，正好路上黑你一道。

果不其然，石敬瑭拒不受命。刀已经架在脖子上了，狗急跳墙的石敬瑭决定刷信用卡——透支未来。

几天后，契丹国主耶律德光被一个天大的馅饼幸福地砸晕了。有人千里迢迢地来认爹，还随手送上了一份想都不敢想的见面礼。这个人就是石敬瑭，而这份大礼就是燕云十六州。

燕云十六州，包括幽、涿、蓟、檀、顺、瀛、莫、蔚、朔、云、应、新、妫、儒、武、寰州，即今天北京、河北、山西北部的大片地区，万里长城从这里横亘而过，其中有着许多举世闻名的险关要隘，如我们耳熟能详的喜峰口、古北口、居庸关等。

燕云十六州自古以来就是中原政权抵御北方游牧民族的天然屏障。这道屏障的后面就是一马平川的华北平原，一旦被突破，北方骑兵就可以在广袤的平原上纵横驰骋，任意进退，如入无人之境，对中原地区的安全造成严重威胁。而再也无险可守的中原政权就只能以孱弱的血肉之躯抵挡凶残的关外铁骑，在战略上将完全陷入被动挨打的境地。

就是这样一个具有极其重要的战略意义的区域，被石敬瑭拱手让给了一直对中原虎视眈眈的契丹人，这一举动对中国后来长达三百余年的历史造成了刻骨铭心的影响。从此，中原门户洞开，北方铁骑肆虐，频繁的战乱对中原的社会经济造成了严重的破坏，给中原人民带来了深重的灾难。有宋一代，边祸之患，肇端于此！

石敬瑭也因此举而遗臭万年，被公认为民族败类、汉奸卖国贼——卖国贼不假，不过是不是汉奸就值得商榷了，因为石敬瑭压根就不是汉人！史书称其"本出于西夷，自朱邪归唐，从朱邪入居阴山"，是地地道道的沙陀人。所以，石敬瑭不是"汉奸"而是"沙陀奸"。吾每读史至此，未尝不叹息痛恨于沙陀奸也！

不管是什么奸，对于石敬瑭的干爹耶律德光来说都不重要，重要的是，从此以后，再也不用提心吊胆地来富饶的中原大地抢东西了。天上掉下来这么大的馅饼，耶律德光没有不笑纳的道理。

公元936年5月，耶律德光率五万契丹铁骑自雁门关南下，与乖儿子石敬瑭会合。顺便说一句，当时石敬瑭四十五岁，耶律德光三十四岁，爸爸比儿子还小十一岁。反正有钱便是爹，有奶便是娘，石敬瑭的无耻嘴脸由此可见一斑。

有了契丹老爹撑腰，石敬瑭底气十足，很快便对李从珂发起了反攻。面对骁

勇彪悍的契丹人，李从珂的秘密武器也不管用了。11月，洛阳陷落，李从珂怀抱传国玉玺登玄武楼自焚而死，立国十四年的后唐灭亡。

同年，石敬瑭在干爹耶律德光的扶持下称帝，国号为晋，史称后晋。

当十岁的小儿赵匡胤还在家门口的石马上嬉戏玩闹时，"儿皇帝"石敬瑭在历史的舞台上粉墨登场了。

| 热血青年石重贵 |

爬上了帝位的石敬瑭，对耶律德光感恩戴德，居然开始认认真真地履行协议，很快险要的燕云十六州便落入了契丹人之手，而每年三十万岁币孝敬干爹也是必需的。

岁币哪里来？

契丹人咱惹不起，但是欺负老百姓还是绰绰有余的。于是这笔本就不该有的国债又压到不堪重负的老百姓头上。石敬瑭不愧是重合同守信用的楷模。

公元942年，在契丹人裤裆里苟延残喘的石敬瑭终于一命呜呼。他的侄子石重贵即位，是为后晋末帝。

二十七岁的小青年石重贵，显然比石敬瑭多了几分血性。颇有点法律意识的他认为，老叔和契丹的那份合同明显不合理，完全是契丹在乘人之危的情况下签订的，而乘人之危的合同是可以撤销的，于是在大臣景延广的建议下，石重贵很快发出外交照会，对契丹明确表示"称孙不称臣"。

装孙子可以，要钱？没门！

耶律德光闻讯大怒，决定亲自出兵讨伐。公元943年年底，耶律德光命降将赵延寿率大军南下伐晋，并顺手开了一张空头支票——事成后就让老赵当皇帝。

中原的汉奸从来都不乏后来人。赵延寿乐得屁颠屁颠的，给契丹人当了急先锋，经过三年三次大战，后晋在契丹铁骑的疯狂攻击下最终灭亡。

公元946年，后晋都城汴梁（今河南省开封市）陷落，热血青年石重贵被俘，并被契丹流放至黄龙府（今吉林省长春市农安县），在度过了十八年的屈辱生活后，在凄风苦雨中含恨而死。

修撰《旧五代史》的北宋大臣薛居正对此感叹道："自古亡国之丑者，无如出帝之甚也。千载之后，其如耻何，伤哉！"可惜他感叹得早了点，一百八十年后，北宋徽宗、钦宗父子的命运似乎更惨，遗恨更甚。"靖康耻，犹未雪；臣子恨，何时灭"，靖康之耻成为宋人心中永远难以言说的痛……

看上去很美

曾经对契丹奉若神明的"儿皇帝"石敬瑭肯定做梦也想不到，最终亡他国的，竟是亲切和蔼的"父皇帝"耶律德光。真可谓成也契丹，败也契丹。

曾经在家门口转悠的契丹毛贼已经登堂入室，除了粉刷粉刷墙面、打扫打扫房间外，干脆连招牌也一股脑儿地换了。

公元947年2月1日，耶律德光在中原称帝，改国号为辽，是为辽太宗。

那个天天做着皇帝梦的赵延寿被结结实实地忽悠了一把。干孙子都靠不住，别人就更靠不住了，这个皇帝还是自己亲自当来得稳，耶律德光当然不希望石重贵的故事重演。

多年以来梦寐以求的中原大地就在自己的脚下了，令人垂涎三尺的中原财富已经进了自己的腰包，耶律德光是真的想赖着不走了。

四周的地方节度使纷纷上表请求归附，中原大地已经俯首可拾，虽然手下那群土老帽天天嚷着要回家，可耶律德光并不像他们那样弱智：要吃有吃，要穿有穿，为什么还要回到那苦寒之地，天天逐着水草跑呢？就是这里了，要让契丹的光芒照耀中原，要在这里世世代代生活下去，要让中原的汉人世世代代为契丹人打工。

耶律德光笑了，多么美好的事情啊。可惜，这一切只是看上去很美……

侵略的代价

耶律德光最近有点烦，当然不是因为找不到那颗蓝色的小药丸，而是因为陷入了一片无边无际的大海。

在契丹的古制中，军队是没有后勤保障体系的，部队的军粮全部就地解决。也就是说，契丹人出战从不带粮饷，打到哪儿抢到哪儿，所以杀人抢粮对于他们来说是家常便饭，契丹人将这种制度称为"打草谷"。也难怪汉人看不起没文化的契丹人，太野蛮了！

所以当汉族官员向耶律德光建议给军队分发粮饷时，他的回答很干脆：我们

契丹不玩这一套。于是，刚刚进驻汴梁的契丹骑兵便开始三三两两地出城"打草谷"去了。契丹人烧杀抢夺、奸淫掳掠，给中原百姓带来了空前的浩劫，史载"丁壮毙于锋刃，老弱菱于沟壑……财畜迨尽"。

哪里有压迫，哪里就有反抗。中原百姓自发地组织起来，与这群闯入家园的强盗展开了殊死搏斗。在战场上所向披靡的契丹铁骑陷入了人民战争的汪洋大海。到处都是战场，四面都有反抗。契丹人成了过街老鼠，人人喊打。

原本打算长据中原的耶律德光，突然发现中原人民蕴藏着强大的能量和可怕的愤怒。这种能量和愤怒让他食不甘味、寝不安睡，让他感到莫名的紧张和恐惧。而另一个巨大的阴影更是让他感觉芒刺在背，并最终摧毁了他的心理防线，这个阴影就是拥有五万精锐之师、割据山西的后晋河东节度使刘知远。此时，他正像一只不露声色的猎豹，静静地卧在草丛中，冷静而敏锐地注视着时局的变化，机警而准确地把握着事态的发展。

就在契丹刚刚攻占汴梁之际，刘知远就派出使者王峻向耶律德光表示名义上的归顺，把耶律德光哄得一愣一愣的。当惯了爹的耶律德光自我感觉依然良好，他亲切地称刘知远为"儿子"，并附送了一个礼物——木拐。

对于这个"儿子"的名头，刘知远嗤之以鼻，因为当初石敬瑭准备认爹的时候，刘知远就曾明确地表示过：称臣即可，不必称儿；纳币即可，不必割地。

政治嗅觉极其敏感的刘知远有着自己明确的政治目标，他不过是在等待时机而已，至于耶律德光的那根拐还是留着忽悠赵延寿之流吧。

就在耶律德光四面楚歌、进退失据之时，公元947年2月15日，仅仅在耶律德光称帝后半个月，曾假意归顺的刘知远在太原称帝，一面抗击契丹侵略的民族大旗高高地树了起来。早已对契丹的侵略行径切齿痛恨的中原人民立刻响应，短短一个月的时间，原来曾经归降的地方节度使纷纷起事，中原百姓群起而攻之。

坐在火药桶上的耶律德光彻底崩溃，他哀叹道："吾不知中原人难治如此！"他终于明白这不是他该待的地方。3月17日，耶律德光率领契丹大军在最后的疯狂劫掠后，仓皇撤出汴梁，北返故土。

中原老百姓当然没有忘记用板砖、臭鸡蛋欢送这帮慌不择路的契丹强盗。

走吧，走吧，人总要学着自己长大。

走吧，走吧，人生难免经历苦痛挣扎。

走吧，走吧，为自己的心找一个家。

也曾伤心流泪，也曾黯然心碎，这是侵略的代价……

4月21日，心力交瘁的耶律德光在河北栾城杀胡林一命呜呼，用这样的结局完美诠释了侵略的代价。

第八章·

初闯天涯

韬光养晦的刘知远，终于兵不血刃地进入汴州，在几乎没有采取任何重大军事行动的情况下，就成为中原的新主人（现在才发现"夫唯不争，故天下莫能与之争"这句话真牛）。

公元947年6月，刘知远登基称帝，国号为汉，史称后汉。刘知远是为后汉高祖皇帝。

新的王朝诞生了，中原局势暂时稳定下来。而昔日的超级男生赵匡胤现在已经升级成超级奶爸了。这一年，妻子贺氏为赵匡胤生下了一个大胖小子。小小赵的来临让赵匡胤更加意识到责任的重大：好歹给儿子攒个头盔啊，以后小小赵骑马就不用担心撞城门了。于是，待业青年赵匡胤决定离家去闯一闯，寻找属于自己的机会。

二十一岁的赵匡胤留下一封书信，背着母亲妻儿，踏上了未知的旅程。

| 流浪的岁月 |

据史料记载，赵匡胤当时的路线是从河南一带出发，先往西到达陕西、甘肃一带，然后折返往南，抵达湖北南部地区。

赵匡胤之所以先往西走，是因为当时他父亲赵弘殷正率军在西线作战，不过遍查史料也没看到关于小赵和老赵在前线团聚、相拥而泣的感人场面。也就是说，赵匡胤最终并没有按照原计划与老赵会合。

一定是什么地方出了问题。

这个问题的关键就在于小赵的钱包——钱不够了。

金钱不是万能的，但没有金钱是万万不能的。武侠小说里潇洒闯天下的大侠，走到哪儿花到哪儿，不用带钱就能走遍天下，似乎天生就能抗饿。可赵匡胤不行，他是一个人，一个年轻人，一个正在长身体的年轻人，一顿饭没有四个馒头是不行的，一天只吃一顿也是不行的。但是小赵走得太匆忙，而且从未出过远门的他显然缺乏一些生活经验，银子没带够，那个时候也不能刷信用卡，于是就有了我们前面提到的赌博事件。

这场赌博的最终结果就是：赵匡胤同志成为彻头彻尾的无产者，所以他这趟远行就从最初的游历演变成了彻底的流浪。

作为一个流浪汉，去什么地方已经不重要了，重要的是怎么混口饭吃，因为你的肚子是不和你讲道理的。晃晃悠悠中，赵匡胤折返南行，来到了复州（今湖北省天门市）地界，迫于无奈，他决定去投奔父亲的同僚——复州防御使（复州警备区司令）王彦超。

得知故人之子来访，王司令笑呵呵地表示要尽地主之谊，亲自设宴招待。酒酣耳热之际，赵匡胤向亲切的王伯伯提出了谋份差事的请求。出乎意料的是，刚才还笑脸相迎的王伯伯瞬间变脸。

王彦超毫不犹豫地拒绝了赵匡胤的请求，理由很多，诸如地主家也没有余粮之类。也许是小伙子的饭量吓着了王彦超，这位王司令对赵匡胤并不感兴趣。兵荒马乱的年代，少一个吃饭的，就是少一份负担，这或许是王彦超心里最简单的想法。

总之，赵匡胤热脸贴了个冷屁股，就业依然没有着落，心情更是跌落谷底。最终，拿着王彦超打发的一点可怜兮兮的赏钱，赵匡胤再次踏上了未知的旅途，身后远远地传来王伯伯亲切的欢送声：贤侄，再见！贤侄，保重！

颠沛流离中，衣衫褴褛、形容憔悴的赵匡胤来到了随州（今湖北省随州市）。这次，小赵运气还不错。随州刺史董昌本看在与赵匡胤父亲同殿为臣的面上收留了他。可是董家少爷董遵诲却对他不感冒。原因很简单，赵匡胤盖过了董帅哥的风头。

作为随州历届好男儿的冠军，董遵诲一向不乏女粉丝的狂热追捧。可是超级男生赵匡胤的到来，让自我感觉良好的董帅哥一下子就丧失了优越感。武功扎实、马术精湛、仪表堂堂、谈吐不凡，每一项，赵匡胤都完败董遵诲，这让自命不凡的董遵诲妒火攻心。

有一天，董遵诲对赵匡胤说："嘿，小子！你看没看见我们这随州城，城头上经常出现紫云如盖的天象？我有一次还做了一个怪梦，梦见自己登上城头上的高台，遇到一条大黑蛇，长有百余尺，顷刻之间，化成一条巨龙向东北方向飞跃而去，雷电相随，风雨大作，不知道这是什么征兆呢？"说完，董少爷做自命不凡状。

赵匡胤心想，你小子不就是想听我奉承两句，说你是什么真龙下凡、天生异相么。嘿，想得美！

于是，赵匡胤瞥了董大公子一眼，装作啥也没听见，沉默不语。本想好好嘚瑟一番的董遵诲费尽口舌却讨了个没趣，气得吹胡子瞪眼拂袖而去。

又过了几天，董少爷读完一本兵法书籍，学了点皮毛，颇有点自得，仿佛整个人都硬生生地拔高了一截，于是又迫不及待地来找赵匡胤显摆。看到董少爷纸上谈兵、夸夸其谈的样子，赵匡胤不觉好笑，于是弱弱地提了一个实战中的问题，超级自恋狂董遵诲当时就傻了——书上没说啊！

这孩子真不是个好孩子，居然恼羞成怒，斗不赢兵法就斗起嘴来："赵公子既然如此才华横溢，那为何还要在我们家混饭吃呢？"

士可杀不可辱！心高气傲的赵匡胤一气之下辞别了董昌本，继续流浪。天为庐盖地为席，雨打浮萍任飘零。将近两年的流浪生活，让赵匡胤亲身感受到了生活的艰辛和生存的不易。"漫游无所遇，快快而窘兮"，这也许就是赵匡胤多年后回忆起那段艰苦岁月时，内心深处最真实的印记。

理想和现实原来总是有着无法弥补的距离。赵匡胤的这次旅程既没有闹过什么香艳绯闻，也没有找到什么武林秘籍，迎接他的不是鲜花和掌声，而是不折不扣的白眼和口水，这就是生活，这就是现实。

嚼着黑乎乎的窝窝头，躺在乱蓬蓬的茅草堆中，赵匡胤也许只能靠念念"天将降大任于斯人也"来聊以自慰。苦难是最好的老师，也是最宝贵的财富。面对着苦难，人们会做出不同的选择。有的人会抱怨，认为这都是老天爷的错，上天对自己太不公平，凭什么别人吃香喝辣，而自己却被生活压得直不起腰；有的人会沉沦，认为这都是命运的安排，自己一定是上辈子作了什么孽，今生注定要接受上天的惩罚，于是安于现状，丧失对生活、对人生、对自己的信心，自甘堕落；有的人会奋发，认为这都是命运的安排（请注意这句话），是上天对自己的考验，是人生路上必经的过程，所以斗志满满、坦然面对，去适应、去琢磨、去征服那些暂时的困难，并终于笑到最后。

作为一个头撞城墙都不回的人，赵匡胤理所当然属于第三种。在流浪的日子里，赵匡胤不仅仅是流浪，他在观察、在感受、在学习。他仔细研究了甘肃、陕西等黄河流域以及河南、湖北等中原地区的地理、人文、风土人情，开阔了视野，增长了见识，还认识了很多英雄豪杰（实际上也是流浪汉）。

一路走来，他实实在在地体会到了乱世中普通老百姓悲惨的生活。在那个军阀混战的年代，挨饿、白眼、口水都不算什么，尊严、体面、自由都是奢侈品，能有一口饭吃、能够勉强活下去，就是当时人们最大的愿望。

宁为太平犬，不做乱世人。这是用血的代价换来的教训。

赵匡胤开始有了自己的理想——华夏一统，天下太平。

他相信，这是老百姓心中最朴素的愿望，他更相信，这样的愿望可以实现，可以在自己的手中实现！

人心思定，人心所向。道之所在，虽千万人吾往矣！重重的挫折和磨难已经将赵匡胤磨砺得愈发坚强。越磨砺，越锋利！

我们有理由相信，就在高声吟诵《咏日》（那首怪怪的诗）的那个黎明，赵匡胤深深地体味到了人生的意义，真切地感受到了生命的激情。风雨可以侵袭他的身体，但不能侵袭他的心灵；荆棘可以撕裂他的衣服，但不能撕裂他的理想。当东方的红日冉冉升起时，赵匡胤意气风发，昂首阔步，朝着万丈霞光坚定地前行！

那一刻，一条命运的金光大道已经悄然为他开启！

在经历了无数的挫折和失败后，流浪汉赵匡胤在襄阳（今湖北省襄阳市）遇到了高人——一位寺庙的高僧。也许是赵匡胤身上的某种潜质吸引了他；也许是在与赵匡胤的交谈中觉察出了他的与众不同；也许是寺庙太小，赵匡胤饭量大，东西不够吃……总之，这位高僧认定这个蓬头垢面的流浪汉是一支潜力股，于是指点他向北而去，并友情赞助了足够的路费。

离别的时刻到来了。朝霞将天空映照得分外明亮，晨风送来沁人心脾的清爽。寺庙前，和尚们站成一排，共同送别赵匡胤。那位高僧握着赵匡胤的手，依依不舍，反复叮嘱，一定要往北走，走得越远越好。说完，命人牵来一头小毛驴，深情地表示：我有一头小毛驴，我从来也不骑，突然一天心血来潮，我送给你赵元朗（赵匡胤字元朗）……

又给盘缠，又给座驾，高僧的这份热情实在令流浪汉赵匡胤心头一热。他深深地躬下腰，施了一个礼，随后牵过小毛驴，翻身而上，双手作揖，用力地点了点头，拍驴而去……

南行无果的赵匡胤开始折向北方，而这一去，就遇到了他生命中的贵人。

| 杀人者郭威 |

这个贵人就是郭威。

郭威幼年父母双亡，由姨妈抚养长大，从小就养成了好勇斗狠、酗酒嗜赌的习性，史书记载他"为人负气，好使酒"。所以，郭威最早的身份算是古惑仔。为了架势更足一点，他还文了身，不过不是左青龙右白虎那种土包子图案，他只是很优雅地在脖子上刺了一只小飞雀，江湖人称"郭雀儿"。

小混混做得久了也会腻味，于是十八岁时，已经练得一身肌肉的郭雀儿应征入伍，投在潞州候补节度使李继韬（李克用的干孙子）门下做了一名亲兵。虽然郭威从小打架斗殴、喝酒赌博，可是大家千万别以为他只是一个逞蛮力的小混混。除了打架之外，郭威最大的爱好就是读书，而且读的不是一般的书，是一本名叫《阃外春秋》的奇书，内容大都是"以正治国，以奇用兵"的文韬武略，其魅力指数相当于我们所熟知的《九阴真经》之类的秘籍。

俗话说，流氓不可怕，就怕流氓有文化。有了文化的郭威眼界自然不一样了，正因为如此，他才没有一辈子都当小混混。也恰恰由于这个原因，领导李继韬很欣赏他，将其列为重点培养对象。

心高气傲的郭威到了部队后，好勇斗狠、打抱不平的江湖习气还是改不了。有一天，正在喝酒的郭雀儿听人们议论说，城西头有一屠夫力大如牛，凭其勇力欺行霸市、飞扬跋扈，搞得群众的意见那是相当的大啊。

群众利益无小事。郭威趁着酒劲，决定替大家出出头，会会那厮。他来到屠夫的肉摊前装作买肉，让这厮割一块好肉，割来割去，郭壮士不是嫌肥的多，就是嫌瘦的少。屠夫看出这位是来找碴的，于是把刀撂在郭威的面前，用一种"鄙视你"的眼神瞄着他，轻蔑地说："小子，你有种就把我杀了。"

郭雀儿怒了：俺不做大哥很多年了耶！敢藐视我？！Give you some color to see see！于是郭威眼都不抬，手起刀落，正中屠夫的啤酒肚，一招毙命。

"你们大家都听见了啊，是他让我捅的啊。像这种要求，我这辈子都没听过。"

郭威版的拳打镇关西轰动了整个潞州。三百多年后，文学大师施耐庵同志成功地将这一经典案例转化为精彩桥段。在此声明，版权归郭威所有。

很快，郭威被警察叔叔逮起来扔进了大牢。不过领导总是有办法的。军阀的世纪，什么最重要？人才啊！领导李继韬实在是太欣赏郭威这个人才了，于是偷偷地把他给放了。郭威去外面跑路了一段时间，风声一过，又回到老大身边。

不过李继韬最终还是没玩过李存勖，其所属部队连同其欣赏的人才郭威，统统被收编进了李存勖的禁军部队。

| 踏上征途 |

没多久，戏迷皇帝李存勖兵败身死。无处安身的郭威只好回了老家——邢州尧山（今河北省邢台市隆尧县），干起了一份新职业——乡村邮递员。

有一次，出外送信的郭帅哥在一家旅舍的屋檐下躲雨，结果被一位寄宿于此的柴大小姐一眼看上，非郭帅哥不嫁。一穷二白的郭威捡了一个天上掉下来的柴妹妹，运气好得出奇。

《东都事略·张永德传》记载，柴妹妹初为后唐庄宗嫔御，庄宗去世后，明宗遣归其家，行至黄河岸边时遇到大风雨，只好暂住于旅舍，就这样诞生了言情小说般的浪漫情节。

柴妹妹可是见过大世面的，银子也攒了不少，名副其实的小富婆。自从嫁给郭威之后，便开始全力投资这支潜力股。

俗话说，人在江湖漂，谁能不带刀。为了让郭威在乱世中混出一点名堂来，天使投资人柴妹妹给郭威买了一副从军的行头，并鼓励他外出寻找机会。其实年轻人什么都不需要，只需要一个机会，而机会很快就来了。

"儿皇帝"石敬瑭的手下、时任侍卫马步都虞候（中央侍卫禁军总参谋长）的刘知远对前来投军的郭帅哥青睐有加，立刻收为自己的亲兵，走到哪儿都把他带在身边。从此，郭威成了刘知远的影子，形影不离。

素有韬略的郭威渐渐成为刘知远的心腹爱将，并在其称帝的过程中发挥了关键性作用。后汉立国后，郭威官拜枢密副使（国防部副部长），成为后汉的开国功臣。小混混终于混出了大名堂，天使投资人柴妹妹的眼力真不是盖的！

公元948年，就在流浪汉赵匡胤四处碰壁、浪迹天涯的时候，中原政权又发生了一件大事。后汉高祖刘知远驾崩，隐帝刘承佑即位，郭威与宰相苏逢吉、枢密使杨邠、都指挥使（禁军总司令）史弘肇等四人受命辅孤。

皇权的更迭，让野心家蠢蠢欲动。后汉河中（今山西省永济市）节度使李守贞、凤翔节度使赵思绾、永兴（今陕西省西安市）节度使王景崇相继造反，史称"三镇之乱"。

新皇帝刘承佑派白文珂、郭从义、常思三位大将出兵征讨，但是由于缺乏统一的指挥和全面的调度，三路大军久战无功。于是，托孤大臣郭威临危受命，讨伐叛军。

就在郭威大军行进途中，一路北返的赵匡胤终于找到了组织。

| 投军报国 |

此时的赵匡胤在经历两年的艰苦磨砺之后，已经不再是当初那个初出茅庐的懵懂少年了。流浪的岁月砥砺了他的品格，苦难的经历淬炼了他的心性。仿佛悬崖边遒劲伸展的松树，不屈不挠，向着太阳的方向生长，生长，生长。

赵匡胤已经有了人生理想，他相信，从军报国是实现理想的必经之路。虽然这条路上会有危险，甚至可能马革裹尸战死沙场，但是，现在，他已经可以坦然面对。

面对死亡可以毫不畏惧，这是一个拥有强大内心的年轻人。赵匡胤昂首阔步，坚定地走向郭威的军营，请求守卫禀告郭将军，故人之子求见。来投军之前，赵匡胤换了身干净衣服，紧身束带，颇有点当兵的样子。他这身行头很得体，说话也从容不迫，守卫不敢怠慢，入营如实禀告。

郭威听说故人之子来访，很是意外。这战火硝烟、浴血厮杀的前线，老百姓躲都来不及，谁还愿意冒着生命危险来这里看望自己呢。于是，他决定见见这个人。

在这轮面试中，待业青年赵匡胤把握住了机会。他大大方方地介绍了自己的家世，陈述了入伍的愿望，表达了对战场的渴望和杀敌平叛、报效国家的担当。当然，面试官郭威所提出的关于兵法布阵的问题，他也一一作答，成竹在胸，应对得当。

那一刻，赵匡胤将这两年流浪岁月中所磨砺、所沉淀、所感悟的那些关于人生的理想和无畏的信念，如涓涓细流般，缓缓地从内心、从言语、从神态中流淌出来。厚积薄发，沁人心脾。郭威一下子就喜欢上了这个谈吐不俗、沉稳坚毅的同僚之子。

"你留下来吧。"

待业青年赵匡胤的眼睛一亮。

就这样，二十三岁的赵匡胤在郭威的大帐中留了下来，成为一名亲兵——别忘了，郭威也是从亲兵起步的哦。包吃包住，还有补助。从此，命运之神开始向他微笑。

第九章

跟我学政治

古今中外的叛乱都有一个共同特点——必须有人站出来挑头，这叛乱才能煽动起来。毕竟，昨天还是安分守己的良民，今天就成了犯上作乱的叛贼，这份舆论压力不是谁都能承受得住的。所谓"做贼心虚"说的就是这个道理。因此，没有一个挑头的撑腰，给弟兄们壮壮胆浇浇油，这乱子八成是折腾不起来的。所以平叛其实是个技术活，如何分化瓦解叛军才是关键，扩大打击面只会逼得对方狗急跳墙。这也是历来平叛都讲究"首恶必办、胁从不问"的原因。

谋略大师郭威从一开始就抓住了这个关键。在听取了部将扈彦珂的建议之后，郭威果断决定擒贼先擒王，亲自率重兵征讨此次三镇叛乱的盟主——河中节度使李守贞。

事实证明，和郭威大师相比，李守贞绝对不是一个重量级别的对手。

| 谋略大师 |

老谋深算的郭威几乎没有给李守贞任何机会，他只用了两招就让李守贞出局了。

第一招：收买人心。李守贞是后汉名将，在军中的声望和地位很高，郭威此次率领的政府军，其中就有一大半人曾经在其麾下效过力，李守贞算是他们的老领导。

大家还记得"一泡眼泪引发的惨案"吧，老领导的眼泪可是要人命的。郭威当然不希望李守贞也来这么一出，所以首要的是安定军心、稳定队伍。

子曾经曰过：其身正，不令则行。深明此理的郭威首先从自身做起，严于律己、宽以待人，在饮食起居上与普通士兵保持一致，不搞特殊化，不搞小圈子，对士兵嘘寒问暖、关怀备至。此外，凡是朝廷有所赏赐，从不截留，从不独吞，均悉数分给部队，将领士卒皆有所得。于是"将士皆欢乐"，士气空前高涨。

通过不厌其烦的思想政治工作，全军上下高度统一在以郭政委为核心的新任领导班子周围。至于老领导李守贞——Who cares!

李守贞的眼泪看来是指望不上了。

第二招：围而不攻。公元948年8月，郭威率大军到达河中城下。天上掉下这么一个好领导，全军上下自然积极请命出战。已经胸有成竹的郭领导力排众议，果断命令部队就地修筑壕沟、栅栏，将城池团团围住，但就是不攻城，摆明了要耗死李守贞。同时，郭威命令严密封锁城池，不漏过一个奸细，李守贞数次派出求援和联络的特工人员均被郭威俘获。由于无法与另外叛乱的两镇取得联系，三镇叛乱的盟主李守贞成了孤家寡人。

人最恐惧的不是死亡，而是明知道必死无疑，却毫无办法，也就是我们通常所说的等死。李守贞不甘心坐以待毙，决定主动出击，于是攻守双方彻底掉了个个儿：原来的攻方郭威成了守方，而原来的守方李守贞却成了攻方。

接下来，有趣的一幕出现了：每天都能看见河中城里冲出来一队李守贞的士兵，哇呀呀地冲向郭威的军寨。在上蹿下跳、左冲右突一番后，留下一堆尸体、无数兵器，活着的又哇呀呀地冲回城里……

就在李守贞哇呀呀地叫了一年之后，疲于奔命、劳而无功的他终于撑不住了。公元949年7月，玩了一年猫捉老鼠的郭威终于给了李守贞致命一击，正式下达了总攻的命令，全军将士憋了一年的怒火在这一瞬间爆发。河中外城很快陷落，绝望的李守贞自焚身亡。

李守贞就这样被郭威活活玩死了。老大挂了，两个小弟自然也就蹦不起来了，赵思绾、王景崇很快投降。一场气焰嚣张的三镇叛乱被郭威消弭于无形。

精彩，真是精彩！不过，更精彩的还在后面。

| 政治是一门艺术 |

率领得胜之师凯旋的郭威，面对着无数的鲜花和掌声，却保持了异常冷静的头脑。

当屁股刚刚坐稳的隐帝刘承佑高高兴兴地准备重赏郭威的时候，郭威却委婉地拒绝了，并且很谦虚地表示自己只是后汉王朝的一颗小小螺丝钉，没有多大的功劳，此次得胜全仗皇帝英明、文武大臣贤达，是朝廷上下群策群力的结果，小小郭威不敢贪功。

这一通贴心窝子的话，把个小刘皇帝听得是心潮澎湃、心花怒放。于是，按照郭威的建议，刘承佑下诏赏赐杨邠、史弘肇、苏逢吉、禹珪、窦贞固、王章等朝廷文武大员玉带，并加封窦贞固为司空（"三公"之一，荣誉头衔），苏逢吉为司徒（同上），杨邠、禹珪为左右仆射（副总理）。

郭威一句话，就让这些连前线都没去过的官员加官晋爵，平白得了好处，人情已经是大大的了。不过，还没完。接着，郭威又善意地提醒小刘：咱们大汉帝国疆域辽阔、地大物博，英明的皇帝应当将恩泽遍于天下，因此皇家宗室、贵胄国戚、南北重镇、地方藩属都应该得到赏赐。

于是，一轮更大规模的分红活动开始了。帝国红包，人人有份，举国上下，皆大欢喜。郭威将"独乐乐不如众乐乐"发挥到了极致，用小皇帝刘承佑的赏赐赚了一笔免费的人情。说文雅点，是礼贤下士、推己及人；说恶劣点，是用国家公款为私人恩惠买单。

不过，不管怎样，拿人家手短，吃人家嘴软。郭威终归是得到了朝野上下的一致称颂、军队内外的一致拥戴。后周其实在此时就已经悄然打下了牢固的地基。

多么高明的政治手腕啊！我不得不说——高！实在是高！

政治家郭威给小弟赵匡胤好好上了一课。也就是从这时起，赵匡胤开始领悟到了政治的魅力。毫不夸张地说，郭威绝对是赵匡胤政治谋略的启蒙老师，而赵匡胤也确实成了郭威最得意的弟子，虽然结果并不是郭威愿意看到的。

| 叛逆的青春期少年 |

由于青春期荷尔蒙的刺激，小屁孩刘承佑觉得自己不再是小屁孩了。和每一个青春期的叛逆孩子一样，小刘皇帝也想弄点事情出来证明自己是个成熟的男人。这一弄，把后汉帝国捅出了一个无法弥补的大窟窿。

三镇叛乱平息之后，郭威率军回京复命，不久后又率军北御契丹，赵匡胤随军北行。郭威前脚刚走，在家里过了几天太平日子的小刘同学就闲不住了，也想甩甩皇帝的派头。可是在几个托孤大臣的眼里，你还是个小屁孩，该玩玩去，国家大事不用你操心。

郁闷的小刘发现自己这个皇帝就是个盖章的机器，纯粹是个摆设，连走个后门都是不可能完成的任务。刘承佑的舅舅李业想托外甥讨个宣徽使（皇宫内廷总管）的官职，宰相大人杨邠说：不行！理由是：外戚不得干政！

刘承佑又想立刚看上的美眉小耿为皇后，宰相大人杨邠说：不行！理由是：老皇帝才去世，丧期未满，不宜立后！

皇后当不成，耿美人很郁闷，一着急一上火，一命呜呼。伤心不已的刘承佑又想以皇后之礼厚葬耿美人，宰相大人杨邠说：不行！理由是：不是皇后就不能用皇后之礼！

刘承佑终于崩溃！

皇权和相权历来是中国传统社会政治的敏感话题，而两种权力争夺的结果似乎天生就注定了。

| 掌握一门技术很重要 |

公元950年11月，宰相杨邠、国防部长史弘肇、财政部长王章一起上早朝。被荷尔蒙刺激得大脑发热的小刘皇帝终于痛下杀手，将三位重臣及其家室全部诛杀。紧接着，两道诏令从皇宫发出，清洗行动开始升级。刘承佑密令镇宁节度使李弘义诛杀侍卫步军指挥使（禁军步兵司令）王殷，密令侍卫马军指挥使（禁军骑兵司令）郭崇诛杀郭威和王峻。

在皇帝宝座上还没待多久的小刘同学将政治看得太简单了，以为仅凭两纸密诏就天下大事一举可定，却连万一泄密的应急方案都没有准备。唉，小屁孩就是小屁孩啊。

行事草率的小皇帝大大低估了郭威在禁军中的影响力。镇宁节度使李弘义是刘承佑的亲舅舅，可是这位国舅爷在接到小皇帝的密诏后，却慑于郭威、王殷等禁

军大佬在军中的威望和影响，害怕引火烧身，所以不但没有执行密令，反而将事情全部透露给了王殷，而后者又迅速通知了郭威。

接到线报的郭威很快调整好了情绪。在谋士魏仁浦的建议下，干起了办假证的活儿。郭威迅速炮制了一份假诏书，当然，为了让大家相信这份诏书并非假的，他又很精明地将自己的官印倒过来盖在假诏书上。然后，迅速传令各营将领来大帅帐中议事。

待众人到齐，郭威不慌不忙地拿出假诏书，晃了晃，一字一句地告诉大家，皇帝传密诏要他诛杀帐下众将，在座的都难逃一死，但是念及兄弟们多年的情分，自己实在是下不了手，所以特地请大伙儿来帐中商量。

这还有什么好商量的！

就这样，郭威连动员令都不需要发，全军上下一致要求杀回京城，找狗皇帝算账。可见，关键时刻，掌握一门技术是多么重要！

而坐在皇宫里的政治白痴刘承佑压根没想到郭威还有这么一手，自己的一纸诏书却成了郭威手中的一杆枪——小刘同学搬起石头砸了自己的脚。手足无措的他干脆将郭威留在开封的家人来了个赶尽杀绝。

这下，没得谈了，既然你不给我留后路，那我也就用不着给你留后路了！

来吧，刘承佑！

| 慕容大侠的处女秀 |

兵法有云：上下同欲者胜。战争中士气比什么都重要，尤其是叛乱这种高风险的政治战争，更需要高昂的士气。不过，这难不倒大师郭威，他下达了一道命令：一旦开封城破，允许士兵抢掠十天。

全军上下的肾上腺素急剧飙升——还有什么比这更诱人的？！仿佛看到了无数金钱美女的士兵们嗷嗷直叫，恨不得腋生双翅，一夜直捣开封。

几乎没遇到什么像样的抵抗，郭威的大军就迅速推进到了首都开封附近。一路上，侍卫马军指挥使郭崇倒戈、滑州义成军节度使宋延渥归顺、开封尹（开封市长）侯益投降，局势几乎一边倒。

然而，端坐皇帝宝座上的小屁孩刘承佑似乎稳操胜券，一点都不担心，貌似很淡定，而这位淡定哥的自信完全源于一个人——镇守兖州（今山东省兖州市）

的泰宁节度使慕容彦超。

接到小皇帝的勤王急诏后，正在吃饭的慕容彦超筷子一扔，抄起家伙就赶到了京师。如此忠心耿耿的表现立刻征服了刘承佑的心，而慕容彦超的一句话更是让小皇帝深信"一切尽在掌握"。

有勇无谋外加一点自恋的慕容彦超把自己当成了战神，大言不惭地说："这些叛军算什么！只要老子我上阵，'啊'地大喝一声，他们就得乖乖投降！"临走还不忘提醒很傻很天真的小刘同学，明天没什么事就过来看我秀啊。

第二天，也就是公元950年11月21日，京城开封附近的封丘，决战来临。

郭威静静地注视着对面的慕容彦超，等待着他的表演。只见慕容大侠深深地吸了一口气，运足了力，"啊"地大喝一声……

没有动静。

有点尴尬的慕容彦超收拾好心情，一夹马肚，率领部队风驰电掣般向郭威阵前冲来。顿时，尘烟滚滚，刀剑齐鸣。没过多久，又见慕容大侠"啊"地大喝一声，犹如离弦之箭，从百万军中直冲出来……

一溜烟，闪了。

慕容大侠逃跑的功夫还真不赖，一口气跑到了三百里之外的兖州。

政府军以一泻千里之势彻底溃败。兵败如山倒，挡都挡不住。那个屁颠屁颠赶来看慕容大侠秀一段的小皇帝刘承佑也在乱军之中呜呼哀哉了。

两天之后，郭威大军直下开封城。

第十章·

郭威难测

兑现诺言的日子到了，盼得两眼发红的士兵开始了抢劫，开封城内大乱。唉，归根结底，还是老百姓倒霉。

第二天，郭威下令游戏结束，全体归队。原来承诺的十天打了一折，变成一天。郭威心里很明白，既然当初承诺了，就要做做姿态，但是激起民变可不是闹着玩的。可就是这一天，也令开封老百姓饱受乱兵之苦。最终，在郭威的严令下，野蛮行径终于提前结束，到迎接新皇帝的时候了。

不过，这个新皇帝并不是大家意料之中的郭威，而是后汉高祖刘知远的养子、河东节度使刘崇的亲儿子刘赟（yūn）。

什么？老大不做皇帝，让给别人了？那我们这些小弟怎么办啊？没有人来回答这个问题。老谋深算的郭领导再次让全军上下摸不着头脑。

| 一面黄旗的故事 |

11月26日，进入开封的第三天，郭威率领文武百官在明德门朝见李太后，建议太后临朝听政，并请册立河东节度使刘崇的亲儿子刘赟为新皇帝。率军叛乱的郭威摇身一变，似乎又成了拥立新君的功臣。不久，在郭威的"建议"之下，李太后下诏任命郭威的结拜兄弟王峻为枢密使，郭威将帝国的军权不动声色地收入囊中。紧接着，在军中人心惶惶之际，郭威再次做出惊人之举——率领大军离开京城，北上抵御契丹！

什么？辛辛苦苦打下来的京城就这么拱手相让，连皇帝宝座也一块送出去了？这群刚刚过了一把弑君抢掠瘾的士兵们心里开始七上八下。江山又回到了刘家人的手里，刘氏一旦重新掌权，我们这些搞过叛乱的恐怖分子能有好果子吃吗？

恐惧和焦虑在军中迅速蔓延，部队行动异常缓慢，和当初直捣开封相比，简直是判若两军。善于做思想政治工作的郭政委此时却像没事人一样，对此视而不见，该吃吃该睡睡。

惶恐不安、一头乱麻的士兵们在"天文学家"的指导下，慢慢统一了思想。就在大军于澶州（今河南省濮阳市南）踯躅不前之际，公元950年12月20日，郭威属下士兵哗变，争先恐后地涌入郭威的大帐，"强迫"深不可测的郭领导披上一面黄色的军旗。大家山呼万岁，喊声震天。

求求你了，郭大侠，你就别折磨我们了！赶快做我们的皇帝吧！

在反复推辞、几欲自杀的表演之后，一脸无辜的郭政委默认了既成事实。大军立刻开拔，再次向京城火速进发。

在兴奋的行军队伍中，作为其中一员的新兵蛋子赵匡胤难以掩饰内心的激动：一个崭新的王朝将要诞生，一个新的时代即将来临！作为郭威称帝的从龙功臣，我的人生也将因此而改变！

这刻骨铭心的一幕，从此被赵匡胤深深地烙在了脑海中，再也无法抹去……

| 领导水平就是高 |

郭威率大军二进开封，这次高深莫测的郭领导没有再废话，而是直奔主题——抢夺帝位。为什么郭威要玩这么一出迷魂阵呢？第一次就可以顺理成章地夺位，何必多此一举呢？有必要吗？

很有必要！相当有必要！

领导自然有领导的道理。

其中最重要的原因就是军心。在五代纷乱的变局中，军心是最要命的。在那个靠片刀吃饭的年代里，谁手里有家伙，谁就说了算。因此，骄兵悍卒，难以驾驭。那可不是军官炒士兵鱿鱼的时代，而是士兵联合起来炒军官的时代。一旦不如士兵的意，随时可以换老板，而且是连着脑袋一块换。

　　郭威是下了城破可以劫掠十天的承诺，才把这群傻大兵给煽动起来。谁知道这些不要命的家伙到底是为了钱，还是为了他郭威呢？军队掌握得好，就是你手里的炮弹，指哪儿打哪儿；掌握得不好，就是一颗定时炸弹，指不定什么时候就爆了。因此，牢牢地把握军心才是最为关键的。尤其是叛乱这种事情，本来就是个做贼心虚的活儿，不把这些傻大兵拴死，你自己就得死。因此，郭威才故意把这群抢劫抢得兴奋过了头的士兵拉到北边去吹吹冷风，清醒清醒。恰好此时新皇帝刘赟的使者也来劳军，这下将士们急了。他们终于明白过来：这次是来劳军的，下次说不定就是来要脑袋的。刘家人重新掌权，难保不秋后算账啊！所以，啥也别想了，嘿嘿，只能跟着我郭威一条道走到黑！

　　这才有了"黄旗披身"的故事。至此，郭威才从根本上掌握了这支军队。

｜击剑手的秘诀｜

　　还有一个重要的原因也是郭威不得不考虑的。郭威刚入开封时，另一个人的眼珠子正在滴溜乱转。此人就是小皇帝刘承佑的亲叔叔、手握重兵的河东节度使刘崇。

　　郭威的大军进入开封后就开始了疯狂的抢劫，士兵的心思全在钱财上，哪还顾得上打仗啊。如果此时刘崇率军果断出击，郭威没有必胜的把握，而且刘承佑的堂叔、许州（今河南省许昌市）节度使刘信也在暗中观望。如果这两人联手，那么郭威势必陷入腹背受敌、两面作战的窘境，在战略态势上相当不利。

　　打仗就如同击剑，聪明的击剑手总是腾挪躲闪、迷惑对方，最后才会给出致命一击。不击则已，一击必中！

　　郭剑客此时冷静地分析了局势，很明显，现在还不是最后一击的时候，于是他决定以退为进，来了一招缓兵之计。

　　正在积极准备出兵的刘崇突然得知新立的皇帝不姓郭，还是姓刘，而且还是他的儿子刘赟！幸福来得太快，就像龙卷风，刘崇被这股幸福的龙卷风彻底吹晕了。

　　解散！解散！解散！还打什么打！

　　自己儿子当皇帝了，老子就是太上皇了，白赚一顶黄帽子，还用得着打么！世上哪有老子造自己儿子反的道理！

不过，刘太上皇还是有点不放心，谁知道这个郭雀儿葫芦里卖的什么药啊。于是，他派出使者火速入京探听虚实。

| 完胜 |

郭威亲切接见了刘崇的使者，还把脖子伸到使者的面前。

"看这里，看这里，看这里……"

"什么啊？哦，小雀雀啊。"

"Yes！我有文身耶，怎么做皇帝啊？你见过古惑仔做皇帝的吗？"（自古岂有雕青天子？）

哦，是啊，对啊，那确实啊！很傻很天真的刘崇居然就信了。他难道忘了五代最流行的那句话了吗——天子，兵强马壮者当为之，宁有种耶（五代悍将安重荣版权所有，仿冒必究）！当皇帝和文身有什么关系？！

从此以后，刘太上皇窝在山西的土炕上再没出来。

京城的威胁顿减，中原局势逐步稳定。时机终于到来，郭威出剑了！

公元950年12月20日，郭威率领大军自澶州南返，直逼京城。而此时，新皇帝刘赟刚刚走到宋州（今河南省商丘市）。于是，郭威的把兄弟王峻立刻派侍卫马军指挥使郭崇率七百轻骑前去"保护"幼小的皇帝，同时派申州刺史马铎赴许州"协助"刘皇叔刘信。26日，李太后下诏，任命郭威为监国，而没有按时赶到京城的刘赟被理所当然地取消了继承皇位的资格。有奖不兑，过期作废。允许抗议，抗议无效。

而郭威之前积累下的人情此时终于收到了效果。受过恩惠的后汉宰相窦贞固、苏禹珪率先来劝进，然后就是文武大臣轮番登场劝进。反正是包赚不赔、白捡便宜的事情，自然是个个奋勇、人人争先。

公元951年正月，郭威在开封称帝，立国号为周，史称后周，郭威是为后周太祖。那个连皇帝宝座的边儿都没挨着的刘赟顺便被贬为湘阴公，随后不明不白地死去。被软禁的刘皇叔、许州节度使刘信在绝望中自杀。守在山西土炕上还在做太上皇美梦的刘崇被彻彻底底地忽悠了一把。谋略大师郭威完胜！

新皇登基，大赦天下。改朝换代，论功行赏。那些起了关键作用的人物，如王峻、王殷、郭崇自不必说，个个加官晋爵，不亦乐乎。而在郭威称帝过程中积极

参与、倾力襄助的赵匡胤理所当然被新皇帝视为从龙功臣，也顺理成章地收获了自己人生的第一桶金——他被任命为禁军东西班行首，成为后周中央禁军中的一个小头目。

官职不大，舞台很大。这一年，赵匡胤二十四岁。从一年前的流浪汉到如今的中央禁军小军官，他已经完成了人生中第一个关键性的跨越。

加油吧，少年！

| 郭威治国 |

作为一名成熟的政治家，郭威的治国才能自然没有让大家失望。立国伊始，郭皇帝便频频出招。

首先，郭威尊奉那位"懂事"的后汉李太后为昭圣皇太后（虽然这位太后没多久也莫名其妙地挂了），并且为小皇帝刘承佑搞了风风光光的国葬，自己也哭得稀里哗啦，把戏演得足足的。同时，为冤死的杨邠、史弘肇、王章平反，并追封为公爵，子孙世袭。仅此几招，郭皇帝就将前朝遗老遗少的心牢牢地拴在了自己的裤腰带上。

其次，郭威下令废除后汉时期的一系列严刑峻法，除了谋反等危害国家安全的重罪之外，均不实行连坐、族诛等酷刑。同时，下诏减免赋税，轻徭薄赋，并严禁各地进贡奇珍异宝，爱惜民力，与民休息。很快，郭威在国内人气飙升，局势渐趋稳定，政权顺利过渡。

被郭威狠狠涮了一把的刘崇，眼瞅着太上皇的帽子飞了，连带着搭上宝贝儿子的一条性命，如何能善罢甘休。于是，刘崇决定搞点阿Q的精神胜利法。就在郭威称帝的同一个月，刘崇在太原称帝，以大汉帝国继承人的身份自居，同时改名刘旻。

五代时期，皇帝即位改名几乎是惯例，而且几乎每一个皇帝的新名字里必带一个"日"偏旁的字，如后唐明宗李嗣源即位后改名为李亶，后汉高祖刘知远改名为刘暠。法国国王路易十四也以"太阳王"自居，与此有异曲同工之妙吧。

虽然暗喻自己为太阳，但是刘皇帝的地盘实在小得可怜，他只据有以太原为中心的山西中北部地区，仅仅相当于半个山西省大，所以就连史书也不买刘皇帝的账,他所创建的这个小割据政权不被视为一个朝代,而是被纳入十国的范畴,史称北汉。

掂了掂手里的分量,刘崇想起了臭名昭著的"儿皇帝"石敬瑭,他决定临时抱个佛脚,也认个契丹亲戚。刘崇立刻派出使节赴辽,向辽世宗耶律兀欲求助。对于在刀口上讨生活的契丹人来说,打仗就跟吃饭睡觉一般稀松平常。不过契丹人没有做义工的习惯,工资还是要给的,名头还是要有的。

和石敬瑭的厚脸皮相比,刘崇的脸皮也没薄多少。他认契丹皇帝为叔叔,自称"侄皇帝",每年向辽国进贡十万钱以示孝敬。协议很快达成,遵守合同的耶律兀欲率军南下,可万万没想到,还没有和刘崇接上头,辽国内部就出乱子了。

公元951年9月,在辽军南下的途中,燕王耶律察割发动政变,将耶律兀欲杀死,妄图自己做皇帝。谁知螳螂捕蝉黄雀在后,得知消息的齐王耶律述律在军队的支持下干掉了耶律察割,坐上了头把交椅,是为辽穆宗,即历史上有名的"睡王"(晚上通宵喝酒开Patty,白天呼呼大睡的主儿)。

这边刘崇望眼欲穿,那边辽国在搞政变,场面颇有些滑稽。不过,刘崇可不管辽国谁当皇帝,他只关心契丹的铁骑什么时候到。10月,年仅二十多岁的"新叔叔"耶律述律终于命大将萧禹厥率五万辽军南下协助五十多岁的"大侄子"刘崇所率领的两万汉军。汉辽联合军事行动正式展开。

后周军事重镇晋州(今山西省临汾市)被围,形势危急。郭威下诏命令把兄弟王峻率大军增援。一场关系后周存亡的晋州攻防战即将开始!

第十一章·稳坐钓鱼台

王峻把部队带到陕州（今河南省三门峡市）之后，就再也不向前挪一步了。在长达一个多月的时间里，王峻的大军就在陕州优哉游哉地吃吃喝喝、养精蓄锐，时不时搞点军事演习、武装游行什么的玩玩。

在京城静候消息的郭威坐不住了，准备挽起袖子亲自上阵，于是急派使者驰问王峻：我的好哥哥哟，晋州已经被包得像个粽子了，你咋还不着急啊？你就准备看着敌人把它一口吞了吗？

王峻不慌不忙地回禀使者：不是我不急，是急也没用啊。敌人兵势正旺，又有契丹铁骑助阵，气焰正嚣张着呢。我这样做，不过是避敌锋芒、挫其锐气、静待时机而已。晋州城池高大坚固，一时半会儿人家也拿它没办法。待到敌人疲惫、粮草耗尽、士气衰落之际，我大军一至，战则必胜。倒是皇帝老弟啊，你得稳住哟，国内局势刚刚趋稳，看似平静的水面下旋涡可不少呢。兖州的那位慕容彦超，表面上服从，暗地里却没闲着。你要是御驾亲征，万一这小子从后面捅你一刀，那可咋办？

一语惊醒梦中人。当使者将王峻哥哥的话飞报郭威时，郭皇帝吓得差点没从龙椅上掉下来，揪着耳朵惊呼："几乎坏了我大事！"由此看来，郭威的干哥哥王峻倒也算是个人才，还是很有几分军事才能和政治手腕的，只不过后来没把自个儿的位置摆正。

事情果然像王峻预料的那样。在城高墙厚的晋州面前，七万大军围攻两月也毫无进展，而此时天气已经转入深冬，粮草成了战争的关键。可是，北风呼呼地吹，连麻雀都一窝蜂地出来和人抢食了，一片白茫茫的世界里到哪儿去找白花花的粮食啊。汉辽的七万联军就这样困坐晋州，进退不得。

时机到了。12月，王峻命令大军开拔，迅速进驻绛州（今山西省运城市新绛县），并分兵扼守晋州与绛州之间的天险——蒙阮。

闻知王峻大军占据绛州、控制蒙阮，担心后路被截的契丹人吓得连招呼都来不及打，立刻闪人。汉军失去了强大的外援，形势急转直下。无奈之下，快被冻成"剩蛋老人"的刘崇只得咬着冷冷的牙，报以一声长啸——全军撤退！

晋州攻防战结束，王峻大获全胜。

| 慕容哥的传说 |

就在后周大军北伐的这段时间里，曾被王峻断定要谋反的慕容彦超也确实没闲着。慕容哥曾经在封丘之战中有过精彩的表演，而他技惊四座的逃跑也给我们留下了深刻的印象。不过，他的身份或许更有意思。

慕容彦超是后汉高祖刘知远的同母异父弟弟、汉隐帝刘承佑的亲叔叔。这么一个曾经显赫现在烫手的身份，逼得他整天坐立不安。虽然不姓刘，可的的确确是刘家的人。现在侄子刘赟被黑、堂弟刘信自杀、堂兄刘崇被冻成"剩蛋老人"，下一个该是谁，傻子也知道吧。

偏偏，郭威登基后对他还很客气，又是赐玉带，又是下诏书，亲切地称其为"弟"而不直呼其名，没事还派使者来慰问探望，送点脑白金啥的。郭威越是热情，慕容越是心虚。于是，慕容彦超时不时地搞点小动作：先是假装思念皇帝，要求入朝为官，侍奉左右，交出所领之地，以探虚实。

这点小伎俩，怎么能骗得了谋略大师郭威。郭皇帝索性假意准奏，果不其然，接到诏书的慕容哥又借口领地盗贼太多拒绝挪窝。接着，他又积极向郭威大师学习，也玩起了反间计，认真地干起了造假的活儿，自己给自己写了一封信——

他模仿后周军方高级将领高行周的笔迹，给自己写了一封合谋造反的信。可惜手艺不到家，用萝卜刻的假章完全对不上号。他把这封信当成宝贝，连夜密报郭威，以示忠诚，结果被郭威一眼识破。

郭威哈哈大笑，顺手把这份没有一点技术含量的信扔给了高行周。高行周和慕容彦超算得上是颇有渊源的欢喜冤家。早在后汉高祖时期，后晋出帝石重贵的姑父杜重威谋反，刘知远命高行周为主帅、慕容彦超为副帅出征。慕容彦超仗着自己是皇亲国戚，总是和主帅高行周过不去。高行周要稳扎稳打，慕容彦超就要速战速决；高行周要围城打援，慕容彦超就要全力攻城。高行周不同意，慕容彦超就拍黑砖，借口高行周和杜重威是儿女亲家，诬陷高行周假公济私、徇私舞弊，气得高行周吐血。

仗还没打起来，后汉军队就开始窝里斗了。最后逼得皇帝刘知远没办法，只得御驾亲征。开战前召开军事会议时，全体将领都支持主帅高行周，主张不宜急攻，唯独慕容彦超偏要和大家作对，强烈建议猛攻。经不住慕容彦超的忽悠，刘知远终于下令攻城，结果死伤一万多，却连城门都没挨着，气得刘知远大骂有勇无谋的傻弟弟慕容彦超是个废物。

慕容彦超挨了骂，又不敢对皇帝哥哥怎么样，于是就把账算到了高行周头上。从此以后，慕容彦超就和高行周较上劲了。可怜的高行周最后被这个"阁昆仑"（慕容彦超的外号）欺负得忍无可忍，只得吃屎喝尿、装疯卖傻，在宰相冯道面前痛哭流涕、泣不成声。

被御封为临清王的堂堂一品大员高行周被黑大汉慕容彦超折腾到如此地步，足见慕容彦超的为人了。所以高行周与慕容彦超势成水火，互不能容。

这对欢喜冤家的故事满朝皆知，慕容彦超诬陷高行周约他谋反，鬼都不信！你找谁不好，偏偏找高行周！这位慕容哥的脑子看来是秀逗了。

造假信的活儿干砸了，慕容彦超又有了新创意，他决定造假币。造反是需要花钱的，在那个年代，没有银子，谁会替你卖命！慕容彦超的地盘不大，银子自然也不多，但是造反的活儿还得干，怎么办呢？请放心，只有想不到，没有做不到，这点小事自然难不倒有才的慕容哥。他找来一群造假专业户，在自家后院甩开了膀子就干起了造假币的活儿。

具体工作流程如下。

第一步，先弄上一堆类似银元宝样子的铁疙瘩。

第二步，在外面包上一层薄薄的银子皮。

第三步，用小锤子使劲锤紧、粘牢。

欧啦！

整个制作过程均系纯手工打造，专业技术，绝无假冒，质量可靠，美观大方，包您满意。这些经过严格的质量控制程序生产出来的"铁疙瘩饺子"，乍看上去就像一个个耀眼夺目的银元宝，慕容彦超亲切地称其为"铁胎银"——得，光听这名字就知道是假的了。慕容家本来不是很宽裕的府库，一下子变成了一座"银山"。手里有了钱，慕容哥说话的声音也就粗了。种种迹象已经明确表明，慕容彦超要反了。

于是，在解除了北面汉辽联军的威胁之后，王峻迅速挥师南下，于公元952年5月跟随后周太祖郭威征讨慕容彦超，慕容的老巢兖州很快被围了个里三层外三层。

到花钱的时候了！

慕容彦超一脸自信地向全体士兵宣布：我们家后院的银子多得都堆成山了。钱财嘛，本来就是身外之物，如今只要大家同心协力、顽强作战，事成之后，这些银子就都是你们的了。

可惜，当初慕容家后院的动静实在是太大了。没多久，全城的老百姓都知道这位哥在干什么了。早已得知真相的士兵嘘声四起，议论纷纷。

"听说他们家的银子是铁做的，就外面包了一层银子皮儿。"

"靠！把我们当驴耍呢！一个铁疙瘩就想换老子一条命？！"

士兵们一哄而散，剩下慕容彦超一个人傻傻地守着那座"银山"发呆。

战斗的结局毫无悬念，有勇无谋的慕容哥携妻投井自杀，其家灭族。

不要迷恋哥，哥只是个传说……

| 从戏子到宰相 |

既除外患，又平内忧，王峻的风光一时无两，引得朝臣侧目、上下敬仰，连干弟弟郭威都对他毕恭毕敬。王峻开始忘了自己姓什么，就连这天下姓"郭"似乎也忘了。

其实王峻一点也不神秘，他只是一个频繁跳槽的人。王峻，字秀峰，相州安阳人（今河南省安阳市）。他就一个本事——歌唱得好。那个水平如果参加现在的《中国好声音》之类的节目，闯进前三是没什么问题的，估计还能吸引不少不谙世事的小粉丝（粉丝应该叫"蜂蜜"，口号应该是"秀峰秀峰，歌中至尊"）。

王峻最早就是凭着一副好嗓子在后梁节度使张筠手下混。有一次，后梁末帝朱友贞的小舅子——后梁的财神爷（租庸使）赵岩到张筠家里玩，王峻作陪，又是唱歌，又是敬酒，至于有没有搞点别的活动那就不知道了。反正，最后赵领导对秀峰那是相当满意啊！而张筠也乐得做个顺水人情，就把王峻送给了这个财神爷。

好景不长，后唐庄宗李存勖灭了后梁，作为后梁皇帝的小舅子，赵岩自然难逃一劫，赵家全族被诛。王峻虽幸免于难，但从此流落民间。

过了一段时间，王峻又傍上了另一个财神爷——后唐三司使（财政部长）张延朗。可惜张财神对他不太感冒，王峻热脸贴了个冷屁股，也只好得过且过。

没多久，石敬瑭造反，把张延朗杀了，将老张的家产连同小白脸王峻一股脑地送给了部下刘知远，王峻就这样在刘知远家待了下来。也是他运气好，老板刘知远后来开创了后汉，王峻多多少少混了个开国功臣的名头，当上了客省使的高官（掌管朝廷礼仪的官员），总算是熬出了头。

三镇叛乱时，王峻被派去前线做监军，和郭威搭档，拜了把子，结成死党，从此又傍上了一个大款。他在郭威称帝的过程中也算是鞍前马后、尽心尽力，因此作为后周开国的重臣，干弟弟郭威也确实没有亏待他。郭威称帝后，拜王峻为右仆射、门下侍郎、同中书门下平章事。通俗一点说，就是后周王朝的宰相。

按理说，由一个戏子伶人之类的底层小人物，混到一人之下万人之上的宰相之尊，王峻应该满足了，可随着地位、权力的不断攀升与膨胀，王峻渐渐把持不住自己了。

| 权力魔方 |

把握不好权力的人，很容易成为权力的奴隶。对于这类人来说，权力就像毒品，不仅腐蚀他的身体，更重要的是腐蚀他的心灵。一旦走进权力的魔方，头脑不清醒的人很容易迷失自我。

王峻已经开始迷失了……

他自恃劳苦功高，把谁都不放在眼里。他比郭威大两岁，郭威对他很是尊敬，经常称其为兄长，或者亲昵地喊他秀峰，从不直呼其名，这就更让王峻日益骄横了。

王峻对郭威的旧臣，如郑仁诲、李重进、向训等极为忌惮，生怕他们来分他的权，死命地攥着手里的权力不松手。同时，他又假惺惺地辞去枢密使的要职，试探郭威的口风。郭威不明就里，还好意安慰，勉励其好好工作，不要有心理负担。谁知不出三日，各地节度使在王峻的授意下纷纷上书保荐王峻，劝其留任，而且上呈的奏折几乎众口一词、如出一辙，把谋略大师郭威吓了一大跳——原来我这个把兄弟将部队控制得这么紧啊！

从此，郭威多了个心眼。

偏偏王峻还不见好就收，非要把戏演得逼真一点，依旧要死要活地辞职。郭威派使者延请，并表示如果你不来上班，我就跑到你家里来办公。王峻就是不肯，如此三番五次、五次三番，逼得郭威只好当着文武百官的面宣布车驾亲迎这位秀峰兄，王峻这才心满意足地上朝觐见。

秀峰兄，你这就没意思了，虽然赚了皇帝的面子，但种下了心里的刀子，何必呢！

在权力欲望的侵蚀下，身兼宰相和枢密使两项文武首职的王峻一点都没有收手的意思，不久，他又伸手向郭威要地方实权，请求兼任平卢节度使，并且借用国库里的万匹绸缎。生性节俭、不事张扬的皇帝郭威虽然勉强答应了，但心里却是大大的不痛快。

| 功劳？苦劳？徒劳！ |

身为后周帝国的大管家，王峻事必躬亲、勤勤恳恳。可是管着管着，他就把大周天下当成自个儿的一亩三分地了，甚至连谁当村长、谁当村民都想一个人说了算。于是，他又动起了朝中官员任免的心思。今天要换这个，明天要换那个。郭威有时给点面子，就算过去了，可是这位大管家却偏偏像个祥林嫂，唠叨个没完，时间长了是个人都会烦，何况皇帝。

有一天，王峻上朝，要求用亲信颜衎、陈同替代李谷、范质为相，妄图将自己的势力安插进帝国的核心机构。而郭威觉得更换宰相实在是件大事，弄不好会动摇国本，于是说要研究研究、考虑考虑，慢慢来，不着急。

可是王峻不依不饶，摆出一副不达目的誓不罢休的姿态与皇帝反复纠缠，声音还越嚷越大，絮絮叨叨地说到了大中午还没有歇下来的意思。那天正好又是寒食节，郭威没吃什么东西，饿得头晕眼花，实在受不了身边这个大苍蝇聒噪，只好敷衍说："好啦好啦，秀峰兄，我答应你就是了。不过今天过节，不方便下诏，明天早朝一定准奏。"王峻这才心满意足，摇头晃脑地走了。

王峻走后，郭威的脸阴沉下来，他终于忍无可忍了！

尤其是王峻还在帝国继承人的问题上横加干涉，数次阻挠郭威与既定的接班人柴荣之间的联系，不仅破坏了皇族的天伦之乐，更是威胁到皇权的顺利承继。

作为统治底线的皇位继承问题是极度敏感的政治话题，在这方面保持沉默都很有可能招来杀身之祸，更何况横加干涉！干涉皇帝的家事，就是干涉国家的大事。

是可忍，孰不可忍！

第二天，王峻屁颠屁颠地赶来上早朝，满以为计划得逞的他被关进了小黑屋里闭门思过。当着文武百官的面，皇帝郭威咬着手绢在宰相冯道面前泣不成声："这老哥哥，欺人太甚！朕受不了了！"

念在兄弟一场，郭威到底还是没有杀王峻，而是将其贬为商州（今陕西省商洛市）司马，流放外地了。一向自视甚高的秀峰兄受不了这个打击，到任不久就一命呜呼。可见心胸狭窄的人，到底命不长啊。

王峻的故事告诉我们，作为下属，应该永远记住下面的话：忠于职守是本分，升职加薪是福分；不要有事没事就拿"没有功劳，还有苦劳"来说事，否则就不是什么功劳苦劳的问题，而是徒劳！

第十二章 · 世宗柴荣

公元953年，赵匡胤升官了！

在担任中央禁军军官的两年时间里，赵匡胤充分展示了自身的才华。无论是守卫皇宫安全还是随军征战沙场，他总是事必躬亲、身先士卒。一旦得了赏赐，必定大手一挥，分给手下众将士。大家很快发现，他们这位领导虽然年轻，但是为人谦逊厚道、做事有板有眼、严格奉行"军纪严明，赏罚分明"的原则，更重要的是，他自己带头遵守，从来不搞特殊化。将士们心里都很服气，工作起来也很带劲。

郭威发现，赵匡胤手下的禁军士兵与其他士兵不同，一个个精神抖擞、龙精虎猛，眼眸中透出一股精气神。他还发现，赵匡胤与其他禁军将领也不同，别的将领业余时间不是喝酒就是赌博，赵匡胤却总是在办公室里安静地看书。

这是一个会带兵还追求上进的年轻人，帝国需要这样的年轻人，郭威很满意。

由于绩效考核不错、个人业绩突出，953年的春天，郭威决定提拔赵匡胤为滑州（今河南省滑县）副指挥使（滑州军区副司令）。

如果赵副司令就此成行的话，那么他个人乃至中国的历史很可能被重写。就在赵匡胤准备赴任滑州时，又一个贵人的出现彻底改变了他的命运。

| 机遇与才能 |

这个贵人就是柴荣。

柴荣是郭威的内侄，也就是我们前面提到的郭威老婆柴夫人的侄子，从小就跟随姑姑生活在郭威家。他少言寡语，性情敦厚老实，小小年纪就帮助郭威处理各种事务，深得姑父的喜爱，被收为养子，改名郭荣（鉴于中国人认祖归宗的传统，史书还是一直称其为柴荣）。

柴荣小时候，姑父家的家境并不富裕，柴荣为了贴补家用就外出经商，做点小买卖，个子还没货担高的时候就天南地北、走街串巷地招揽生意了，因此吃了不少苦，经历了不少磨难，同时也铸就了坚毅沉稳的性格（小时候吃苦不一定是坏事），郭威与他的感情很深，可以说不是父子胜似父子。

柴荣从小就很聪明，喜欢读书，自学了很多儒家经典著作以及历史书籍，加之深受郭威的影响，对骑射也很感兴趣，练就了一身不俗的武艺，成人后就弃商从军了。从此，柴荣就跟随养父征战天下。

郭威立国后，柴荣以佐命之功被任命为澶州刺史、镇宁节度使、检校太傅兼同中书门下平章事，并被正式过继给郭威，成为朝野共知的"皇太子"。在这一点上，不得不提到刘承佑的"功劳"，正是小刘皇帝当初把郭威留在京城的家眷来了个一锅端，导致此后郭威身边的亲人仅剩养子柴荣和外甥李重进两个，柴荣才有机会成为皇位继承人。

挂了一堆头衔的皇位继承人柴荣被调任镇守北方重镇澶州（今河南省濮阳市南，也就是郭威黄旗披身的地方），但是他一去就将近两年，一次也没回过京城朝见他日思夜想的养父。

是他不想吗？当然不是。

因为宰相大人王峻不允许。

热衷于弄权的王宰相非常忌惮柴荣，生怕手中的权力被柴荣夺走，于是他频频在郭威和柴荣中间制造障碍、搞点麻烦、百般阻挠、无事生非，逼得郭威最终不得不采取非常手段。由于与王峻不和，柴荣一直待在澶州没有挪窝。

现在，挡在柴荣和养父之间的绊脚石已经顺利踢开了，柴荣很快便奉调进京。公元953年3月，郭威任命柴荣为开封尹，御封晋王，正式确定了柴荣的继承人身份。

刚上任的柴荣，决心效仿战国四公子，广揽人才、收买人心。很快，他想到了赵匡胤，对于这个素有韬略、敢想敢做的年轻人，他一直非常欣赏，早有结交之心。于是在赵匡胤即将奔赴外地上任的当口，命运之神又一次眷顾了他。

柴荣上奏朝廷，要求把赵匡胤留在身边，并担任开封府马直军使（开封警备区骑兵司令）。郭威批复：准奏！从此，赵匡胤进入了未来皇帝的核心幕府，成为柴荣的心腹，他也由此步入了人生的快车道。

每每读史，我总是不得不感叹，帝王将相的人生际遇何其精彩！何其难得！就像赵匡胤，总是在最关键的时刻得到未来皇帝的眷顾：在郭威称帝前，追随其左右；在柴荣登基前，陪伴在其身边，运气好得不是一点点啊！不过说到底，实力终究还是最重要的，如果你肚子里没点真才实学，天天在领导面前晃来晃去，领导不烦死也得恶心死。赵匡胤能有日后的成就，与其冷静沉稳、坚毅果敢的个性，以及文韬武略、能谋善断的才情是密不可分的。也正因为如此，赵匡胤才能得到后周两位皇帝的青睐和信任。要知道，这两位皇帝可都是雄才大略的明君，而不是无能无道的昏君，能在他们手下混，没点真本事是不行的。

所以，还是那句话——机遇只垂青有准备的人。

| 治乱之枢机 |

公元954年正月，已经身染重病、自知时日不多的后周太祖郭威任命晋王柴荣为全国武装部队总司令（判内外兵马事），同时火速任命户部侍郎王溥为宰相（同中书门下平章事），任命镇宁节度使郑仁诲为国防部长（枢密使），以此二人作为柴荣日后亲政的文武首辅。

人事任免安排妥当之后，郭威速诏中央殿前禁军总司令（殿前都指挥使）、外甥李重进入宫，当面向柴荣行跪拜之礼，确定君臣名分，并嘱咐李重进用心辅佐柴荣，共保江山。

当天，郭威于滋德殿驾崩。柴荣随即在郭威灵柩前继位，是为后周世宗。

刚刚登基的年轻皇帝马上就遇到了一个决定生死存亡的大难题。后周的世

仇、被冻成"剩蛋老人"的刘崇趁后周新丧之机，亲率三万汉军，并联合一万辽军，进逼潞州。潞州古称上党，号称"天下之脊"，是连接山西和中原的重镇。打个比方，潞州就如同一根扁担，一头挑起山西，一头挑起中原，其位置就如同辽沈战役时的锦州，战略价值不言而喻。

这是一场决定后周生死存亡的关键之战。柴荣心里非常清楚此战的意义与影响：成功则天下大定，失败则国灭身死。作为一直活在养父影子里的人，他急需一场酣畅淋漓的胜利来树立威望、巩固皇权。于是，柴荣果断决定来一场说走就走的御驾亲征。

| 新皇帝的威望 |

皇帝的决定几乎遭到了群臣的一致反对。大臣们的担忧也不无道理：如此重大的战役，皇帝亲临前线，万一有什么不测，国本动摇，后果不堪设想。

可是胸怀大志的柴荣却乐观地认为：刘崇目空一切、飞扬跋扈，欺我国新丧而志在必得，必定骄横自满、轻敌冒进，他也一定想不到我柴荣敢于御驾亲征。我若出其不意，亲临前线，必能一战而定、大获全胜。

是不是很像当初的小犊子李存勖？可见，英雄所见略同。

不过即使世宗这样自信，群臣依然不依不饶地劝阻他亲征，其中最起劲的就是那位神奇的"不倒翁宰相"冯道。作为五代中的官场老油条，冯道历侍四个朝代的十位皇帝（如果算上耶律德光短短两个月的中原任期，就是五个朝代了），位居宰相高位，始终不倒，称得上是一个前无古人、后无来者的神仙人物。在他的官场哲学里，老于世故、精于圆滑似乎就是他的为官之道，所以他能成为"城头变幻大王旗"的五代中唯一一支坚挺的蓝筹股，是有他的道理的。

可是现在，这根老油条居然也敢忤逆龙鳞、直言犯上了。这天，冯道不知道吃错了什么药，决定无论如何也要劝止世宗亲征，于是就有了下面这段载入史册的对话。（道前事九君，未尝谏诤。世宗初即位，刘旻攻上党……道乃切谏。）

柴荣：御驾亲征有何不可？当年唐太宗平定天下，不就是御驾亲征的结果吗？（吾见唐太宗平定天下，敌无大小皆亲征。）

冯道一句话就把柴荣噎住了：陛下，您未必比得上唐太宗。（陛下未可比唐太宗。）

柴荣：刘旻（刘崇自立为王后升级的新名）之军不过是一群乌合之众，朕若御驾亲征，必定像泰山压顶一样，将他碾个粉碎。（刘旻乌合之众，若遇我师，如山压卵。）

冯道不慌不忙地来一句：陛下，您未必就是山啊！（陛下作得山定否？）

柴荣：我勒个去！@#%$%%……

连一向圆滑的冯老油条都敢这样摸老虎屁股，柴荣当时在国内的威望也就可想而知了。没威望的领导也是领导，领导很生气，后果很严重。柴荣一怒之下，干脆将冯神仙一撸到底，罢了他的相位，打发他给太祖郭威修陵墓去了。（冯道为大行皇帝山陵使。）

柴荣决心已下，不容动摇，即刻鸣炮点将、号令三军。

目标潞州，出发！

| 高平之战 |

刘崇的行动果然在柴荣的预料之中。由于在坚固的潞州城下没讨到什么便宜，骄傲自大的刘崇居然置侧后的威胁于不顾，绕过潞州向南直逼京城而来。柴荣率军日夜兼程，终于在三月十九日赶到了高平郊外的巴公原（今山西省高平市巴公镇），与刘崇大军不期而遇。

一场具有历史意义的重大战役——高平会战拉开了帷幕。

汉辽联军的四万精锐齐聚巴公原，北汉皇帝刘崇作为主帅，领两万禁军居中掠阵，北汉第一猛将张元徽率一万汉军为左翼，辽将杨衮率一万契丹铁骑为右翼，军容严整，杀气腾腾。而此时，柴荣率领的后周军只是整个北伐大军的先锋部队，总兵力还不到两万人，另一支重要的战略预备队——河阳节度使刘词所率的万余精锐部队正在赶往战场的路上。因此，从双方兵力对比来看，柴荣明显处于下风。

两强相遇勇者胜！既然退无可退，不如放手一搏！

柴荣很快稳住阵脚，立即作出部署：滑州义成节度使白重赞与侍卫亲军马步军都虞候（侍卫禁军总参谋长）李重进统领左军，侍卫马军都指挥使（侍卫禁军骑兵司令）樊爱能、侍卫步军都指挥使（侍卫禁军步兵司令）何徽统领右军，宣徽使（内务部长）向训、郑州防御使（郑州警备区司令）史彦超率精锐骑兵居中。柴荣自己则在殿前都指挥使（殿前禁军总司令）张永德的保护下，亲临

督战。

北汉皇帝刘崇在阵前一探头，那个后悔啊，悔得肠子都青了！早知道柴荣这个毛头小子才带这么点兵，我又何必找契丹人来帮忙呢，心疼那白花花的银子啊！于是他决定不用契丹铁骑参战，用自个儿的部队就能把柴荣收拾得服服帖帖。

辽将杨衮看到后周军队虽然兵少，可是排兵布阵却颇有章法，便好意规劝刘崇不可轻敌。刘崇摸着胡须作诸葛亮状，训斥道：机不可失，不要胡说！杨衮气得在一旁吹胡子瞪眼。

此时正值初春，春寒料峭可是很冷的，而且北方的春天是出了名的多风，那天正好刮起了凛冽的东北风，处于下风向的后周军队被吹得连眼睛都睁不开，战旗刮得呼呼作响。

一阵尴尬的沉默……

双方都在积蓄力量，就像我们在玩街霸游戏时，最厉害的招数总是需要积气的，气满了才能一击毙敌。

渐渐的，风势减小了，可一个重要的变化出现了。

风向变了！

原来的东北风变成了南风，原来顺风的北汉军队变成了逆风。刚愎自用的刘崇不顾大臣的劝谏，决定逆风发起攻击。

刘崇令旗一挥，汉军左翼在猛将张元徽的率领下向周军的右翼猛冲过来，统领右军的后周将领樊爱能、何徽措手不及。这二位刚才一直在打小算盘，他们想着刘崇既然花钱请了打手，当然得让契丹人先上，那么首先开战的应该是白重赞与李重进那两个倒霉蛋率领的左军，咱哥俩就可以先鼓鼓掌、加加油，有了便宜再出手，既不失体面，又得了好处，两全其美啊。

他们这儿正想得美呢，谁知道张元徽已经张牙舞爪、龇牙咧嘴地杀了过来，只几个回合就把樊爱能、何徽打得大败。平日养尊处优惯了的俩人吓破了胆，掉转马头，立刻后撤。

俗话说，兵熊熊一个，将熊熊一窝。

有这么两个脓包将领，他们手下的兵也就不堪一击了。在榜样的带领下，后周右军迅即溃败，跑在最后的一千多名步兵干脆缴械投降，对着刘崇山呼万岁。

阵前督战的柴荣气得眼冒金星、咬牙切齿。心急如焚的皇帝此刻顾不了许多了，只见他挺枪策马，直冲敌阵，誓于百万军中取刘崇首级。

皇帝如此英勇，军心顿时大振。当皇帝的都上了，当兵的还愣着干什么！禁军迅速跟进，护卫柴荣左右。

就在这孤注一掷、千钧一发的时刻，一个冷静而机警的年轻人在历史舞台上闪亮登场。

第十三章 ·

闪亮登场

这个人就是赵匡胤!

正在柴荣准备找刘崇拼命的关口,赵匡胤冷静地分析了局势并迅速做出了决断。

赵匡胤马上找到殿前禁军总司令张永德,指着西面的一处高地说:"敌军骄傲轻敌,一战可破!将军手下均是神箭手,您可迅速率军占领西面高地,居高临下射杀汉军,而我则率两千轻骑自东面冲杀,两相夹击,必能大胜。国家安危,在此一举!"

张永德没想到赵匡胤在危急关头还能保持如此清晰的判断力,二话不说,立刻率军直奔西面高地。

紧接着,赵匡胤集结手下两千精锐骑兵,挥舞马鞭,振臂高呼:"主忧臣死,主辱臣亡!如今皇上处境危急,正是我等誓死效命、报答皇恩之时!诸位勇士,跟我冲啊!"

| 你不是一个人在战斗 |

赵匡胤身先士卒,以万夫不当之勇直冲敌阵,周军士气高涨,顿时号角齐鸣,喊声震天。

赵匡胤所率领的两千骑兵如同一把锐利的尖刀,瞬间就将北汉军队撕开了一条长长的口子。张永德手下两千神箭手也占据有利地形，居高临下，把汉军射得东倒西歪、抱头鼠窜。

汉军前锋都指挥使（前敌总司令）张元徽被后周军队团团围住，后周内殿直（皇帝贴身侍卫）、神箭手马仁瑀一箭正中张元徽坐骑，张元徽猝不及防，被掀翻在地。后周殿前右番行首（殿前禁军右分队小队长）马全义手起刀落，威名赫赫的北汉第一猛将就此丧命。

张元徽阵亡的消息令汉军军心大乱。此时，老天爷也来帮忙，南风刮得又急又猛，迅猛的南风卷起漫天黄沙，吹得汉军头晕眼花，阵脚大乱。

汉军不光逆风吃沙子，还得吃刀子。在赵匡胤的强力冲击之下，汉军终于抵挡不住，全军溃散。

历史在这一刻永远地镌刻下了这个伟大的名字——赵匡胤！

胜利！胜利！胜利！大周军的中后卫赵匡胤立功了！姜子牙、周公旦、郭雀儿在这一刻灵魂附体。赵匡胤代表了大周军队悠久的历史和传统！在这一刻，他不是一个人在战斗，他不是一个人！

| 滑稽的结局 |

被勇猛的赵匡胤冲得七零八落的北汉军队如潮水般退却，刘崇急忙挥旗以示收兵，可是哪里收得住，汉军恨不能多生两只脚，就看谁比谁跑得快了。

对刘崇失望至极的杨衮看到周军强大的攻势，又气又恨。周军的勇猛，也令他不寒而栗，于是率领一万契丹铁骑迅速撤退，脱离战场。

失去了外援的汉军士气一落千丈，被周军追着屁股狂砍。一直打到太阳下山，惊慌失措的刘崇好不容易收拾残兵据守一处山涧，才算赢得了一点喘息之机。不过，"剩蛋老人"刘崇的噩梦还远没有结束，这次"蛋蛋"能不能保住也成了问题。因为，后周的战略预备队到了！

河阳节度使刘词所率领的万余精锐部队赶到了战场。虽然刘词路上遇到了逃跑的樊爱能和何徽，不过他并没有听信这两个胆小鬼关于周军已经大败、皇帝下落不明的谣言，而是马不停蹄地全速前进，终于在最关键的时刻起到了最关键的作用。

柴荣没有和刘词废话，只一个字——杀！

刘崇水都没来得及喝一口，又被刘词率领的万余生力军一顿爆K，再遭大败，叫苦不迭，粮草辎重连着皇帝的行头一块儿孝敬了柴荣。

在伸手不见五指的黑夜里，已经吓得草木皆兵、风声鹤唳的刘崇骑着一匹契丹叔叔送的黄骠，在山间小道中迷了路，带着一百多残兵败将兜了一个大圈子，终于战战兢兢地逃回了太原老巢。

这场战役最终有了一个滑稽的结局：无数北汉将士沙场埋骨而无问津者，可这匹马却获得了最后的荣誉。刘崇给黄骠修了一个五星级的马厩，镶金堆银，极尽奢华，吃的自然也是朝廷大员标准，伙食按照北汉三品官员伺候，刘皇帝还封了黄骠一个雅号——自在将军。

确实够自在的，吃的住的比一般官员都好，能不自在吗？不过这匹马它能明白吗？

套用小沈阳的一句口头禅：这是为什么呢？

| 柴荣的怒火 |

喂马的刘崇没有享受几天自在日子，就听到了让他发抖的消息：后周世宗柴荣打仗打上了瘾，居然一路北进，连下数州，已经于当年四月直捣太原城下了。

刚刚逃回老窝惊魂未定的刘崇闻听此信，差点没急晕过去。看来，刘崇确实不如他的那匹马过得自在。不过，综合当时的形势来看，柴荣想一鼓作气拿下太原也绝非易事。刘崇虽然书读得不多，但是"高筑墙、广积粮"的道理还是明白一点的。

在刘崇多年的苦心经营之下，不仅太原的城墙高大坚固，城中的粮草也储备得很足，撑个一年半载的不在话下。而柴荣大军出征之时只是为了抵御汉辽联军的侵略，最初的战略意图仅仅在于保境安民，如今突然侵入对方的领地，并长驱直入攻取对方的都城，这是当初出兵的时候没有料到的。

由于深入敌国腹地，部队的补给线陡然拉长，柴荣大军的粮草供应很快陷入了困境。恰在此时，刘崇的契丹叔叔又出兵来救援大侄子了。契丹铁骑的出现给太原城下的后周部队造成了极大的军事压力。柴荣不得不分兵抵御契丹的进攻。

五月，后周大将兼柴荣的老丈人符彦卿率一万骑兵与辽军在忻口（今山西省忻州市）一带展开会战。符彦卿战败，猛将史彦超阵亡。消息传来，军心动摇。

而此时，周军在城坚墙厚的太原城下也屡屡受挫。柴荣对此一筹莫展。

主忧臣死。赵匡胤见柴荣忧心忡忡，情急之下亲自请战，率所部猛攻，身先士卒。在激烈的攻城战中，赵匡胤手臂被流矢射中，光荣负伤。柴荣担心有所闪失，叫停了进攻。

帐下大将挂彩，太原坚固难撼，正面无法突破，侧翼又有威胁。如此局面，撤退是唯一正确的选择。于是，在围攻太原近两个月后，六月，柴荣终于决定班师回朝。

虽然此战没有一举攻克北汉都城太原，但是自从高平会战之后，北汉精锐之师损失殆尽，国家财力所剩无几，北汉从此元气大伤，一蹶不振，沦为了中原争霸的看客，陷入了落后挨打的怪圈，再也掀不起什么大的风浪，北汉国运由此注定。

那位吹过风、受过惊、迷过路、丢过魂的"剩蛋老人"刘崇经过这一系列折腾，也就基本玩完了。翌年十一月，饱受惊吓的刘老头撇下心爱的"自在将军"升天了。

| 高平之战的思考 |

高平会战的意义不仅在于赵匡胤的闪亮登场，也不仅在于新君柴荣威望的确立，更重要的意义在于，这场战争直接拉开了后周军事改革的序幕，并对后来有宋一代的军事体制产生了深远影响，也为最终结束五代十国的割据局面奠定了深厚的制度基础。正如清初思想家王夫之所认为的那样，高平之战是"治乱之枢机"。可以说，大宋王朝的统一之基，实则发轫于此。

高平会战结束了，对于皇帝柴荣来说，留给他更多的是思考。

樊爱能、何徽的临阵怯场，张永德、赵匡胤的临危不惧，马仁瑀、马全义的忠贞事主；一千多降兵呼喊刘崇"万岁"的声音还是那样刺耳，而赵匡胤振臂一呼的呐喊还是那样激动人心。

人和人的差距咋就这么大呢？！

残酷的战争和严峻的现实让柴荣意识到，拥有一支忠贞不贰、纪律严明、冲锋陷阵、敢打敢拼的军队是多么重要！要实现自己平定四海、一统江山的伟大抱负，手里就必须拥有这样一支靠得住的军队！

于是，柴荣决定从赏罚开始：有功必赏，有过必罚。在高平之战中临阵脱逃

的樊爱能、何徽等七十多员将领全部被正法，曾经在阵前倒戈投降的一千多名士兵也没有姑息，一律斩首！同时，柴荣重赏有功将士：阵斩北汉第一猛将张元徽的马全义升为散员指挥使（中央警卫团团长），神箭手马仁瑀升为弓箭控鹤直指挥使（中央禁军机枪连连长），而表现最为突出的中后卫赵匡胤被擢升为殿前都虞候（中央殿前禁军总参谋长），一跃成为禁军的高级将领——要知道，赵匡胤的老爸赵弘殷同志辛辛苦苦奋斗了一辈子，军中的职位也比儿子这个殿前都虞候的官职低得多。

何况，赵匡胤从一名大头兵到中央禁军的高级将领，满打满算用了多长时间呢？

仅仅三年！

真可谓平步青云、扶摇直上。

紧接着，柴荣又宣布了一个更重要的决定：在后周军队中进行全面的军事改革，从军事编制到人员选拔，事无巨细，统归新任殿前都虞候赵匡胤同志全权负责！

高平之战中的完美表现，让赵匡胤成为柴荣心目中实施强力改革的不二人选。从此，赵匡胤扮演了一个重要角色——后周中央军校校长。

| 历史的选择 |

自从唐朝后期以来，地方藩镇割据局面逐渐形成，中华大地出现了两种武装力量：一种是各地节度使直接指挥的藩镇军队，这支武装力量基本上由各地节度使等地方实力派说了算，中央政府是无法调动和支配的，只能睁一只眼闭一只眼，听之任之；另一种就是隶属中央政府的禁军，主要任务就是拱卫京师，负责皇帝的安全工作，这支武装力量才是中央政府可以掌控的实际军事力量。

如果对这两支武装力量进行比较，我们不难发现，地方军队的战斗力远胜于中央禁军。为什么？一个重要原因就是兵源不同。

地方藩属部队所招的士兵主要是当地边民，这些边民生性彪悍、体格健壮，通俗一点说，就是兵源相当好。而中央禁军多是京城附近王公贵族的子弟，很多人加入禁军并不是为了谋求军功，而是贪图禁军的高工资、高福利，顺便能欺负欺负老百姓、耍耍威风，这些养尊处优的公子哥儿们自然没法和体壮如牛的青年农民相比。

另一个重要原因就是所处环境不同。地方藩属部队基本上负责镇守帝国边关，经常实打实地和邻居们动动刀子（比如契丹人、党项人），战斗力在不断的实战中得到逐步提升。而中央禁军很少有真刀实枪练练的机会，一年到头弄来弄去就是那几招花拳绣腿，战斗力也就不言而喻了。

这也是唐朝后期皇帝动不动就被地方部队逼得到处乱跑的原因，而更为重要的原因恐怕还是五代最流行的那句话："天子，兵强马壮者当为之，宁有种耶！"

为了在乱世中站稳脚跟，每一个拥兵自重的地方实力派都非常重视军队的控制，因此在提升军队战斗力这点上也就不遗余力，如朱温为了防止士兵逃跑、加强军队控制，就实施了给士兵刺面的办法（宋朝后来将这种办法用于刑罚，所以水浒里好汉多半都毁了容），甚至推行"跋队斩"的制度，即作战时每队士兵都必须奋力拼杀、冲锋在前，以保护本队主将的安全，士兵不卖力、主将当场阵亡的，全队处斩，绝不姑息，可谓"一荣俱荣，一损俱损"，以此逼迫士兵死心塌地地给老朱卖命。

正是这一系列的原因造成了中央禁军总是弱于地方部队的现象。枪杆子才是硬道理！中央的武装不如地方的武装，自然导致中央政府无力掌控地方藩属，才形成了唐朝后期直至五代十国的分裂割据局面。

要想结束这种混乱局面，只有一个办法——以战止战。所以，问题的关键在于如何锻造一支忠诚可靠的、拥有超强战斗力的中央禁军。

现在历史选择了赵匡胤，注定由他来解决这个困扰了中华大地一个多世纪的难题。

事实证明，历史的选择是正确的。

| 军校精英 |

得到领导信任的赵匡胤校长受宠若惊，干劲十足。为了全心全意、尽善尽美地把领导交代的任务办好，赵校长干脆连家也不回了，直接以军营为家，吃住办公一条龙，开始操持后周黄埔军校的大事。

　　既然要搞军事改革，当然首先要搞清楚后周军队的基本框架。当时后周禁军分为两支，一支为侍卫司，一支为殿前司。前者是后周禁军的主力，而后者只是皇帝的贴身卫队，兵力根本就不能与前者相比。因此可以说，高平之战前，侍卫司基本上就相当于后周禁军。

　　但是在高平之战中，率先溃退的恰恰就是侍卫马军都指挥使樊爱能、侍卫步军都指挥使何徽所统领的侍卫亲军，而立下大功的却是来自殿前司的赵匡胤、马仁瑀、马全义等年轻军官。由此可见，侍卫司虽然兵力多于殿前司，但是不见得战斗力强过殿前司。因此，柴荣才给赵匡胤下达了"兵务精不务多"的指示。

　　赵匡胤的第一个动作就是提升殿前司的地位。赵校长将殿前司的兵力编制大大扩充，使得殿前司与侍卫司的兵力基本持平。从此，殿前司与侍卫司平起平坐，并且地位日益上升。

　　赵匡胤的第二个动作就是进行全国范围的海选，广纳天下壮士，吸收优质兵员。赵校长开始实施轮番的政治宣传和广告攻势，用高工资、高福利、高待遇刺激广大未婚男青年踊跃投身后周的革命事业，最终遴选出一批精壮彪悍的士兵，全部充入殿前司的队伍。同时，在地方藩属部队中挑选好苗子，选送京城，加入殿前司的行列，在加强中央禁军武装力量的同时，也变相地削弱了地方藩镇的实力。

　　赵匡胤的第三个动作，也是最重要的动作，就是安插亲信。赵校长利用主持禁军整顿的机会，将罗彦环、郭延斌、田重进、潘美、米信、张琼、王彦升等得意门生逐一任命为殿前司的中基层将领，并将原隶属于殿前司的部分亲信将领，如韩令坤、慕容延钊以及老爸赵弘殷等安插入侍卫司，成为侍卫司的重要将领。

　　早在赵匡胤投军之时，就已经与禁军中的石守信、王审琦、韩重赟、李继勋、刘庆义、刘守忠、刘廷让、王政忠、杨光义九人结拜为"义社十兄弟"。值得一提的是，赵匡胤此举其实是深受谋略大师郭威的影响。

　　当年，郭威在军中曾同一帮玩得来的小伙伴（主要是中下级军官）结为生死兄弟，号称"十军主"。这群小伙伴歃血为盟，发了毒誓：凡我十人，龙蛇混合，异日富贵无相忘，苟渝此言，神降之罚。后来，郭威正是凭借小伙伴们的鼎力拥戴，最终一飞冲天，君临天下。

　　如今，赵匡胤有样学样，如法炮制，也在军中捣鼓出了一个小团体——义社十兄弟。此时，作为十兄弟之一的赵匡胤虽然年龄不是最大的，但是进步却是最快的，而且职位也是最高的。于是他利用自身禁军高级将领的身份，进一步促成了这个兄弟连的团结合作，将这个圈子联系得更加紧密与牢固，高效地拓展了人脉，从而组建了一个以赵匡胤校长为核心的"军校系"。而这群赵匡胤苦心培养起来的军校精英们也确实没有让校长失望，六年之后，他们用行动证明了自己对赵校长的忠诚。

经过赵匡胤大刀阔斧的改革，后周禁军呈现出一派欣欣向荣的气象，部队面貌焕然一新，整体战斗力得到大幅提升。薛居正《旧五代史》对其描述是"甲兵之盛，近代无比"。其中尤以赵匡胤一手组建的殿前司最为精锐，从而为后来的故事埋下了深深的伏笔。

第十四章 · 乱世不倒翁

初登大宝便在高平之战中大败汉辽联军的柴荣，在历史舞台上有了一个惊艳的亮相。历史无数次地证明，真理有时的确是掌握在少数人手里的。颇有点自得的皇帝不由想起了出征前絮絮叨叨劝谏的糟老头——冯道。

哼！说我这也不行，那也不行，怎么样？看走眼了吧！看我回去怎么收拾你！

然而，生活是一门遗憾的艺术。凯旋的柴荣永远无法与冯道分享胜利的快乐了。因为，冯道死了。

自从上次犯颜直谏惹恼了柴荣后，冯老神仙就履新去了。他来到新郑（今河南省新郑市），干起了替太祖皇帝郭威修墓的活儿。老人家很敬业，在他的严格监督之下，郭威的陵墓很快就修好了，依山傍水、环境优美、青砖条石、保质保量。

此时的柴荣乘高平大捷的余威，正在太原城下和刘崇较劲呢。皇帝暂时无法回来主持入葬大礼，无奈之下，冯道只好将郭威下葬，入土为安。耗尽了心力的冯道，在完成了这件大事之后，终于油尽灯枯，驾鹤西去，追随后周太祖而去了。这段五代的传奇，乃至中国历史的传奇戛然而止。

英明神武的后周世宗柴荣感念冯道的功德，追封老神仙为瀛王，谥号文懿，给予其无上的荣誉和至高的评价。冯道地下有知，也应含笑九泉了。

| 乱世出奇人 |

作为一位忠诚的"地主阶级革命家"、一名久经考验的"封建主义战士"，冯道同志的战斗经历大致如下。

冯道，男，汉族，公元882年出生，瀛州景城（今河北省沧州市交河镇）人，端明殿学士——相当于大学本科学历，公元912年参加工作，自号"长乐老"，别名"不倒翁"。

公元923年至公元934年，任后唐宰相；

公元936年至公元943年，任后晋宰相；

公元947年（虽然也就几个月），任辽国太傅，位居三公；

公元947年至公元950年，任后汉宰相；

公元951年至公元954年，任后周宰相。

著有论文《长乐老自叙》。享年七十三岁。

相信任何人有这么一份人生履历，做梦也会笑醒的。

冯道出生于耕读世家、书香门第，自小聪慧，尤喜读书，不以衣食粗陋为耻，而以求学上进为荣，小小年纪就做得一手锦绣文章，闻名乡里。经地方官员推荐，被当时的晋王李克用任命为掌书记，当了秘书，从此迈入仕途。

冯道属于中国古代典型的君子类人物，"能自刻苦为俭约"。他跟随李克用大军四处征战的时候，天天睡在草棚子里，却从无怨言；粗茶淡饭，却毫不在意。

更为难得的是，每次打仗之后，将士们抢来N多美女送给他，他也不要，实在推脱不了的，就找间屋子先把美女们养起来，找到她们的家人后再给送回去。这种包养法可真是千古一绝。

后来，冯道同志的父亲去世，他严格恪守儒家的规矩，辞官回家老老实实在父亲坟前守了三年孝。这期间，冯君子也没闲着。那年正值大灾，冯道倾家荡产救济灾民，没粮食吃了就自己开荒种粮、砍柴烧饭。

如果看到有田地荒芜，或是有地但没有能力耕种的情况（那年头，青壮年都被拉去当兵了，家里只剩老弱病残，所以田地荒芜、无力耕种是常见的现象），冯道就跟做贼似的，偷偷摸摸半夜跑去学雷锋，帮人家把地种好。学了雷锋还不留名，人家来道谢，冯君子也觉得小事一桩，不值一提。

冯道的道德品行不胫而走，其人格魅力在充满血腥杀戮的五代乱世犹如一盏明灯，温暖了众多百姓的心，冯道同志也由此引起了高层的重视。

｜官场不倒翁｜

后唐明宗李嗣源（就是天天焚香祷告祈求圣主的那位）即位后，特意寻访冯道，得知他在翰林院任学士，非常高兴，说"此真吾宰相也"，冯道就这样成了后唐的宰相。

客观地说，冯道在换皇帝比换衣服还勤的五代乱世，还是为老百姓做了很多实事的。

后唐李嗣源时期，中原相对安定，粮食连年丰收，但就是这样，冯道仍然时不时地给李嗣源讲点居安思危的故事，提醒他要爱惜民力、与民休息，继续保持戒骄戒躁、艰苦朴素的作风。

李嗣源有一次问冯道："天下丰收，百姓生活应该有保障了吧？"

冯道说出了一句流传至今仍振聋发聩的千古名言——谷贵饿农，谷贱伤农！并且立马拿出一首唐末诗人聂夷中的诗给皇帝看。

伤田家诗

二月卖新丝，五月粜新谷，

医得眼前疮，剜却心头肉。

我愿君王心，化作光明烛，

不照绮罗筵，只照逃亡屋。

李嗣源深受触动。在冯道的辅佐和影响之下，明宗在位的七年时间，始终坚持了休养生息、无为而治的基本国策，使中原百姓在颠沛流离的乱世中得以享有一段难得的安定生活，尽管如此短暂。

公元947年，耶律德光率契丹铁骑侵略中原，入驻开封之后，曾召见冯道问："天下百姓如何救得？"

冯道半开玩笑半认真地说："此时佛祖再世也救不得，只有皇帝您才能救啊！"这看似拍马屁的话，其实是在提醒耶律德光要善待天下百姓，尤其是不能再干"打草谷"的缺德事儿了。耶律德光听后果然收敛了不少。

《新五代史》对冯道此语给予了很高评价："人皆以谓契丹不夷灭中国之人者，赖道一言之善也。"

在"乱纷纷，你方唱罢我登场"的五代乱局中，冯道并没有"苟全性命于乱世，不求闻达于诸侯"，而是勇敢地承担起了一个知识分子应该承担的责任。在他的主持下，自后唐长兴三年（932年）起，至后周广顺三年（953年）止，历时22年时间，政府对中国儒家经典著作进行了详细的校勘，并以端楷书写，雕版印刷，终成《九经》（不是《九阴真经》，不要误会，此经非彼经），即《易》《书》《诗》《春秋左氏传》《春秋公羊传》《春秋谷梁传》《周礼》《仪礼》和《礼记》，史称"五代监本《九经》"，开了官刻书籍的先河。对此，元代著名学者王祯评价为"因是天下书籍遂广"。

这是中国文化史上的一件大事，对中国文化的发展起到了承前启后的重要作用。而且这件事居然发生在战乱频仍的五代时期，实在是个奇迹，冯道功不可没。在我看来，当时也只有冯道有这个本事办这件大事，因为从后唐到后周，历经四朝，只有冯神仙一直位居中枢、屹立不倒，换任何人，早就下台了，这事自然也就泡汤了。

| 冯道之道 |

就是这么一位让人心生崇敬的谦谦君子，被后人指责的却恰恰是他的道德问题，以至于后世的"君子"们动不动就要对冯先生从发根到发梢地评论一番。

欧阳修说他"无廉耻"，司马光说他是"奸臣之尤"，薛居正更甚："事四朝，相六帝，可得为忠乎？夫一女二夫，人之不幸，况于再三者哉！"说白了就是连个再嫁的寡妇都不如。

拜托！道学先生们，收起你们那副嘴脸吧！

冯道所处的时代是中国历史上最为混乱的时代之一，他一生事四朝、仕十帝，这期间，平均每个朝代仅仅存在6年，平均每个皇帝仅仅在位3年，在位时间最长的后唐明宗也只有7年。要是按照欧阳先生"国败亡则竭节致死"的逻辑，冯道就是有八条命，也基本死光光了。

对于残暴不仁、荒淫无道的朱温，卖国求荣、奴颜婢膝的石敬瑭之流，以正

人君子自居的欧阳修、薛居正等史家不得不为之修史立传、为尊者讳，仅仅出于一个原因——他们是皇帝。而对于洁身自好、克己奉公、委曲求全、虚身以仕、凭一己之力在乱世中为百姓争一点幸福的冯道，欧阳文忠公等却大肆鞭挞、横加指责，也仅仅出于一个原因——他是臣子。

真想当面问问他们——这公平吗？

道学家基本上属于站着说话不腰疼的主。就像现在有的腐败分子昨晚收了钱，第二天就敢在讲台上大谈特谈党风廉政建设一样：纪律约束的只是别人，而从来不会是自己。所以，我更愿意将冯道视为一个隐者，一个"大隐隐于朝"的隐者。至少他用心了，至少他努力了，至少他为百姓做了事了。

他没有潇洒地一走了之，更没有闲云野鹤、寄情山水，他实实在在地爱着这片土地上的父老乡亲，为他们做了一些力所能及的事情。而他一直有一个未能完成的心愿，并为之抱憾终身，那就是"不能为大君致一统、定八方，诚有愧于历职历官，何以答乾坤之施"。

这就够了，不是吗？对于一个古稀之年仍忧国忧民的老人，我们还能奢求什么呢？是盖棺定论的时候了。

冯道之道——外圆内方，乱世之道！

第十五章·五代版《隆中对》

后周的大臣们很快发现他们的这个新BOSS是个劳动模范。新皇帝似乎永远闲不下来，不是搞军事改革，就是搞经济普查，要么就是疏浚河道，忙得不亦乐乎，把下面人折腾得滴溜乱转。

其实柴荣也是没有办法，因为卧榻之侧皆他人家啊！摊开那时的地图就明白了：北方是世仇死敌的北汉和贼心不死的契丹；西面是割据一方的后蜀，其势力已经渗透至关中一带；南方则是当时称霸江南的南唐，其兵锋直抵淮河以北。后周处于北西南三面受敌的状态。

这样的国际环境，你让柴皇帝怎么睡得着啊。因此，当务之急就是赶紧拿出一整套治国方略，尤其是中长期战略规划。说白了，就是怎么把这群拿着刀的邻居给摆平喽。

柴荣的作文题

后周显德二年（955年）二月，柴荣下诏，要求大臣们各抒己见、广开言路、献计献策、进言直谏，"内外文武臣僚，今后或有所见所闻，并许上章论谏。若朕躬之有阙失，得以尽言；时政之有瑕疵，勿宜有隐"。

可惜，臣子们还摸不透新领导的脾气，个个心里都在打鼓。给领导提意见，说起来容易做起来难啊！要是遇上唐太宗那样虚怀纳谏的明君，大家自然都乐意做

魏征，可万一遇上的是隋炀帝那种变态呢，不但要丢脑袋，弄不好还要绝后，况且冯老神仙还曾当面戏谑过，你柴荣未必就是唐太宗啊！

于是，说归说，做归做，提的意见倒是不少，不过大致内容如下。

皇上，我对您那是相当有意见啊！您怎么能这么不爱惜身体呢！天天为了国家大事操劳，日理万机，就是鸟生鱼汤（出自韦小宝语录：尧舜禹汤）也没法和您比啊！

这次马屁算是拍到马腿上了。素有治国平天下大志的柴荣实在无法忍受这种无聊的官场积习，干脆挽起袖子亲自上阵，布置作业，按期完成。这份作业就是两篇命题作文，一篇为《为君难为臣不易论》，一篇为《平边策》。柴荣没想到这一逼，就逼出了一篇五代第一奇文。

｜平边策｜

文章的作者叫王朴，山东东平人，进士出身，时任比部郎中（比部的职责相当于现在的审计署），从五品的小官。

王朴官职不大，可是眼光远大。他的这篇《平边策》绝对称得上立意高远、文采斐然、字字珠玑、掷地有声，堪称五代版《隆中对》（刘备三顾茅庐去襄阳隆中拜访诸葛亮时的谈话内容，是促成三国鼎立局面的战略决策）。现全文转载如下（不同版本可能个别字有出入）。

臣闻唐失道而失吴、蜀，晋失道而失幽、并。观所以失之之由，知所以平之之术。当失之时，君暗政乱，兵骄民困，近者奸于内，远者叛于外，小不制而至于大，大不制而至于僭。天下离心，人不用命。吴、蜀乘其乱而窃其号，幽、并乘其间而据其地。平之之术，在乎反唐、晋之失而已。必先进贤退不肖，以清其时；用能去不能，以审其材；恩信号令，以结其心；赏功罚罪，以尽其力；恭俭节用，以丰其财；时使薄敛，以阜其民。俟其仓廪实、器用备、人可用而举之。彼方之民，知我政化大行，上下同心，力强财足，人安将和，有必取之势，则知彼情状者愿为之间谍，知彼山川者愿为之先导。彼民与此民之心同，是即与天意同；与天意同，则无不成之功矣。

攻取之道，从易者始。当今惟吴易图，东至海，南至江，可挠之地二千里。从少备处先挠之，备东则挠西，备西则挠东，彼必奔走以救其弊。奔走之间，可以知彼之虚实、众之强弱，攻虚击弱，则所向无前矣。攻虚击弱之法，勿大举，但以轻兵挠之。彼人怯弱，知我师入其地，必大发以来应，数大发则民困而国竭，一不大发，则我获其利。彼竭我利，则江北诸州乃国家之所有也。既得江北，则用彼之民，扬我之兵，江之南亦不难平之也。如此，则用力少而收功多。得吴则桂、广皆为内臣，岷、蜀可飞书而召之。如不至，则四面并进，席卷而蜀平矣。吴、蜀平，幽可望风而至。惟并为必死之寇，不可以恩信诱，必须以强兵攻。然彼自高平之败，力已竭，气已丧，不足以为边患，可为后图。方今兵力精练，器用具备，群下知法，诸将用命，一稔之后，可以平边。

臣书生也，不足以讲大事，至于不达大体、不合机变，惟陛下宽之。

是不是看着有点头疼？没关系，接下来，我们按照轻松、有趣、长知识的方式来一一解读。

| 统一蓝图 |

《平边策》全文分为三部分。

第一部分着眼于内政。

文章开篇就阐述了五代以来的中原局势，指出了后唐、后晋亡国失地的原因。紧接着，一针见血地指出要想平定四海、统一天下，就要吸取前朝亡国的教训并反其道而行之，即"平之之术，在乎反唐、晋之失而已"。关键在于加强内部建设，提高综合国力，并从人事任用、制度建设、财税政策等方面提出了具体措施，如"赏功罚罪，以尽其力；恭俭节用，以丰其财；时使薄敛，以阜其民"等，最终达到"上下同心，力强财足，人安将和"的目的。毕竟，发展才是硬道理。

第二部分着眼于外事，也是本文的重中之重。在这一部分，王朴提出了三项基本原则。

第一项原则：先易后难。即"攻取之道，从易者始"，要捏就先捏软柿子，这是对外用兵的基本战略方针。

第二项原则：先南后北。即先拿南唐开刀，首取南唐江北一带（今安徽、江苏大部），然后采取以战养战的策略，征调江北的民众为军，征收江北的赋税为饷，一举平定江南，以收事半功倍之效。南唐一旦被攻取，南方必然震动，再恩威并重、软硬兼施，逼迫南汉（今两广地区）、闽（今福建）、蜀（今四川）臣服。

将整个中国南部收入囊中之后，再挥师北上，先取燕云十六州，夺回中原屏障，解除北面威胁，继而转向西北，拿下死敌北汉。至此，中原大定，天下混一。

第三项原则：先虚后实。即在具体的战术上可以采取扰敌、疲敌、诱敌、惑敌的方针，真真假假、虚虚实实，让敌人疲于奔命、首尾难顾，然后再选择良机，一举破敌。同时，在战术安排上，要坚持政治攻势和军事攻势的有机结合，既不放弃有利形势下的军事打击，也不放弃军事优势下的政治攻心，力求达到"不战而屈人之兵"的战略意图。

"先易后难、先南后北、先虚后实"的三项基本原则不仅为柴荣明确了统揽全局的战略部署，而且提供了收放自如的战术方针，在五代纷乱时局中抽丝剥茧、拨云见日，使人骤生醍醐灌顶、茅塞顿开之感。

第三部分只是一个套路性的结尾，聊以自谦之语，就不细谈了。

纵观整篇《平边策》，从内政到外事，从战略到战术，无不鞭辟入里、入木三分，其立论之高、用意之深、经略之远、谋划之巧，令人叹服。这样的美文真是"闻一闻神清气爽，读一读口齿留香"啊！

《平边策》的战略思想从此成为柴荣乃至赵匡胤后来统一大业的基本蓝图，而统一战争的最终结果也与王朴的预测惊人一致，五代十国中最后收复的就是那个"必死之寇"——北汉。

对于王朴，我已经不能说他是高人了，简直就是神人啊！柴荣盼星星盼月亮，终于把神仙给盼出来了。世宗得此文如得一宝，而王朴也就顺理成章地成为后周的诸葛孔明，在不到两年的时间里，就从一个从五品的小官一跃而成朝廷一品大员，被柴荣任命为枢密使，掌握军事大权，成为皇帝经略天下的股肱之臣。

目光如炬、图谋天下的后周世宗柴荣准备行动了！

| 没有调查就没有发言权 |

柴荣决定采纳王朴"先南后北"的策略，向南进军，攻伐南唐。不过在此之前，他需要拔掉一根刺——南方后蜀政权占据的秦、凤、成、阶四州。

秦州即今天的甘肃秦安，凤州即今天的陕西凤县，成州即今天的甘肃成县，阶州即今天的甘肃武都。这四州的战略位置极其重要，南下可扼守四川，东向可直逼关中，谁占据了这块要冲，谁就占据了"进可攻，退可守"的有利位置。

当初，后蜀正是趁着耶律德光入侵，中原局势混乱之时占领此地的。如今，若是不先将这块重要的战略要地收回，后周攻伐南唐必定受其掣肘，无法放开手脚。而且，由于后蜀政权腐败无能，导致四州之地民不聊生，百姓怨声载道，民心有意归周。因此，柴荣决心先拿下秦、凤、成、阶四州，把伸出头的后蜀打回四川去，彻底解除侧后的威胁，巩固帝国后方。

后周显德二年（955年）五月，柴荣任命凤翔节度使王景为西面行营都讨使（西部战区总司令），同宣徽南院使（内务部长）向训率军攻伐四州。然而，战役最初并不是太顺利。原因只有一个——地形。

秦、凤、成、阶四州多是山地，战区之内尽为山岚、沟涧，地形复杂，易守难攻。由于蜀军占据有利地形、顽强据守，加之地势险峻、山路难行，后周大军粮草供给困难，战役一直打到七月仍然毫无进展，战事渐成胶着状态。

朝中罢兵休战的声音渐渐多了起来，那些一直强调"以德服人"的大臣们最近嗓门高了不少，腰杆也直了起来。

皇帝很郁闷，前线的情况不是很清楚，休战吧，没有面子，继续吧，又怕有闪失。古时候通信、交通都不发达，不像现在，打个电话、聊个微信就能把事情弄明白。关键时刻，柴荣又想到了杰出青年赵匡胤同志，于是命他作为特使速去西征前线视察，了解具体情况。

接到命令后，赵匡胤不敢怠慢，二话不说，衔命疾走。他翻山越岭，跋山涉水，千里迢迢，日夜兼程，迅速赶往西线战区。

作为朝廷特使，赵匡胤深入战场前线，看望一线指战员，并代表柴荣皇帝深切地慰问了克服重重困难、坚持日夜战斗的西征军战士，与官兵同吃同住同洗澡，同甘共苦同战斗，着重弘扬"有条件要打，没有条件创造条件也要打"的大无畏精神。全军上下因此士气高涨、情绪振奋，纷纷表示誓与蜀帝国主义斗争到底！

经过详细的调查研究之后，赵匡胤带回了前线的第一手资料。已经对形势了然于胸的赵总参谋长向皇帝果断提出了自己的建议——蜀地已是囊中之物，必定可取，坚持就是胜利！请皇上下定决心！

于是，柴荣坚定了作战信心，并按照赵匡胤的建议重新调整了兵力部署，同时加强了后勤保障工作，勉励前线总指挥王景和监军向训同心协力、一战克敌。

事实证明，赵匡胤的判断是正确的。两个月之后，前线传来捷报，秦、成、

阶三州归降。十一月，凤州城破。至此，四州之地尽归后周。

在这场战役中，赵匡胤虽然没有直接参与军事指挥，但他的表现却令人印象深刻。关键时刻，他充分发扬了"没有调查就没有发言权"的务实精神，深入一线了解战况，周密分析战局，帮助领导作出了正确的战略决策，解决了朝廷在战役中的困局，最终保证了西征大军的胜利。

这样的表现就是想低调也很难啊，赵匡胤的人气指数再创新高！

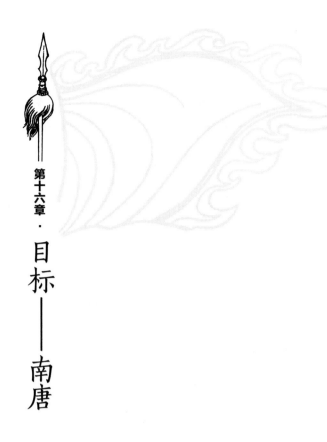

第十六章·

目标——南唐

　　解除了后顾之忧，雄才大略的柴荣得以专心考虑如何对付趴在家门口的南唐。

　　此时的南唐，其触角已经由长江流域延伸到淮河流域，下辖三十多个州，其领土范围包括今天的安徽、江苏、江西等地，与后周帝国有长达两千多里的边境线。

　　南唐物产富饶、人口众多，其所控制的江淮一带在唐朝时就是中国最富饶的地区，是唐帝国的经济支柱。

　　一句话——不差钱！

　　战争说到底是个砸钱的活儿。没有钱，战争的机器是转不起来的。要实现平定四海、统一天下的梦想，没有强大的经济基础，想都别想！

　　南唐就是一个最好的钱袋子，可偏偏这个钱袋子的主人是个只懂风花雪月、不懂治国理军的主。南唐皇帝李璟天天不是"小楼吹彻玉笙寒"就是"昨夜更阑酒醒"，似乎时刻处于半昏迷状态（我一直怀疑他是否清醒过），而朝政则被一个大头鬼——宰相宋齐丘，外加五个小鬼——陈觉、冯延巳、冯延鲁、查文徽、魏岑（南唐百姓称其为"五鬼"）所把持。昏君无道、奸臣当道、群魔乱舞，将这个江南小朝廷折腾得乌烟瘴气，国势日衰。

活跃在南唐的后周间谍们反馈的信息几乎众口一词：钱多，人傻，速来！

于是，柴荣决定就按王朴《平边策》中的方针办，先拿下江北之地（淮河以南、长江以北的地域），将战线从淮河流域推进到长江流域，为将来彻底平复江南创造条件。

后周显德二年（955年）十一月，柴荣下诏任命宰相李谷为淮南战区前敌总司令（淮南道前军行营都部署）、王彦超（赵匡胤的"王伯伯"）为副总司令，统领韩令坤（赵匡胤的发小）等十二位高级将领，率军攻伐江北。

战局一开始就出人意料地顺利，因为南唐送了一份大礼！

每年冬天，淮河就会进入枯水期，为了防止北岸的周军趁机渡河偷袭，南唐每每要在冬季调集重兵沿淮河南岸布防，并将这种制度称为"把浅"（把住浅滩的意思，还挺会意）。

这一年的冬天也许是太冷了，南唐寿州监军吴廷绍的脑子冻坏了一根筋，他居然认为战争已经过去，和平即将来临（后周大军就在对岸磨刀呢，真不知道他是怎么得出这个结论的），上奏朝廷建议今年不用沿河驻守重兵，全部撤防，如此既不挨冻，还省粮草。

南唐皇帝李璟也病得不轻，大笔一挥——准奏！

于是，当李谷率大军列阵于淮河北岸时，发现河对面连个影子都没有，还以为走错了地方。

天赐良机，时不我待！后周军队迅速在正阳（今安徽省颍上县西南）架好浮桥，雄赳赳，气昂昂，跨过了淮河。十二月，李谷大军抵达南唐重镇寿州。

| 行为艺术家 |

寿州（今安徽省寿县）地势极其险要，是经水路由淮河流域通向长江流域的重要门户，历来是兵家必争之地，史上最牛的以少胜多的著名战役——淝水之战就发生在这里。

寿州如果被攻破，后周大军既可以沿陆路进军庐州（今安徽省合肥市）、扬州（今江苏省扬州市）、泰州（今江苏省泰州市），又可以经水路直逼下游的濠州（今安徽省凤阳县）、泗州（今江苏省盱眙县）、楚州（今江苏淮安），将对南唐的淮河防御体系造成巨大的威胁，可谓牵一发而动全身。

形势万分危急!

南唐皇帝李璟立刻任命神武统军刘彦贞为北部战区前敌总司令（北面行营都部署），率军两万驰援寿州，同时任命奉化节度使皇甫晖为北部战区援军司令（北面行营应援使）、常州团练使姚凤为监军（应援都监），率军三万驻扎定远（今安徽省定远县），作为战略预备队，策应刘彦贞大军行动。此时镇守寿州的主帅正是南唐名将——刘仁赡。

面对后周大军咄咄逼人的气势，老成持重的刘将军冷静地选择了固守待援的策略。他没有辱没名将的威名，没有给李谷任何机会。一个多月的时间里，周军毫无战果，困坐寿州城下，进退两难。而此时，火速驰援的刘彦贞已经抵达了寿州附近的来远镇（今安徽省寿县西南），不过他并没有像大多数人所预料的那样，立刻去找李谷玩命，而是玩了一招更狠的。

刘彦贞派手下将领率上百艘战舰组成水军编队，浩浩荡荡地向正阳河面的周军浮桥直扑而去。浮桥被毁，后路则断。别说周兵不会游泳，就算会，这样的天气也得在水中活活冻死。

李谷闻知大惊，立刻撤围，退守淮河北岸，还一把火把自个儿的粮草烧了个精光——无奈啊，总不能留给南唐吧。

刘彦贞听说李谷连自己的粮草都烧了，大喜，不顾刘仁赡的苦劝立刻率军急追，生怕煮熟的鸭子飞了。可是，煮熟的鸭子这次真的飞了。一支部队的出现，挽救了李谷的大军。

原来，公元956年正月，心急火燎的劳动模范柴荣决定御驾亲征，行军途中就得到了李谷撤退的消息。柴荣一琢磨，料定南唐必会引兵追赶，于是立刻派遣大将李重进为急先锋，火速赶往正阳前线，截住南唐追兵，策应李谷回撤。

来得早不如来得巧。正当刘彦贞追得上气不接下气时，李重进率领的后周军神兵天降般突然出现在南唐军面前，只一个照面，就把刘彦贞打得找不着北了。

刘彦贞大吃一惊，遇上这么个不要命的家伙，只有躲的份儿了，于是急忙引兵后撤，仓促之间草草布阵。

刘彦贞的布阵方式很有特色，下面简单介绍一下。首先，在阵前用铁丝将绑着利刃的鹿角拒马围成一圈，作为第一道防线；然后，摆上一堆木雕老虎、木雕狮子之类的东东，用来吓唬战马，称之为"捷马牌"，是为第二道防线；最后，撒一

地的三角铁钉——铁蒺藜，用来吓唬人，作为第三道防线。刘彦贞则率领两万南唐士兵，远远地躲在防线后面，用一种充满怜悯的、渴望的眼神深情地注视着对面的后周将士，那意思其实很明白：你……你……你们，千万……千万别过来啊！

看着南唐的行为艺术家们在阵前神神道道地忙活了大半天，最终摆出来这么一个POSE，后周全体将士很快得出了一致的结论：胆——小——鬼！

李重进令旗一挥，后周大军一鼓作气，如猛虎下山，阵斩刘彦贞所部及麾下万余人，生擒南唐大将咸师朗及其所属数千人，缴获粮草辎重无数。

南唐首批救援寿州的部队损失殆尽，不过，李璟的噩梦才刚刚开始。南宋大诗人陆游更是将此战视为南唐丧国之始。

首战告捷，志得意满的后周世宗柴荣准备趁势一举拿下寿州，荡平淮南！

| 疯狂的石头 |

刘彦贞部全军覆没，驻扎定远的皇甫晖不敢贸然靠近寿州，他干脆避开周军锋芒，率军后撤至滁（chú）州（今安徽省滁州市）以北的天险——清流关，凭险据守。这样一来，寿州就陷入了孤立的状态，完完全全成了一座孤城。

柴荣决定大军全线压上，以泰山压顶之势将寿州压得粉碎。他征调了淮北八州的民夫数十万，修筑军用工事，打造攻城器械，配合数万大军昼夜不停地对寿州实施强攻。为了尽早拔下寿州这颗眼中钉，柴荣甚至动用了两件攻城的神器。

第一件是"石炮"，即用木头制作的巨型抛石机，利用弹射原理，将一块块巨石抛出，重重砸向守城一方。柴荣命令士兵用竹筏载着一门门大石炮，从寿州以北的淝水（今安徽省寿县北肥河）上向城内开炮，狂抛石头，从此，寿州城内便没日没夜地下起了"流星雨"，天天上演国产大片《疯狂的石头》。

第二件是"竹龙"，即用数十万根竹子编成一个可以移动的巨大攻城车，顶上修筑房屋、碉堡，装载士兵，攻击城池。柴荣命令士兵乘坐竹龙居高临下地射杀守城的南唐士兵，昼夜不息，随时招呼。更重要的是，竹龙底下有轮子，可以随时移动，一会儿往东，一会儿往西，寿州城随时随地都可能遭遇这个大怪物的袭击。

如此攻城神器，简直就是霸气侧漏啊有没有！从柴荣所使用的这些秘密武器，我们就可以看出他要拿下寿州的决心和魄力。

可是，刘仁赡实在是太强了！在这样强大甚至强大到有点变态的攻击下，刘仁赡率领寿州军民毫不畏惧地顽强抗击，多次打退了后周的进攻，而且士气高昂。将近一个月的狂轰滥炸，还是没有收到任何效果，寿州城依然屹立不倒！

此时，情报显示，驻守淮河下游涂山（今安徽省怀远县东南）一带的南唐军队有增援寿州的迹象，可能威胁后周军队的侧翼。为确保攻城部队的安全，柴荣命赵匡胤率军出击。

| 初露锋芒 |

艺高人胆大的赵将军率领100名骑兵（请注意这个数字），就向驻扎着万余士兵的南唐阵地发起了攻击。

什么？100人？！

驻守涂山的南唐主将何延锡简直不敢相信自己的耳朵。见过不要命的，没见过这么不要命的！100人就敢来劫营——赵匡胤，你欺人太甚！一直被后周军队追着屁股跑的南唐将士纷纷请命，要求出战。主将何延锡充分理解将士们的情绪，于是立刻率领全军，倾巢而出。

赵匡胤且战且走，引得南唐军一路北行。就这样，赵导游顺利地把南唐观光团带到了风景如画的涡口（今安徽省怀远县东北）。接下来的场景，就是我们所熟知的单田芳先生评书里的场景——一声炮响，伏兵四起……

这一仗，赵匡胤大获全胜！

后周部队歼灭南唐军数千，斩杀大将何延锡、姜元晖，并俘获南唐水军战船五十余艘，而这些战船也成为后来柴荣组建水军的基本家底，后周水军雏形由此而始。涡口之战后，南唐残兵仅余千人，驾着剩下的几条破船，向淮河下游的濠州方向逃窜了。

赵匡胤首次出战，初露锋芒，而这仅仅是一个开始，不久之后，他的名字将令南唐兵士瑟瑟发抖。

而在寿州城里被砸得满头是包的刘仁赡得知援军全军覆没的消息后，顿时沮丧万分。

唉！看来《疯狂的石头》还有续集……

| 目标——滁州！ |

乘着涡口之战的余威，柴荣命赵匡胤再次领兵出击，这次的目标是滁州。

滁州是出了名的易守难攻之地，看看欧阳修在《醉翁亭记》中的描述就很清楚了：环滁皆山也！尤其是滁州北面有一处天险清流关，位于两山峡谷之间，地势险峻，是通往滁州的必经之路。要破滁州，就必须先啃下清流关这块硬骨头！

此时镇守清流关的正是南唐北部战区援军司令（北面行营应援使）皇甫晖及其所统领的数万部队，对外号称大军十五万——古代战争经常玩点数字游戏，搞点数字恐吓，能不能打先不说，至少气势上不能输。

守将皇甫晖也非等闲之辈，是一员骁勇彪悍的猛将。他曾是后唐庄宗李存勖统治时期魏州兵变的主谋，正是他率先造反，并连砍两名将官之后，挟持赵在礼于魏州拥军叛乱，间接成就了李嗣源的帝业。

皇甫晖后来归顺了南唐，颇受皇帝李璟的器重，被委以重任。此次李璟更是对其寄予厚望，任命其为寿州后备救援部队的总司令，扼守南唐的北大门清流关，阻挡周军南下。

第十七章·

滁州！滁州！

公元956年二月，赵匡胤率军五千进抵清流关下。南唐军在皇甫晖的率领下，仗着地利，要么闭关不出，要么弓箭招呼，赵匡胤一时也无可奈何。如此险关要隘，凭蛮力强攻显然是不行的，只能智取。

｜智取清流关｜

正在赵匡胤一筹莫展之际，在附近侦察的小分队从当地乡民口中探知了一条重要情报——清流山侧面有一条小路，沟涧纵横，山峦起伏，异常险峻，十分偏僻，鲜为人知，平时少有人走，但此路可迂回绕过清流关，径直通向滁州城。

世上本没有路，走的人多了，便有了路。现在就是一脚一脚踩，也得把这条路给踩出来！在确认了情报的可靠性之后，赵匡胤很快作出了部署。

这天一大早，后周军摆好了阵势，又来到清流关前挑战，顺便"问候"皇甫晖。主帅赵匡胤更是亲自披挂上阵，充当"问候队队长"。为了纪念这个特殊的日子，赵匡胤还特意精心装扮了一番：新盔亮甲，战马脖子上围了一圈红缨。那番装束，远远望去，整个一西红柿炒鸡蛋（大家可自行脑补）。赵大将军的目的很明显，这是在霸气地告诉清流关的守军——爷就是赵匡胤！爷来了！

赵匡胤领着后周将士们从早上一直骂到晚上，连带着皇甫晖的七大姑八大姨都问候了N遍，南唐军就是无动于衷。眼看着后周军在清流关前动弹不得，只能逞逞口舌之能，南唐将士不免得意起来：赵匡胤也不过如此嘛！

夜色很快降临，骂得口干舌燥的后周军收队回营，被折腾了整整一天的南唐军也三三两两歇下了。

可是有一个人没有闲着。

在经过一天的现场表演之后，赵匡胤成功地制造了主力集结于清流关前的假象。趁着守军松懈之际，他留下部分老弱继续屯驻关前，自己则亲率全部精锐悄悄出营，沿着清流山侧面的小路急行。在山峦沟涧中经过一夜的艰难摸索，黎明时分，周军主力神不知鬼不觉地出现在清流关，神兵天降般杀向正在营中呼呼大睡的守军。

毫无准备的南唐军措手不及，大部被歼，主将皇甫晖连牙都没刷，套上裤衩就往滁州方向狂奔。

| 传说中的猛将兄 |

赵匡胤不依不饶，率军紧追不舍。皇甫晖前脚才到滁州城门口，赵匡胤后脚就到滁州城下叫阵——当然装束还是那身"西红柿炒鸡蛋"。

一大早还没睡醒就被这么折腾，任谁心情都好不了，皇甫晖好歹也是一员猛将，今天被赵匡胤折磨得如此不堪，心中怒火难耐，胸口那点残存的英雄气又涌了上来，于是横下一条心，高声应战，准备与赵匡胤一决雌雄。

可是，南唐士兵被赵匡胤这么一搅和，多多少少产生了畏惧心理，表现出明显的"恐赵症"。于是，当皇甫晖抖擞精神、放下吊桥、准备出城的时候，一部分士兵便不自觉地往后缩，城门口顿时乱成一团，部队阵形不但没有列好，主将皇甫晖反而被夹在其中，动弹不得。

天助我也！

赵匡胤抄起家伙，抱着马脖子策马直冲过来。已成惊弓之鸟的南唐士兵本来气势上就已经矮了三分，现在看到赵匡胤如此勇猛，更是吓得面无人色。

赵匡胤一边冲，还一边搞点恐吓：南唐兵将听好了！我只取皇甫晖一人首级，余者不问，挡我者死！

这边的南唐士兵正发愣呢，那边赵匡胤乘着加速度，以迅雷不及掩耳之势冲到跟前，一剑下去，正中皇甫晖脑袋。皇甫晖头部受到重创，跌落在地，被随后而至的周军捆成了粽子。

传说中的"百万军中取上将首级"重现江湖！

主帅被俘，军心涣散，滁州城随即而破。南唐兵士死伤两万，余者溃逃，南唐监军姚凤亦被赵匡胤生擒。

得知猛将皇甫晖被俘，爱才的后周世宗柴荣立刻召见，有意招降。身受重伤的皇甫晖见到柴荣的第一句话就是："臣向日屡与契丹战，未尝见兵精如此！"可见赵匡胤给可怜的皇甫哥哥造成了多大的心理阴影，而皇甫晖也终因伤势过重，数日后不治而亡。不过，他的那番话却从侧面反映了赵匡胤军事改革的成功，让赵匡胤在领导面前又大大地露了一回脸。正如《资治通鉴》中所总结的那样：征伐四方，所向皆捷，选练之力也。

涡口之战和滁州之战，上演了以少胜多的好戏，年轻的赵匡胤开始名震江北！

| 柴荣的胃口 |

清流关失守、滁州陷落，消息传来，把南唐皇帝李璟吓得不轻。滁州背靠长江天险，是南唐都城金陵（今江苏省南京市）的重要门户，一旦失陷，后周兵锋可直抵长江，威胁金陵。

惶惶不安之中，李璟速命泗州牙将王知朗乞和。这位牙将外交官是个什么级别呢？答案是：没有级别！因为牙将并不是正式的军衔，只是一种通俗的称谓。由此可见，南唐这次外交活动的级别实在低得有点可怜。

当时的李璟显然没有了解柴荣的真实意图，他以为柴大哥不过是缺钱花，找个由头来敲诈敲诈而已，因此开出的求和条件极为可笑：柴大哥，以后我南唐皇帝李璟就和你兄弟相称了啊，我的钱就是你的钱，手头紧没关系，发个微信说一声，我给你发红包啊！兄弟嘛，别客气！（称唐皇帝奉书，愿效贡赋，陈兄事之礼。）

柴荣对此不屑一顾：哼！你自己是个土财主，就以为我柴荣也么！打发叫花子似的来打发我，没睡醒吧！谁稀罕你那几个臭钱，留着给自己买一副好棺材吧！

很显然，这样的条件谈都不用谈，史书对此记载得很明确："世宗不答。"

忐忑不安的李璟只好再次遣使求和，而这次的外交级别明显上了一个档次，口气也软了许多。南唐两位副部长（侍郎）——翰林学士钟谟、文理院学士李德明受命出使后周，向柴荣奉表称臣，已经不敢再和柴荣称兄道弟，同时献上黄金白银数千两、丝绸锦缎上千匹、美酒二千石、牛五百头，表示愿意割让寿州（今安徽省寿县）、濠州（今安徽省凤阳县）、泗州（今江苏省盱眙县）、楚州（今江苏省淮安市）、光州（今河南省潢川县）、海州（今江苏省连云港市）六州，以求罢兵。

柴荣瞄了一眼清单，回答得更加干脆："等朕拿下金陵，用你们的国库犒赏三军！"

后周将士闻言欣喜若狂——发财的机会来了！

还谈什么谈？！

继续打！Come on!

| 老窦家的那点事儿 |

为了加强对新占领区的控制，风风火火的柴荣很快派官员来滁州接手地方行政事务，左金吾卫将军马承祚被任命为滁州市人民政府市长（知滁州府事），翰林学士窦仪被任命为滁州市财政局局长（籍滁州帑藏），赵普被任命为滁州军分区军事法院院长（滁州军事判官）。

滁州军区总司令赵匡胤对于地方官员的到来很是客气，毕竟现在自己刚刚混出点名堂，不能仗着手里有几杆枪就摆臭架子，还是要夹着尾巴做人，所以滁州城内文武官员相处得还是比较融洽的。

而且，没过多久，赵匡胤就发现柴荣给自己送来的这两个人，确实不一般！

一个是滁州市财政局局长窦仪。这位窦局长是蓟州渔阳（今天津市蓟县）人。窦家世代书香门第，在当地颇有名望。窦仪身为翰林学士，文才着实了得，不过更为夸张的是，窦仪的四个弟弟也都相继考上进士，上演了真实版的五子登科。背过《三字经》的朋友一定记得这句话吧："窦燕山，有义方，教五子，名俱扬。"说的不是别人，正是老窦他们家的事儿，窦燕山就是窦仪的老豆（广东话"老爸"的意思）。

窦仪做事一向坚持的原则是不卑不亢，敢于向领导当面陈述意见，直抒胸臆。柴荣对他也是青睐有加，屡加升迁，已经官至副部长级别（礼部侍郎）。此次奉柴荣之命，专程来滁州清点财物、登记造册、上缴国库。

就在窦仪清点库存的过程中，赵匡胤想从府库中拿几匹好绸缎，赏给那些跟着他浴血奋战的弟兄们。天冷了，将士们得多穿点啊。这时，窦仪出场了。

"赵将军，您刚攻下滁州城时，府库中的布匹钱财，您拿走多少都没关系，就是皇上也不会多说什么。可是现在情况已经不同了，既然皇上下诏命我清点财物，这府库之中的东西就已经是国家的财产了，那么就是一颗螺丝钉，也须经皇上同意才能调用。公事公办，请勿见怪！"还是那样不卑不亢，还是那样据理力争。搁在别的武将那儿，估计大嘴巴早就甩上来了，可是赵匡胤不仅毫无怒意，反而心生崇敬。

知过能改，闻过则喜，这就是赵匡胤的过人之处。对于这样一位坚持原则、敢作敢当的正直大臣，胸怀宽阔的赵匡胤打心眼里佩服，于是马上摆正坐姿道歉："先生教训得是，在下鲁莽了！"

这大概就是英雄惜英雄吧。

而此时，另一个人的到来更是让赵匡胤眼前一亮。

| 半部论语治天下 |

此人就是赵普，幽州人（今北京），一个性格内向、沉默寡言、不太爱读书、《论语》也就看了一半的人。这样一个人，就是踩着高跷，扔到人堆里，也不一定能鹤立鸡群。不过，赵普有一个与众不同的特点——喜欢思考（读死书往往是越读越弱智）。

他总是有事没事就一个人琢磨，因此肚子里的弯弯道道特别多，做任何事情都是想三步走一步，是个谋略家。但因为文凭不是很漂亮，赵普同学甚至连报考公务员的资格都没有，无奈之下，年轻的赵普只得走后门，靠老丈人的关系混入了公务员的队伍，在衙门里寻了一份小差事。

很快，谋略过人、办事老练的赵同学就引起了领导的重视，永兴节度使刘词（就是高平之战中的"金刀"刘词）将其收入幕府，当了秘书。

赵秘书的工作干得漂亮，为人也很热忱，领导刘词对他很满意，并在临终之前上遗表将赵普郑重地推荐给柴荣。为了寿州的事情，皇帝正烦着呢，柴荣想都没想，大笔一挥，就把这个军事判官的职位判给了赵匡胤。

赵普一到任，就抓住了露脸的机会。赵匡胤为了维持滁州的地方治安，派部下四处搜捕盗贼，手下人拿着鸡毛当令箭，为了完成领导下达的指标，干脆眉毛胡子一把抓，把一百多名老百姓也拉来凑数，准备一块儿给砍了。

军事判官赵普同志表示异议，认为没有查清楚就行刑，办事过于草率，万一草菅人命，后果不堪设想，强烈要求重审。又是一个坚持原则的人。赵匡胤拗不过，只得同意。不审不知道，一审吓一跳。审理的结果，所谓的盗贼，其实大部分是被冤枉的老实农民。经过仔细审核并报请赵匡胤批准之后，大部分人被无罪释放。

此事不大，政治影响却很大。滁州百姓盛赞赵匡胤仁德，民心大顺，赵匡胤由此意识到赵普的价值。对于胸怀大志的他来说，赵普的到来堪称如虎添翼，而接下来发生的一件事，更是拉近了两人之间的距离。

| 滁州的月亮 |

赵匡胤的父亲赵弘殷奉命率军攻打扬州，因受不了南方的湿气，在行军途中病倒了。请示柴荣后，赵弘殷将军务交接给韩令坤，转道滁州，一来养病，二来看望儿子。

"烽火连三月，家书抵万金"。浴血奋战、以命相搏的时刻，有家人来探望，比什么都珍贵啊！赵匡胤得知这个消息自然是欣喜万分。可是很不巧，赵弘殷到达滁州城下时已是晚上了，按照后周的军纪，为防止敌军趁夜偷袭，晚上一律不得开启城门。

身为滁州最高军事首长，赵匡胤很清楚自己肩上的责任。自古忠孝不能两全，忍受着内心极大痛楚的他只得站在城墙上含泪告诉父亲："我们父子血脉相连，可是守土保境是为臣子的职责，我不能因私废公，违抗王命，请父亲原谅。"无奈之下，赵弘殷只得在城外露宿一晚，第二天早上才被赵匡胤接入城中。

坚持原则、恪守军纪，也难怪柴荣这么欣赏赵匡胤。可是，经过这么一折腾，本来身体就不好的赵老爷子更加承受不住，病情日益沉重。心怀歉疚的赵匡胤日夜服侍、精心照料，然而战事紧急，很快，皇帝的诏书来了，柴荣下诏命赵匡胤率军火速增援扬州韩令坤部。

救兵如救火，可是父亲的病情让赵匡胤实在放心不下。正在左右为难之际，赵普挺身而出，主动表示愿意代其服侍老爷子，解除赵匡胤的后顾之忧。

赵普在关键时刻的大义之举令赵匡胤深受感动，他当即与赵普约为手足，永不相负，并将滁州军务悉数托付，再三拜谢之后，率军出发。从此，赵普在后方精心服侍、全力照顾老爷子，赵匡胤则在前方奋勇杀敌、屡建奇功。

真可谓十五的月亮，照在家乡，照在边关。你守在老爹的病床前，我厮杀在战场的第一线。军功章有你的一半，也有我的一半。

一番君臣际遇的千古佳话由此开始。

第十八章 · 龙翔之地

增援扬州事出有因。就在赵匡胤拿下滁州之时，鉴于寿州这块硬骨头硌得牙疼，柴荣干脆实行新的战略部署：绕开寿州，转而采取大纵深的攻击战略，命令韩令坤远程奔袭扬州。

扬州是南唐的东都，其地位类似于大唐王朝的东都洛阳，扬州一旦失守，必定产生巨大的政治影响，严重地打击南唐军民的士气。柴荣这一招够狠！

远在后方的扬州守军做梦也想不到，后周军队胆子这么大，敢深入本国腹地，因此在没有什么战斗准备的情况下，被韩令坤以数百精骑里应外合地顺利拿下。

扬州副市长（东都副留守）冯延鲁为了保命，干脆连"身体发肤，受之父母"的古训也顾不上了，把自个儿的脑袋刮了个油光锃亮，躲到庙里当起了和尚撞起了钟。不过，群众的眼睛是雪亮的，不得人心的奸臣冯延鲁最终被人举报，扔进了大牢。作为"五鬼"之一，他有幸成为两国开战以来战败被俘的南唐最高级别官员。

延鲁被逮，朝野震惊；扬州失陷，东南震动。随后，泰州（今江苏省泰州市）、舒州（今安徽省潜山市）、蕲州（今湖北省蕲春县）、光州（今河南省潢川县）相继投降，"淮南之地，已半为周有"。

| 领导的嫉妒心 |

前方作战屡屡失利，南唐的江北防线已经岌岌可危，惊恐万状的李璟再次遣使求和。

这次李璟终于派出了国家级别的代表团，南唐副总理（右仆射）孙晟、文化部长（礼部尚书）王崇质奉命出使。不过南唐似乎还是没有摸到柴荣的底线，虽然外交礼节更加谦恭，礼品清单也愈加丰厚，可是柴荣仍然是一副爱搭不理的样子。（辞益卑服，世宗犹不答。）

李璟就差没哭出来了：柴哥哥哟，您老人家到底想要啥子嘛？

还是前任使者钟谟聪明。自从上次出使之后，钟谟就一直留在后周，做进一步的"解释"工作，也慢慢摸清了柴荣的真实意图——"志在江北诸郡"。于是他主动提出派人返回南唐，劝说李璟将江北之地全部割让，两国休战罢兵。

这孩子真有眼色！

柴荣很高兴地答应了，并让钟谟的副手李德明返回南唐进行沟通事宜。钟谟没想到，他这个主意让李德明掉了脑袋。

原来，李德明回国后，盛赞柴荣英明神武，力劝李璟割让江北，以保平安。常说女人嫉妒心强，其实领导嫉妒心也不弱。在自己领导面前说别的领导好，李德明这下可犯了大忌。

宰相宋齐丘、枢密使陈觉等对柴荣提出的条件表示强烈反对，痛批李德明卖主求荣。本来就很不爽的李璟被激得大怒，在战场上讨不到便宜的他，索性斩了李德明来泻泻火。

随即，李璟下诏任命亲弟弟——齐王李景达为全国武装部队总司令（诸道兵马元帅）、枢密使陈觉为监军（李璟对自己的弟弟也不放心，后来的事实证明，坏就坏在陈觉这小子手上），率领边镐、许文缜等多员大将展开了大规模的自卫反击战。

| 扬州攻防战 |

先锋官——南唐右卫将军陆孟俊按照部署，从常州率兵万余攻打泰州。后周在泰州仅仅驻守一千余人，面对十倍于己的敌军（注意这个比例，到了另一个人

手上就会不一样），自然抵挡不过，泰州很快失守。陆孟俊挟战胜余威，直奔扬州而来。

刚刚纳了新夫人的韩令坤最近本来就肾虚，听说南唐大军兵临扬州城下，肾虚直接转化为心虚。小韩将军当机立断，迅速做出了重大决定——闪！

奉命增援扬州的赵匡胤此时率领两千精锐骑兵正在行军途中，刚刚到达六合（今江苏省南京市六合区），听到韩令坤擅自放弃扬州的消息，不禁又气又怒。赵匡胤当即命令部队就地驻防，同时宣布：扬州守军，胆敢后退，一到六合，就砍双足！

随后又派人给韩令坤捎去一封信："小韩同学，咱们是光屁股长大的发小。小时候打架、赌博你从来不认输，怎么现在动不动就想逃跑呢？如今正是国家危难之际，你责任重大。我丑话说在前头，国家事大，个人事小，咱们熟归熟，你要是还跑，可就别怪我不留情面了！"

韩令坤被赵匡胤激得脸上红一阵白一阵。仔细一想，与其给自己人砍，不如去砍外人——到底是个明白人啊！于是率军重返扬州，整军备战，顺便把送出去的新夫人又给接了回来，以示坚守扬州的决心（牡丹花下死，做鬼也风流，小韩同学想得倒是挺周到）。

此时，南唐大将陆孟俊刚刚率万余精兵抵达扬州城下，正准备安营扎寨之时，憋了一肚子火的韩令坤突然率军杀出城外，直奔陆孟俊大帐而来。

"小子，你犯规！我还没准备好呢！"

"少废话，扁的就是你！"

完全不按常理出牌的韩令坤把毫无心理准备的陆孟俊吓了一大跳，孟俊哥哥索性丢下部队，一路狂逃。

主帅溃逃，群龙无首，南唐军队瞬间土崩瓦解。仿佛打了鸡血的韩令坤汗毛倒竖，紧追不舍，一箭射落陆孟俊，将其生擒。

也活该陆孟俊倒霉。在南唐灭楚的战斗中，他作为南唐主将，曾经干过"族诛"的缺德事，而韩令坤新纳的小妾原籍就是楚国（今湖南湖北一带），而且偏巧其家人就是被这位陆屠夫屠戮殆尽的。这下风水轮流转，一报还一报，陆孟俊被韩令坤逮住后，最终在小妾的无敌枕边风的吹拂下，被小韩将军公私兼顾地痛杀祭旗了。

闻知先锋部队全军溃败、主帅陆孟俊被祭了旗，总司令李景达吓得浑身哆嗦，不敢再贸然进攻扬州，于是避开扬州，绕道瓜步渡过长江，率军两万向北进发，进逼六合。

｜六合突击战｜

得知后周大将赵匡胤正率军驻扎六合，已经患上"恐赵症"的南唐军开始犹疑不定。在摸不清赵匡胤虚实的情况下，南唐主帅李景达命令部队距离六合二十余里扎寨，全军待命。

赵匡胤此时只有区区两千人马，而李景达手里却有两万之众。一比十的比例，双方兵力悬殊。面对大兵压境的局面，赵匡胤并未慌张，他冷静地分析着战场局势。当得知李景达远离六合安营扎寨、深沟壁垒、故步自守时，赵匡胤不禁微微一笑。

呵呵，又一个刘彦贞！南唐的行为艺术家何其多邪！

于是，赵匡胤命令全军进入一级战备状态，但不准贸然出击。同时，他又下令：军中多扎营盘，多树军旗。

他稳坐钓鱼台，只等鱼上钩。

战场陷入了长期的安静，双方都在等待。一天过去了，两天过去了，时间仿佛静止了……

赵匡胤的部下不知道主帅葫芦里卖的是什么药，都憋不住了，纷纷请战。赵匡胤摆摆手，对战场形势进行了有理有据的分析。

"唐军离我们大老远的就设栅自固，只能说明一点：他们对我们心存恐惧，而且还没摸透我军的底细。现在我军只有两千人，兵力上明显处于下风，如果主动出击，让敌人侦知我们的虚实，那就不好办了。所以我令军中多扎营盘、多树军旗，目的就在于迷惑对方，令其不敢轻举妄动。且古语有云：一鼓作气，再而衰，三而竭。如今敌军主动摆出防御的架势，那就表明对方心中已有怯意。因此，我军只需拖住敌军，耗其锐气，静待时机，则一战可胜！"

众将闻言皆叹服。

果然不出赵匡胤所料，李景达被对面周军漫山遍野的营盘军旗吓着了，在摸不清周军底细的情况下，窝在城外数天的南唐军进也不是退也不是，士气日益低

落，每日只是固守自己的营盘，不敢露头。

而这段时间，赵匡胤却没有闲着，他派出了大量的间谍刺探南唐军的情报，绘制了详细的南唐营盘地图，并准确锁定了主帅李景达的司令部，对下一步战略战术做出了周密的部署。

在僵持了数日之后，李景达终于熬不住了。在部将的强烈要求之下，他只得硬着头皮派出小股部队出营，对六合实施试探性攻击，以期探探周军的实力。

等的就是你！

赵匡胤立刻下令以骑兵为主力，在中路实施强力突击，直取李景达的司令部，首先摧毁南唐军的指挥系统，同时命大将张琼率数百精骑，迂回至南唐营盘后侧，伺机包抄南唐军后路。

一声令下，铆足了劲的后周将士如同猛虎下山，以一当十，直插南唐中军大帐。进行试探性攻击的小股南唐部队没有料到后周军如此生猛，纷纷退却。兵败如山倒，前锋部队的后撤直接冲乱了后军的阵脚，南唐部队乱作一团。

赵匡胤趁机率军一路掩杀过来，直取南唐军的司令部。主帅李景达与众将被团团围住，力敌不过，一路自相践踏，慌忙后撤。整个军营乱成一锅粥，指挥系统完全瘫痪，剩下的只有一件事——跑！

李景达充分发挥了这一专长，在部将岑楼景的拼死保护下，他捡了条破船摇摇晃晃渡过了长江。他的士兵就没有首长那么幸运了，在逃跑过程中，南唐军被早有准备的赵匡胤部将张琼率军阻截，前后夹击，一阵痛打之后，大部分都被赶进江里喂了王八。

两千破两万！赵匡胤用一场堪称完美的突击战，宣布了属于他的时代已经到来！

| 军魂 |

六合之战的胜利向世人展示了赵匡胤的军事指挥才能，而接下来的一件事，则让将士们领略了他的政治远见。

正当全军上下还沉浸在胜利的喜悦之中时，赵匡胤就立刻召开了战役总结会兼全军政治工作会议。他命左右军法官将数十名士兵押出队列，一律正法！

刚才还笑嘻嘻的士兵们笑容顿时凝固了。打了胜仗，还要掉脑袋——Why？

赵匡胤黑着脸，要求大家摘下头盔，与这些要被正法的士兵的头盔进行比较，他们的头盔上均有一道剑痕——那是赵匡胤在督战时，看到畏首畏尾、消极避敌的士兵，用剑尖戳下的记号。

亲切和蔼的赵将军，顿时变成了杀人不眨眼的赵阎王。他厉声呵斥这些士兵贪生怕死、临阵脱逃，于军纪国法而不闻，于兄弟手足而不顾，实为害群之马、乱军之贼，理当阵法，以儆效尤。

这一招杀鸡给猴看果然令全军震动，军纪肃然。五代以来所形成的骄兵惰卒的风气，在那一刻登时改变。全体将士在这场生动的政治课后，终于深深地体会了"军令如山"的威严。

目光远大的赵匡胤已经悄然为这支部队注入了一股军魂——"静如处子、动若脱兔、军令如山、师出以律"的军魂！

| 封疆大吏 |

韩令坤扬州破敌、赵匡胤六合大捷，东南打开了全新的局面。然而，寿州城却好似一颗钉子，死死地钉住柴荣，进退不得，并且情况越来越糟。

原来，恰逢春夏之交，南方的雨季到来。淫雨霏霏，长达半月，淮河、淝河水位暴涨，柴荣的秘密武器——石炮和竹龙遭遇大水，冲至南岸，被对面的南唐守军缴获。屡受其害的南唐士兵恨得咬牙切齿，一把火将后周军的秘密武器烧了个精光。大雨还导致后周营寨水深数尺，行动艰难，将士们水土不服，病死甚多。

在宰相范质的苦谏之下，公元956年五月，柴荣只好下诏任命李重进为庐州和寿州战区总司令（庐、寿都招讨使），率军一万继续围攻寿州，并指挥整个淮南战场，自己则率大军返回首都开封，同时召赵匡胤父子回京。

赵匡胤接旨后，安排好六合的防务，便迅速启程前往滁州探望父亲。此时，赵弘殷在赵普的精心照料下，病情已经大有好转，身体状况有了明显起色。赵普同学把老爷子当亲爹般侍奉的奉献精神，让赵匡胤在内的全体家族成员深受感动。从此以后，赵家上上下下就不再把赵普当外人。而赵普也终于得到了领导发自内心的认可，成为赵匡胤革命生涯中最亲密的战友。

立下大功的赵匡胤携父亲及赵普一同返京之后，立刻被柴荣委以重任，凭军功晋封为同州（今陕西省大荔县）定国军节度使，正式迈入了封疆大吏的行列。

同时，柴荣加封赵弘殷为检校司徒（名誉头衔），兼天水县男（男爵）。公、侯、伯、子、男为古代的爵位，男爵虽然为最低一级，但赵老爷子终于迈入了贵族的门槛。

当其时，赵弘殷、赵匡胤父子俩"分典禁兵，一时荣之"。而新科节度使赵匡胤也没有忘记赵普的恩德与才华，在他的竭力保荐下，赵普升任定国军节度推官（相当于秘书）。从此，赵普正式成为赵匡胤的第一谋臣。

节度使位高权重、声名显赫。上马管军，下马管民，封地之内，令行禁止，权力大得吓死人。五代时期的地方割据政权几乎无一例外地是由地方节度使演化而来的。从朱温到李存勖，从石敬瑭到刘知远，哪个不是凭此职晋身帝位、龙飞九五、问鼎中原的！

赵匡胤凭征伐淮南之功获得此位，不仅是他个人的幸运，更是他子孙的福祉。若干年后，赵匡胤的侄孙——宋仁宗赵祯特意在爷爷曾经战斗过的地方——滁州，建起了一座巍峨的端命殿，勒石以记之："太祖历试于周，功业自此而成，王业自此而始。"由此可见，被委任为节度使，实在是赵匡胤政治生涯中的一个重要转折点。

这一年，赵匡胤仅仅二十九岁！

第十九章·二征淮南

一征淮南，心高气傲的柴荣在寿州碰了个大钉子。究其原因，除了守将刘仁赡是个牛人外，南唐强大水军的威胁也是一个重要因素。史载："初，帝（柴荣）之渡淮也，比无水战之备，每遇贼之战棹，无如之何，敌人亦以此自恃，有轻我（后周）之意。"

"北人惯骑马，南人惯行舟"，自古皆然。后周没有像样的水军，是制约后周军力的一大障碍。按照"短木板"理论，要提升后周军队的整体战斗力，最好最快的办法就是提升水军的实力。

但是，要让坐个船都吐三吐的北方士兵成为纵横江海、出入湖泽的水兵，谈何容易！不过，柴荣是个不信邪的主。晕船怕什么，吐啊吐的，不就习惯了嘛。

| 钢铁之师是怎样炼成的 |

刚刚回到都城的柴荣，马不停蹄地着手组建水军。他将南征中缴获的南唐战舰全部拖到了首都开封，并立刻组建国营造船厂，日夜打造战船。很快，后周便拥有了一支数百艘战船组成的庞大舰队。

柴荣又下令将数千南唐俘虏从监狱里提溜出来，转变身份，统统任命为水军教官，教后周士兵习练水战之法。

在劳动模范柴荣的严格监督之下，数月之后，一支编制完备、武装精良、军

容严整、士气高昂的强大水军展现在世人面前，史载"未几，舟师大备"。更为夸张的是，"数月之后，纵横出没，殆胜唐兵"——这支新军居然青出于蓝而胜于蓝，比专门在水面上讨饭吃的南唐军还要生猛。

柴哥哥，请收下我的膝盖！

这样的工作精神，这样的运转效率，实在让人不得不佩服。工作狂人柴荣显然对自己的杰作也很满意。接下来，就是实战检验的时候了。

｜水能载舟，亦能覆舟｜

就在柴荣闭关修行、狂练水军之时，南唐的李璟哥哥也没闲着。公元956年五月，李璟诏命南唐大将朱元统领大军，光复江北。恰在此时，后周军队遇到了大麻烦。政治低能儿李重进用行动证明了他是一个只懂统兵打仗、不懂如何收服人心的赳赳武夫，由此也可以看出郭威在选择继承人上的先见之明。

最初，腐败的南唐政府横征暴敛，江北百姓很有情绪，因而后周军进驻江北之地时，老百姓还自发地箪食壶浆、慰劳后周军。此时李重进如能把握好，不仅可拿下江北之地，更可收服民心。可是，头脑简单的李重进从来没有把淮南的百姓视为大周的子民，压根没有领会柴荣的战略意图，他将此次军事行动的目的理解得颇为简单——打劫。这种幼稚可笑的想法，使得李重进把打仗当成了发财的机会。

不许笑，严肃点，我们这儿打劫呢！

于是，在李大帅的身先士卒下，后周士兵"专事俘掠，视民如土芥"，不但不对江北百姓加以抚慰，反而大肆劫掠财物，当然，顺便劫个色也是可以理解的。

水能载舟，亦能覆舟。

既然后周的这艘船容不下江北百姓，百姓自然也就用不着客气了。于是，江北百姓自发组织起来，另起炉灶，啸聚山林，凭险自固，与后周正规军实打实地干了起来。

群众的智慧是无穷的，没有盔甲，农民兄弟就用白纸裁剪做成纸盔甲，号称"白甲军"；没有兵器，农民兄弟就拿挖土种地的锄头、挑水挑肥的扁担当武器，展开了丰富多彩、形式多样的全民健身运动。

在南唐正规军面前风光无限的后周部队，在这些看似纸糊的"白甲军"面前却成了真正的纸老虎，"屡为所败"。

本来开局抓了一副好牌，愣是被李重进打烂了。

┃鹬蚌相争┃

奉命出征收复失地的南唐大将朱元因势利导，驱策民兵，利用江北百姓的力量，趁势收复舒州（今安徽省潜山市）、和州（今安徽省和县）、蕲州（今湖北省蕲春县）等地，兵锋直指扬州和滁州。

留守扬州的后周淮南节度使向训，面对内忧外困的局面，不得不放弃扬、滁两州，收缩战线，率军回撤。

这本是一个重大战机，如果此时唐军果断出击、占据地利、沿途设伏、节节狙击的话，那么已经后撤失去根据地的周军将遭受重大损失。可是，这样一个稍纵即逝的战机，被南唐宰相宋齐丘一句话给轻易葬送了："击之怨深，不如纵之以为德。"

这个时候还念念不忘"以德服人"，南唐的"道德妄想症患者"还真是不少。可见，"书生误国"绝非虚言。

拜宋书生所赐，后周军在南唐军的眼皮子底下招摇过市，从容会师于寿州城下。虽然兵力未受损失，但后周曾经夺取的江北数州还是复归南唐所有。

得知消息的柴荣出离愤怒，无奈闭关时期，谨防走火入魔，只得忍气吞声，全力操练水军，同时严令淮南战区总司令李重进重兵集结于寿州，分兵扼守要道，深沟壁垒，严加防范。寿州城下的后周部队一时间声势浩大。

大兵压境，攻城甚急，南唐寿州守将刘仁赡有点吃不消了，加急信粘着鸡毛一封接一封地发到李璟手里。

公元956年，南唐保大十四年七月，李璟再次下诏命齐王李景达率军五万增援寿州。可是李王爷显然被赵匡胤打怕了，心有余悸的他将部队拉到濠州之后，就再也不敢前进半步，还美其名曰"遥为声援"。

南唐急先锋林仁肇坐不住了，主动请缨，率水军直扑后周设置浮桥之地——下蔡（今安徽省凤台县），欲断周军退路。此时屯兵驻守下蔡的正是时任后周中央殿前禁军总司令（殿前都指挥使）的张永德。张总司令闻知南唐援军来袭，立刻调兵遣将，严阵以待。林仁肇见周军已有防备，马上想到了千百年来为军事家屡试不爽的狠招——火攻！

南唐水军以船载薪，顺风纵火，直冲后周军浮桥而来。俗话说，千好万好不如命好。正在张永德束手无策、千钧一发之际，风向居然完全变了！这场火攻的最终结果是：林仁肇被自己点的火烧了个屁股冒烟，狼狈遁逃。

人算不如天算。

唉，点背不能怨社会啊！林哥哥，慢走……

趁着南唐水军后撤之机，张永德连夜开炉打铁，制成了碗口粗的数根大铁链，贯穿大江两岸，称之为"锁江"，目的很明确：防止南唐军再用火攻偷袭浮桥。毕竟，人不能指望靠运气混一辈子。

张铁匠打铁打上了瘾，又打出了一个全新的创意。他派出善于泅水的敢死队，在没有任何潜水设备的情况下（当然，那时也不可能有），下潜至南唐军战船底部，用铁链将其牢牢锁住。

第二天一开战，南唐士兵发现任凭自己怎么玩命地划，战船就是纹丝不动。正发愣呢，周军已经顺着河边小路窜到船上来了。拿惯了桨的南唐士兵哪是拿惯了刀的后周士兵的对手，南唐军大败，十几条高级战舰全部成了后周的战利品。

连胜两场的张铁匠，仗着运气好、手艺好，越来越看不惯久战无功的另一禁军大佬李重进。这么一个未建寸功的家伙，丢了淮南N多重镇，却还是稳居高位，级别居然比我还高，真是越想越气啊！

张永德干脆一纸奏章上疏朝廷，"善意"地提醒皇帝：要注意这个只吃饭不干活的家伙，他现在手握重兵，恐怕靠不住啊。

中国人喜欢窝里斗也算是一个老传统了。柴荣只好亲自出来当一回和事佬，做一番解释安抚工作，并新设了一个"殿前都点检"的职位（请记住这个职位），由张永德担任（张永德的殿前都指挥使一职由赵匡胤接替），在级别上将张永德拔高到与李重进同级。虽然暂时平息了事态，但是二人之间已经深深地埋下了猜疑的种子。

| 火线出击 |

后周显德四年（957年）正月，寿州已经被围困一年多了，城中粮竭兵疲、人困马乏。

坐镇濠州"督战"的南唐援军总司令李景达，无奈之下只得派遣猛将朱元等人率军沿淮河溯流而上增援。援军进抵紫金山（今安徽省寿县东北，位于淮河南岸），扎下十几处营寨，与寿州城遥相呼应，寿州城下的后周军队面临腹背受敌的危险。

前线军情告急，超级工作狂柴荣再也憋不住了。二月，他任命后蜀降将王环为水军总司令、赵匡胤为陆军先锋司令，亲率大军二征淮南。

值得一提的是，此时，赵匡胤的父亲赵弘殷因病去世不久，赵匡胤正在家里守孝，但是军情紧急，柴荣下诏夺情起复，命令赵匡胤火速出征。后周帝国需要这员猛将。接到命令，赵匡胤只得在父亲灵前深深叩头，带着对父亲的无尽思念，眼含热泪，整装出发。

此时的淮南战场上，局势颇为微妙。为了运输粮草接济寿州，南唐士兵在猛将朱元的率领下干起了泥瓦匠的活儿——沿着紫金山南麓修筑了一条绵延几十里的甬道。

急先锋赵匡胤一眼就看出了战役的关键所在，于是没有和朱元废话，率领先锋部队直奔甬道，三下五除二，来了个推倒胡！南唐人辛辛苦苦修起来的生命脐带被赵匡胤一刀给剁了，顺便还搭上三千南唐士兵的性命。

赵匡胤乘胜追击，率大军连克紫金山数座营寨，将南唐援军打得不敢露头。从不心疼钱的南唐人此时来了个锦上添花——又送了份大礼。

| 小人的逻辑 |

原来，南唐援军虽然以齐王李景达为统帅，但是实际上都是由监军——"五鬼"之一的陈觉说了算。关键时刻，往往是小人作乱的最佳时机。

陈觉一向与朱元不和，眼瞅着最近朱将军顺风顺水，接连收复江北诸多城池，陈老鬼肚子里的邪火就一阵一阵地往上蹿。于是，陈领导决定给最近表现太火的朱元浇点冷水，清醒清醒——别忘了领导始终是领导。

也难怪孔老夫子一提到小人就头疼，这些家伙的思维方式确实不正常。陈觉以朱元曾是后汉三镇叛乱之首李守贞的部下为借口，直接从根儿上对朱元同志的人品进行了根本性的否定，而逻辑很简单：乱臣贼子的手下必定也是乱臣贼子。陈领导由此得出了最终结论：朱元此人"反覆难信"。其实潜台词就是：朱元再有才又如何，人品不行啊，弄不好又是一个李守贞。这也是中国人的老传统了：对人不对

事，动不动就归纳到道德层面，以贬损他人人格为荣。

耳根子软的李景达居然听信了陈觉的谗言，决定解除朱元的职务，派大将杨守忠接任。

火线换将，兵家大忌。朱元当然不会坐以待毙，这位曾经连克五城、为南唐立下汗马功劳的猛将，索性带着手下一万多将士连同紫金山的防守阵地，投降了后周。

笑纳了这份大礼后，柴荣立即命令赵匡胤率军趁势一股脑儿地扫平了紫金山的南唐营寨，寿州外围的南唐援军全线溃退。

寿州再次暴露在后周军队的铁蹄之下！

| 名将本色 |

在经历了一年多的狂轰滥炸后，寿州军民多半升级为南极仙翁——人人头上都有一个巨夸张的包！这样的攻城战，不仅寿州城内的南唐士兵快要崩溃了，就是城外天天扔石头的后周士兵也基本处于崩溃边缘。现在唯一可以寄托一丝希望的援军，也被赵匡胤收拾得干干净净，寿州军民的心情用绝望来形容一点儿都不过分。

可是在这人心涣散、岌岌可危之际，已经身染重病的刘仁赡再次展现了名将本色！

刘仁赡的儿子刘崇谏眼见老爸病得奄奄一息，城外援兵断绝，于是在走投无路之下，背着老爸准备奔逃至后周军大营私自投降，结果在泛舟渡江之时为军士截获，事情泄露，执法如山的刘仁赡在亲情与国法面前毫不手软——"立命斩之"！全体将士为之求情，刘仁赡依然不为所动，刘崇谏终被处斩。

刘仁赡大义灭亲的举动深深感染了寿州军民，于是"士卒皆感泣，愿以死守"，寿州城再次上下一心、同仇敌忾。

在坚如磐石的寿州城面前，所向披靡的柴荣也不得不暂时绕开这颗讨厌的钉子，命赵匡胤率陆军沿淮河南岸东行，同时命令王环统领水军顺流而下，水陆并进，亲自督战，紧紧追击从紫金山溃退的南唐部队。

此时，南唐援军总司令李景达和监军陈觉正好率领后续的援军部队从濠州向寿州进发（这两位活宝居然在濠州观战了大半年）。两军于淮河之中巧遇，于是，一场遭遇战不可避免地打响了。

| 馒头！馒头！ |

柴荣亲自锤炼出来的水军没有辜负领导的厚望，求战心切的后周水军将士二话不说，一个猛子就扎了下去，一仗下来，南唐水军被彻底震撼了——这些大半辈子没玩过水的后周兵，才几天不见，怎么就比泥鳅还滑溜了呢？！

被揍得找不着北的南唐水军终于集体崩溃，或降或逃，溃不成军。主帅李景达拽着监军陈觉仓皇逃奔往都城金陵，南唐寿州援军先锋（应援使）许文缜、援军前敌总指挥（都军使）边镐被生擒，军士死伤多达四万，难以计数的辎重粮草全部成了柴荣的战利品。

南唐经此一役，元气大伤。曾经引以为傲的水师也在此战中遭到了后周新建水军的重创，逐渐丧失了水战中的主导权。

增援寿州的南唐部队全军覆没，然而寿州城的刘仁赡仍然在凭借顽强的意志坚守孤城。面对这样一个倔老头，心高气傲的柴荣也是无可奈何，他干脆改变策略，命令部队停止攻城，由军事进攻转为政治攻心，正所谓"用兵之道，攻心为上，攻城为下；心战为上，兵战为下"。

于是，后周军队开始频繁地"耀兵城下"，不是整个阅兵仪式，就是弄点军事演习，顺便搞个阵前美食节，蒸一大堆包子、馒头，馋得城头上的南唐守军哈喇子直流。

馒头！馒头！南唐的弟兄们，来吧，馒头！

心力交瘁的刘仁赡终于卧床不起，陷入了昏迷状态。已经饿得不成人形的南唐守军，在南唐寿州监军周廷构、守军副司令孙羽的带领下，勒紧裤腰带，冒充刘仁赡之名投降，寿州城最终失陷。

这颗折腾了后周将近两年的水泥钢钉终于被彻底拔除，柴荣不禁长出一口气。而此时，他最想得到的恐怕不是寿州的降卒和军资，而是那位忠贞不屈的名将刘仁赡。

这位可怕的对手到底是个怎样的人？

| 名将之殇 |

柴荣见到刘仁赡时，这位可怕又可敬的对手已经完全不省人事了。看到这个

骨瘦如柴、形容憔悴的老人就是凭一己之力独自支撑江北战局的南唐悍将，柴荣不禁心生感慨，嗟叹不已。对于这位忠贞不渝、大智大勇的将军，柴荣甚为敬重，乃拜其为检校太尉兼中书令（荣誉头衔）、天平军节度使，并赐予玉带、御马等厚礼。

然而，已经为寿州耗尽心血的刘仁赡再也无福消受了，或许是冥冥之中自有天意，刘仁赡在后周皇帝柴荣下诏厚赏的当天即逝世，"不能受命而卒"，终于为他心中的南唐帝国尽忠效死，也算是成全了平生夙愿。

在坚守寿州的五百余个日日夜夜里，作为最高军事首长的刘仁赡始终战斗在第一线，与寿州军民同甘共苦、不离不弃。既要操持军务，又要赈济百姓。睡不解刀，寝不卸甲，以一城之力对抗几乎一国之军，其顽强的战斗精神和坚定的战斗意志，实在令人敬佩，不愧为"智信仁勇严"皆称其实的一代名将！

能谋善断，凭坚固守，是为智。

赏罚分明，公正无私，是为信。

爱民如子，同舟共济，是为仁。

身先士卒，无畏无惧，是为勇。

军令如山，辕门斩子，是为严。

这位真正的名将不仅赢得了南唐的尊敬，更赢得了对手的尊敬。

刘仁赡死后，后周皇帝柴荣追封其为彭城郡王，并以郡王之礼厚葬。得知消息的南唐皇帝李璟也是悲痛万分，追赠其为太师（"三公"之一，至上的荣誉头衔），在宫内置办香案，焚香超度，追思英灵。

一代名将刘仁赡的逝世，是柴荣的大幸，却是李璟的大不幸。从此，南唐失去了寿州这块极具价值的战略要地，而更重要的是，李璟失去了一位智勇双全的猛将、一位忠心耿耿的直臣。

一滴水珠也能映照太阳的光辉。纵观历史的长河，寿州保卫战所占的篇幅极少，然而它所折射出来的忠贞、仁义、坚毅、顽强的人格光芒却穿越长长的时空隧道，永不消逝。

难怪柴荣评价道："刘仁赡尽忠所事，抗节无亏。前代名臣，几人堪比！"来自对手发自肺腑的评价才是最为公正的评价。

刘仁赡，真英雄！

| 赵匡胤的秘诀 |

寿州已下，笼罩在心头将近两年之久的阴霾终于一挥而去，柴荣的心情是格外的好。

寿州是南唐的北大门，如果说南唐是个保险箱，那么寿州就是这个保险箱的钥匙。现在这把钥匙已经牢牢地攥在手里了，柴荣心里的石头自然也就落了地。

然而此时南方的雨季到来了，这样的天气对于大规模的远程军事行动显然极为不利。于是，柴荣决定班师回京。反正钥匙已经装兜里了，什么时候想过来刷个卡取点钱，小case嘛。

在安排好江北战区的整体防务之后，柴荣率军凯旋。二征淮南之后，赵匡胤凭军功再次获得拔擢，被封为滑州义成军节度使、检校太保（名誉头衔），仍兼殿前都指挥使。

战无不胜、攻无不克的赵匡胤已经成为柴荣眼中的勇将兼福将，别人搞不定的事一放到他手里，全部都能摆平！这就是赵匡胤的过人之处：不仅能干，而且干得漂亮！

第二十章 · 三征淮南

经过大半年的休整，后周显德四年（957年）十月，柴荣再次集结大军，三征淮南。此次战役的首要目标直指寿州下游的濠州和泗州。赵匡胤作为后周的主力大前锋，当仁不让地再次领军出击。

南唐军在濠州城东北的十八里滩上建起层层栅栏，利用四面环水的有利地形，企图阻击周军，拱卫濠州。十八里滩紧邻淮河南岸，烟波浩渺，芦荡飘香，风景那是相当优美啊。这么一个五A级风景区被南唐部队折腾成了一个大木桶，柴荣不禁皱了皱眉头。

南唐这群傻大兵，把这么好的一块休闲绿地整成了一个练兵场，天天舞刀弄枪、凶神恶煞、咋咋呼呼，成何体统！刀枪棍棒到处乱扔，砸到小朋友怎么办？就算砸不到小朋友，砸到花花草草也不好嘛。是该好好打扫打扫了！

就在柴荣琢磨着拿骆驼当船用渡过淮河时，急先锋赵匡胤看出河水不深、骑马涉水完全可行，二话不说，扑通一声骑着战马率先跳进河里。榜样的力量是无穷的，后周骑兵纷纷效仿，一个接一个地往河里蹦，在南唐部队的眼皮子底下强渡淮河，抢滩登陆。

对岸的南唐守军完全没有料到赵匡胤有这么一手，一个个看得目瞪口呆。赵匡胤此举充分证明，在猛将兄手里，马是可以这样骑的！

还没有回过神来的南唐守军，被迅速登陆的赵匡胤部队揍得满地找牙、抱头鼠窜。很快，环卫队长赵匡胤就如风卷残云般，将十八里滩打扫得干干净净、整整齐齐。后周大军在淮河南岸迅速站稳了脚跟。

| 濠州！泗州！ |

南唐濠州市长（濠州刺史）郭廷谓眼见不敌，准备投降，可是对于郭市长来说，投降是一个技术活：他的家人都在金陵，郭市长自己投降不要紧，留在京城的老爸老妈可就惨了。

于是，郭廷谓派使者乞求柴荣给点时间，让他先把离职手续办了："臣不能守一州以抗王师，然愿请命于唐而后降。"

新老板柴荣很大度，批示：同意！

郭廷谓又急急忙忙给李璟打了封辞职报告，并要求投降后周。

旧老板李璟倒也通情达理，照样批示：同意！

于是，揣着两份批复同意的报告，郭廷谓献出濠州而降（郭廷谓：我容易吗我！）。柴荣马不停蹄，命赵匡胤率领陆军沿河东行，自己则亲率水军顺流直下，水陆并进，向泗州进发。很快又在洞口（今安徽省凤阳县东）大败南唐水师援军，斩首五千，俘虏二千，缴获战船三百余艘。

急先锋赵匡胤充分发扬了连续作战的优良作风，趁势率军直趋泗州，连砍带劈、连削带打，一顿狂殴之后，惊慌失措的泗州守将范再遇举起白旗，献城投降。

赵匡胤严肃军纪，禁止掳掠。入城之后，秋毫无犯，泗州百姓大喜，争相慰劳后周军——总算遇到个好领导啊！仅此一点，赵匡胤与李重进高下立分。

濠州、泗州失陷，南唐淮河防线已经被完全撕开，下一个目标——楚州！

| 清口闪电战 |

十二月初，柴荣率大军水陆并行，直趋楚州。连战连捷的后周大军势如破竹、军威大振，将士们心情好得都唱起歌来，史载"声闻数十里"：这里的山路十八弯，这里的水路九连环，这里的山歌串对串，这里的……

心情舒畅的柴荣皇帝也不禁哼一哼小曲：我得意地笑，我得意地笑……

然而，后周将士的好心情很快被一个人给搅浑了。此人就是张彦卿，南唐楚州警备区司令（楚州防御使）。尽管南唐淮河防线全军溃退，各地守将或降或

逃，然而忠心耿耿的张彦卿却固守楚州城，誓死不降，后周大军在楚州遭到了顽强的抵抗。

南唐江北战区援军总司令（江北都应援使）陈承昭趁机率军屯驻清口（今江苏省淮安市清江浦区），与楚州成掎角之势，遥相呼应。

关键时刻，柴荣又想到了救火队长赵匡胤，立刻命令赵先锋领兵出击。赵匡胤紧急调集水师，沿淮河北上，大军直逼清口。

去往清口的水路一向比较偏僻，且水草密布、泥淖纵横，对于大军的行动极为不利。后周水师若从正面突破并非易事，南唐主帅陈承昭正是看中了这一点，才放心大胆地在清口扎营。然而，这些困难在赵匡胤的面前就称不上困难了，恰恰相反，这看似困难的局面反而成了绝佳的战机。

赵匡胤集结全军，召开了战前动员大会，分析了周军在整个江北战场的有利形势，并着重强调了南唐国库的含金量。全军将士两眼放光，士气高涨。

在准备了必要的钩扒、竹捞等疏浚工具之后，赵匡胤率军趁着茫茫夜色向清口进发，全军上下求战心切，一路上披荆斩棘、争先恐后，顺利地通过了这段看似艰险的水路，于第二天拂晓抵达了目的地——清口。

而此时，清口的南唐军还处于睡眠状态。赵匡胤乘其不备，率领后周水师快速登岸，直冲南唐营。毫无准备的南唐军被打了一个措手不及，李璟最后的精锐部队——南唐淮海水师遭到了毁灭性的打击，几乎全军覆没，统帅陈承昭被生擒，三百余艘战舰连带七千水军被俘。

经此一役，南唐引以为傲的水上优势彻底丧失，从而永远地失去了翻身的本钱。

┃楚州！楚州！┃

消息传来，楚州城内军心动摇，一时间投降之声甚急。张彦卿的儿子张光祚于军前泣谏，苦苦哀求老爸献城归降。张彦卿二话不说，将主张投降的儿子亲手斩杀！

又一个刘仁赡！历史总是惊人的相似。

可见，南唐的忠臣良将还是有的，可惜李璟不会用人啊！

张彦卿将儿子的脑袋传首三军，于是"将士皆感奋，愿死战"。后周大军又遇上一个钉子户。刚刚取得清口大捷的赵匡胤火速增援，协助大军围攻楚州。

在接下来的一个月里，泰州（今江苏省泰州市）、海州（今江苏省连云港市）、天长（今安徽省天长市）等地均望风归附，唯独楚州岿然不动。后周大军被逼得在楚州城下过了一个年。

后周显德五年（958年）正月，柴荣亲临前线督战。攻城部队最终动用了炸药，将楚州城炸开了一个大口子，大军从缺口处冲入了城内。宁死不降的张彦卿率残兵继续顽抗，与周军展开了短兵相接的巷战，层层设防、步步阻击，战斗进行到了白热化的程度。

最终，南唐楚州守军总司令张彦卿、楚州监军郑昭业连同一千多南唐军士均力战而死，无一乞降。后周军队损失惨重，遭遇了此次出征以来的最大挫折，部队的伤亡人数大大超出了柴荣的心理承受底线。一怒之下，头脑发热的柴荣下令屠城。"周兵怒甚，杀戮殆尽"。

这大概是柴荣一生唯一的污点。

可怜的楚州百姓！

| 征服 |

楚州城破之后，柴荣挥师东指，命韩令坤奔袭扬州。

早在柴荣二征淮南班师之际，李璟为了阻止后周继续南下，对扬州实施了"焦土政策"，将一个繁华的南唐东都烧成了一片废墟。哼！我得不到的，你也别想得到！

韩令坤不费吹灰之力就拿下了已是一片焦土的扬州，顺便旧地重游。紧接着，柴荣下诏疏浚楚州附近的老鹳河河道，后周水师从此可以由淮河直通长江。

截至显德五年二月，距离柴荣出兵才短短四个月时间，南唐江北诸州就已经大部陷落，后周陆军进驻长江北岸、水军开始游弋长江，南唐门户洞开，首都金陵已经暴露在后周面前。

柴荣这下也不着急了，他又使出了惯用的政治手腕，命令后周水军时不时搞点军事演习，沿着长江武装游行一番，敲锣打鼓，喊声震天。长江南岸的李璟被吓得寝食难安、如坐针毡，立刻遣使，再次乞和。

李璟这次吓得不轻，在几番讨价还价之后，终于舍下了血本。

一、南唐献出庐州（今安徽省合肥市）、舒州（今安徽省潜山市）、蕲州（今湖北省蕲春县）、黄州（今湖北省黄冈市）四州，两国划长江为界。

二、南唐帝国改称"江南国"，原皇帝李璟自愿取消帝号，改称"江南国主"，奉大周为正朔，向大周帝国称臣，岁岁纳贡。

三、献银十万两、绢十万匹、钱十万贯、茶五十万斤、米麦二十万石，犒劳大周帝国威武之师。

已经被打趴下的李璟此时心胆俱裂，唯一的希望就是后周军不要过长江，所以什么江北之地、什么淮南一线，也就顾不得那么多了。

尊敬的柴皇帝，您那么喜欢江北，爱拿就全拿去吧！算我孝敬您老人家了！

噢，就这样被你征服……

至此，柴领导终于笑了。

显德五年四月，安排好江北各州的地方政务后，柴荣率大军班师回京，奏凯而还。柴荣三征淮南，历时三年，终令南唐——这个当时南方最为强大的割据政权彻底臣服，将南唐长江以北的十四个州、六十个县收入囊中，大大扩充了后周疆域，增强了国力，奠定了日后统一中国大部的基础。

失去了江北富庶之地的南唐，从此只能凭借长江天险，在后周帝国的威慑下苟延残喘，等于被判了死缓，并最终被后来的宋太祖赵匡胤执行了死刑。

同时，由于南唐的惨败，引得四邻震动，柴荣的威望急速飙升，南汉、南平、吴越等国纷纷遣使称臣。王朴《平边策》中的"得吴，则桂、广皆为内臣，岷、蜀可飞书而召之"果然应验！

第二十一章 · 五代改革家

昔日"南唐皇帝"、眼下"江南国主"的李璟，刚刚安分了两天，就又不老实了。

在三征淮南的战争中，表现最为抢眼的无疑是后周主力大前锋赵匡胤，这位有勇有谋的猛将兄自然引起了李璟的不安。现在虽说两国已经划江为界，可是万一哪天柴荣来了兴致，准备到江南来"狩猎"的话，那么开路先锋肯定还是这个姓赵的家伙，不得不防啊！

于是，李璟派人渡江给赵匡胤送来了一封信，还偷偷塞了个大红包——三千两白银。除了笼络赵匡胤之外，其更险恶的用心恐怕还在于挑起柴荣对赵匡胤的猜忌之心，以便借柴荣之手除了这个心腹大患。说直白点，就是一出反间计。

李璟显然把赵匡胤看得太简单了，他以为赵匡胤不过是一介武夫，用点银子就可以打发。赵匡胤可是郭威的徒弟啊，谋略大师的嫡传弟子，方略权谋的宗师级人物，李璟这点伎俩未免太小儿科了。

赵匡胤爽快地收下了礼物。李璟这边正暗自高兴呢，谁知赵匡胤那边已经把贿赂款悉数上交了国库，并将书信上呈柴荣御览，柴荣大喜——真没白疼你，擢升赵匡胤为忠武军节度使。

李璟赔了夫人又折兵，自讨没趣。

中国有句古话：木秀于林，风必摧之。赵匡胤的出色表现，有人欣赏，有人害怕，更有人嫉妒。几乎在李璟施反间计的同时，有人密告柴荣，称赵匡胤在征伐淮南的战争中大肆搜刮民脂民膏，装了好几箱金银财宝，正往京城运。

柴荣立刻派人前去调查，结果发现，所谓的几箱金银财宝，其实只是几箱书。世宗大惑不解，召赵匡胤问对："你拉那么多书干什么？"

赵匡胤很淡定地回答："臣蒙陛下错爱，忝居高位，时时感觉读书太少、学问太浅，深恐有负皇恩，因此每到一处，便用心搜集书籍，闲暇之余，多看多学，增长见识，增进学问，以便能更好地为陛下服务，为我大周效命！"

柴荣恍然大悟，赞叹许久。

｜永远的遗憾｜

善于学习，显然是赵匡胤成功的一个秘诀。不仅是读书，他也善于在战争中学习战争。

早在征伐淮南的初期，赵匡胤就十分注重从实战中学习、领悟、掌握战争的规律。涡口伏击战、六合突击战、智取清流关、勇夺滁州城，一次次火线拼杀，让赵匡胤迅速地在战争中成长起来，其过人的胆识、卓越的谋略在历次作战中表现得淋漓尽致，尤其是身先士卒、赏罚分明的治军风格，更是赢得了军中广大将士的衷心拥戴，赵匡胤的威望和影响日盛。

看到丈夫短短几年就有了如此成就，妻子贺氏着实为丈夫感到高兴。妻凭夫贵，贺氏凭借丈夫的军功，被朝廷封为会稽郡夫人，可谓满门生辉、光宗耀祖。

这些年，丈夫在前线奋勇拼杀，贺氏就在家侍奉双亲、照顾老小。俗话说，长嫂如母。身为赵家的大嫂，贺氏也尽心尽力地照顾、管束着两个小叔子匡义和匡美。为了这个大家族，贺氏真可谓鞠躬尽瘁。

虽然辛苦，但每每想到丈夫赵匡胤在外杀敌立功、为国效命、声名鹊起、事业有成，贺氏就感到由衷的高兴。只是，自从嫁到赵家来，这些年夫妻二人总是聚少离多，自然免不了相思之苦。有时做家务累了，她也会偶尔停下来，面向遥远的南方，久久凝望……

期盼着，期盼着……

也许，仗很快就能打完，丈夫也就可以回家了。到时候，一家团聚，那该多好啊！

然而，人有旦夕祸福。就在贺氏沉浸在对未来无限美好的期待之时，却不幸染上重病，虽经反复治疗始终不见起色。后周显德五年（958年）正月，贺氏带着对丈夫、儿子的无限眷恋，撒手人寰。

对于这位结发妻子、陪着自己同甘共苦的原配夫人，赵匡胤感情很深。妻子的离世令他悲痛欲绝，只得暂时放下军务，在家办理丧事。

让我们给小赵同学一点时间吧，节哀顺变啊！

| 改革是个大工程 |

大将可以暂时不过问工作，不过皇帝可不能闲着啊。作为后周的当家人，柴荣的工作干得确实很出色。

在策马扬鞭、征战四方的岁月里，柴荣也没有忘了国内的建设。道理很简单：国与国之间的战争，说到底，就是综合国力的较量。不要以为仅靠兵强马壮就能赢，肌肉再发达，没有馒头吃，照样玩完。

就像我们玩三国游戏总是先从内政开始一样，柴荣军事上的辉煌成功实际上是建立在国力稳步提升的基础之上。短短的五年时间，这位工作狂就从六个方面实行了强有力的改革措施。

第一，人事。

五代十国是个凭拳头大小说话的时代，长期的军阀割据局面造成了一种"重武轻文"的社会氛围，作为传统社会最重要的国家人才选拔机制，科举制度被长时期抑制，以至于国无良吏、君乏良臣。

柴荣当然明白"马上得天下，焉能马上治天下"的道理。无论哪个世纪，什么最重要？人才啊！没有人才，我柴荣再牛，能把活儿都干了吗！不懂得带团队，你就一个人干到死！

作为唐太宗的超级粉丝，柴荣当然也希望"天下英雄尽入吾彀中矣"，因此在即位之初就四处搜罗人才，并对后周的人才遴选机制进行了深度改革。

柴荣做的第一件事，就是不顾群臣的反对，亲手提拔非进士出身的魏仁浦为枢密使，执掌军国大事，以示其不拘一格降人才的决心。

接着，柴荣下诏重新开科取士，恢复科举制度，并亲自出题，亲自考核，量才而取，唯才是用。也正是柴荣在人事制度方面的锐意改革，才使得王朴、魏仁浦、赵匡胤等人得以脱颖而出，在短短数年之内跻身朝廷高级官员的行列。

第二，民生。

五代混乱的局面一方面严重破坏了社会生产力，另一方面造成了大量百姓流离失所。为躲避战乱，很多人遁入空门、皈依佛祖，佛教在这一时期形成了一种畸形的快速发展的势头。

中国人得意的时候是儒家，失意的时候是道家，绝意的时候就成了佛家。其实，面对战火纷飞的乱世，面对繁重苛杂的赋税徭役，老百姓也是无可奈何。不管是看破红尘还是留恋红尘，出家都成了无奈之下的最好选择。

然而，这种状况势必导致躲进寺庙中只吃饭不干活的和尚、尼姑越来越多，造成社会劳动力匮乏、国家财政收入减少，帝国已经不堪重负。

"唯物主义者"柴荣同志以大无畏的革命精神，决定拿佛教开刀，于是一场史称"世宗灭佛"的运动展开了。

首先，严把审核关。以后无论当和尚还是尼姑，都实行严格的市场准入制。

"想当和尚是吧？好的，先填个表。姓名、年龄、性别……"

"性别？！我当然是男的啦！女的我就当尼姑去了！"

"少废话，让你填你就填，上头有规定！"

表填完了是吧，OK，找你爷爷、奶奶签个字先。

签完了是吧，OK，找你姥爷、姥姥签个字先。

签完了是吧，OK，找你爹地、妈咪签个字先。

#￥%￥%@#&*&*……

其次，实行冗员淘汰制。在全国范围内进行大规模的寺庙裁员，勒令所有的假和尚、假尼姑全部还俗，该服兵役的服兵役，该生孩子的生孩子。同时，全国各大寺院必须编制详细的人事报表，每年报请国家审核，凡是有出公差奔往西方极乐世界的，空出的名额一律注销。

最后，实行寺院政府审批制。凡是未经政府批准而设立的寺院，一律视为非法，全部予以取缔，相关寺庙里的金身佛像全部熔化铸成铜钱，充实国库。

柴荣对此有一个生动的阐释：佛教不是讲究布施吗，现在大家都穷得叮当响了，佛祖当然应该舍下金身布施百姓、拯救苍生啊。

经过这一系列的有效措施，后周境内当年就废除寺院三万多所，僧尼还俗六万多人，对恢复和发展社会经济产生了巨大的推动作用。

北宋名臣司马光（就是砸缸的那位）对这场轰轰烈烈的"唯物主义运动"给予了高度的评价："若周世宗，可谓仁矣，不爱其身而爱民；若周世宗，可谓明矣，不以无益废有益。"

第三，财政。

鉴于战乱频繁，导致田地荒芜，柴荣因地制宜地实施了一系列有针对性的措施。

首先，对于外出逃难的农民实行年限差别对待制。三年内回来的，可以拿回一半的土地，即保留50%的股权；五年以内回来的，可以拿回三分之一的土地，即保留33.3%的股权；而五年以上回来的，对不起，除了自己的坟地外，一概没收充公！当然，如果是被可恶的契丹人逼走的，那么政策放宽，十五年之内回来的，国家还给你保留33.3%的股权。

这下子，出去逃难的农民都恨不得立刻飞回来，把自己的土地赶紧攥到手里。仅此一条，就引发了一股难民回归潮。

其次，允许无地的农民向国家承包土地耕种，只需缴纳必要的田租即可。国家还大规模地招募流民、鼓励垦荒、开发土地，吸引了大量的劳动力回归。此举导致邻近诸国如南唐、北汉、后蜀的饥民也争相归附，既增强了后周的国力，也削弱了邻国的实力，真可谓一举两得。

最后，颁布《均田图》，按照田亩数量征收田租，废除正税之外的一切税收，防止地方豪强、官绅将国家赋税转嫁到农民身上，连历代享受优待的曲阜孔氏也被取消了免税特权。柴荣高喊："纳税是每个公民应尽的义务！"此举一方面增加了国家的税收，另一方面缓和了阶级矛盾，收到了一石二鸟之效。

这些措施实行的当年，国家就得到了南北各地几十万劳动力，稳定了社会经济秩序，极大地提高了后周帝国的经济实力。

第四，水利。

中国人自古靠天吃饭，一年的收成多半指望风调雨顺，万一有个洪涝灾害，那么一年的辛苦无疑就打了水漂。而后周处于中原腹地，黄河从帝国中央蜿蜒而

过，这条哺育了中国人的母亲河在滋润两岸的同时，也给中原百姓带来了莫大的威胁。治理黄河几乎是历朝历代的头等大事，柴荣也不例外。

为治理黄河水患，柴荣数次亲临一线视察河防，并征发数万民工整修黄河河堤，基本保证了黄河水道运行的安全，为后周帝国的农业生产提供了保障。同时，为了确立以开封为中心的水路交通网，柴荣命人兴修水利、疏通漕运，先后疏浚了胡卢河、汴河、五丈河等，"导河流达于淮，于是江淮舟楫始通"，使山东和江淮等粮食主产区一带的米粮、货物均可以通过水道畅通无阻地直达京城开封。

水路交通枢纽地位的确立，为今后开封经济的发展奠定了坚实基础，进一步刺激了中国传统社会商业文明的发展。

第五，城建。

自从那位恬不知耻的"儿皇帝"石敬瑭献出燕云十六州后，中原大地已经无险可守，而开封作为后周帝国的政治中心，无疑将遭受北面契丹铁骑的严重威胁。为了加强开封的城防，提升开封城的军事功能，柴荣对其进行了不间断的拓展与修建。负责城建工作的正是《平边策》的作者王朴。

王朴不仅文章写得好，房子也修得漂亮。每次柴荣在外打仗，都命他负责看家——任命他为开封留守。工作一向积极的王留守就兴致勃勃地搞起了城市建设。经过长达数年的修建、改造，原来的开封城池被扩大了足足一倍有余，并按功能分成外城、内城、皇城以及生活区、工作区等。王朴修筑的城墙高大厚实，城市建筑规整有序，既漂亮又稳固，为无险可守的开封城筑起了层层的军事防线。

卓越的城建工作，使得开封成为当时中国规模最大、设施最完备的城市，这也成为后来北宋定都于此的重要原因。

第六，军事。

军事方面的改革其实从高平之战后就一直在进行，主要工作就是我们的主人公赵匡胤负责的，前文已经介绍过，在此不再赘述。

改革家柴荣所实施的强力变革对后周乃至有宋一代都产生了深远影响，后周帝国迅速成为当时所有地方割据势力中最为强大的政权，其国力蒸蒸日上、气象万千。国势的强盛给了柴荣足够的底气，雄心勃勃、心怀天下的他提出了"十年拓天下，十年养百姓，十年致太平"的愿景，将目光瞄向了更远的地方……

第二十二章 · 北伐契丹

三征淮南之后，南唐已经彻底臣服，后蜀则做了缩头乌龟，而南方的其他割据势力只是盼望柴荣能和自己和平共处，根本不敢惹是生非。倒是后周的老冤家——契丹人，和"必死之寇"——北汉总是喜欢勾勾搭搭，在背后搞点小动作。

早在柴荣征伐南唐之时，北汉就曾联合契丹来骚扰中原，想趁机捞点油水，好在被后周大将李谦溥以一出五代版空城计给吓跑了，阴谋才没有得逞。

说到底，南唐、后蜀只是疥癣之疾，而契丹才是真正的心腹大患。占据了燕云十六州的契丹就像一个小流氓，时不时搞点拦路抢劫、入室盗窃什么的，惹得房东柴荣心头直冒火。

现在，是时候了！出兵北伐，收回那片令中原人想想都心痛的燕云十六州（该死的石敬瑭）！

| 千年一睡王 |

我们仔细一分析，就能发现柴荣要夺取的地方都是进可攻、退可守的战略要地，如后蜀的秦凤成阶四州、南唐的江北之地，以及这次的目标——被契丹攫取的燕云十六州。这不禁让我想起《武林外传》里展堂哥哥的绝技——葵花点

穴手。柴荣就像是一个武林高手，在同时面对数个敌人之时，迅速出手，快如闪电，以点穴的方式锁住对方脉门，等到敌人都被点得动弹不得时，再从怀里掏出个打火机来，嘿嘿，想烧头发就烧头发，想烧胡子就烧胡子。

柴荣之所以先把这些战略要地拿到手里，就是为了在今后的统一战争中充分掌握战略主动权，这与王朴在《平边策》中提出的"先易后难，先南后北"的整体战略思想并不相悖，而且在具体的战略执行过程中，这样做似乎更胜一筹，更能适应战争形势的变化，体现出柴荣随机应变、果断出击的战术特点。

在南方基本稳定的情况下，柴荣选择此时出兵北伐，还是有非常充足的理由的。

首先，经过五年的改革，后周国力逐步强盛，而且刚刚拿下江北十四州，腰包鼓了不少，有了钱自然底气就足。

其次，历年的征战锻造了一支能征惯战的中央禁军。当时的后周名将如云、士气如虹，军事实力不可小觑。

最后，也是最为重要的理由——契丹人自己出了状况。此时辽国的皇帝是耶律德光的儿子耶律述律，即历史上大名鼎鼎的"睡王"。这个家伙仿佛是酒鬼投胎，从小就嗜酒如命，当了皇帝后更是肆无忌惮、夜夜狂饮、不醉不归，每每把自己喝得不省人事，大白天也呼呼大睡，故得名"睡王"。（每夜酣饮，达旦乃寐，日中方起，国人谓之睡王。）

其实，当皇帝的喝喝酒、睡睡觉也没什么，自古多少酒色天子啊，但是最要命的是这位睡王经常喝醉了就玩一种超恐怖的游戏——杀人！《辽史·耶律述律本纪》中，光是记录这家伙杀人的地方就多达二十几处。更为夸张的是，这哥们杀人不是凭个人喜好，而是采取完全随机的方式。于是，睡王身边的侍从便首当其冲，一不小心就会中奖，成为睡王的刀下冤魂。

这样不成器的皇帝自然引起了大臣们的强烈不满，围绕耶律述律的叛乱几乎就没有停止过，睡王的舅舅和弟弟都因为叛乱先后被处死。契丹内部被这个家伙折腾得乌烟瘴气、混乱不堪。（耶律德光：我怎么生出这么一个败家子？！）

这种国宝级的人物，什么时候才能出一个啊？！以前没有，以后估计也难遇得上。历史证明，除了耶律述律之外，契丹历代主子确实都很猛。

这么好的机会摆在眼前，雄才大略的柴荣怎会不动心？！

| 剑指燕云 |

显德六年（959年）三月二十一日，柴荣正式下诏北伐契丹，并任命赵匡胤为水军总司令（水路都部署）、韩通为陆军总司令（陆路都部署），水陆齐发。皇帝御驾亲征，向北开拔。

战局一开始就出乎意料地顺利。后周大军刚到宁州（今河北省青县），辽国宁州市长（宁州刺史）王洪就立刻投降，率先归附。柴荣很高兴，命王洪继续担任刺史，并给予重赏。

兴奋的王洪同志自告奋勇地当了急先锋，往益津关（今河北省霸州市）方向狂奔而去，将好消息第一时间与同事——辽国益津关守将终廷辉分享。榜样的力量是无穷的。艳羡不已的终廷辉也迅速献关归降。

赵匡胤率后周水军在益津关弃舟登岸，与韩通统领的陆军合兵一处，直奔瓦桥关（今河北省雄县南）而来。瓦桥关、益津关、淤口关（今河北省霸州市东信安镇）合称"三关"，是燕云十六州的南大门。三关既破，燕云洞开，北部重镇幽州（今北京）旦夕可至。

兵贵神速，赵匡胤立刻率领少量先锋部队进抵瓦桥关下。辽国守将姚内斌欺负赵匡胤兵少，直接冲出关外迎战，被猛将兄一顿狂殴，屁滚尿流地逃回关内去了。

第二天，大周帝国的后续部队陆续到达瓦桥关前，旌旗蔽日，战将如云，皇帝柴荣也御驾亲临，顺便给姚内斌出了一道选择题：你是投降呢？还是投降呢？还是投降呢？姚内斌到底是个明白人，果断而迅速地选择——投降！

接下来，瀛州（今河北省河间市）刺史高彦晖、莫州（今河北省任丘市北）刺史刘楚信，以及辽国淤口关守将均收到了这道选择题。结果，答案惊人的一致——投降！

至此，燕南之地全部回归中原的怀抱。

短短的四十二天时间，柴荣率数万大军在没有损失一兵一卒的情况下，兵不血刃，平定燕南，共得三州十七县、一万八千三百六十户，取得了骄人的战绩。这也是五代以来，中原政权对契丹用兵的最大胜利！这其中固然有柴荣指挥得力、用人得当的关系，不过更重要的似乎还在于中华民族强大的向心力。

　　燕云十六州自从被"儿皇帝"石敬瑭割让之后，这块原属于中原政权的土地就沦为了契丹的国土，那些世世代代生活在这片土地上的汉族百姓，被迫暂时屈从于契丹的武力之下。然而难以割舍的华夏情结无时无刻不在牵动着他们的心。后周军北伐，收复燕云，正是上应天道、下顺民心的好事，所以大军所到之处得到了燕云百姓的热烈欢迎。而契丹在此的守将大多也是原来的汉族将领，祖国的日益强大也在时刻叩击他们的赤子之心，因此周军兵锋所指，无不望风归附。

　　人心思归，华夏一统，这就是历史的必然规律，浩浩荡荡，不可阻挡！

第二十三章 · 谁是真凶？

仅仅一个多月的时间就取得了如此辉煌的战绩，周军气吞万里如虎，柴荣不禁龙颜大悦，豪情勃发。

燕南三关已下，北部重镇幽州（当时的辽国"南京"）的门户豁然洞开。一旦攻破幽州，则燕云十六州也就一战可定，威胁中原的这把尖刀将刀口向外，再次成为中原对付契丹的利器。

雄心勃勃的柴荣皇帝传令三军，继续北进！目标很明确：将契丹人赶回关外喝西北风！

｜历史的遗憾｜

五月三日，李重进奉命率兵先行出发，很快攻占固安（今河北省固安县），拿下了进攻幽州的桥头堡。柴荣随后率大军进抵固安，并亲临固安北面的安阳河，下令修筑浮桥，准备渡河。

当天傍晚，心情不错的柴荣率领群臣，兴致勃勃地登上了固安城边的一个小山头。极目远眺，幽州城似乎已经依稀可见。

柴荣望向北方，若有所思。

这是一片属于中原的土地，从来都是。如今，这片土地的主人回来了！

是时候了，就在明天，直取燕云！

想到这儿，柴荣的嘴角不禁泛起一丝自信的微笑。

此时，固安城的父老乡亲听说大周皇帝驾临，纷纷箪食壶浆前来劳军。柴荣格外高兴，亲切地拉着一位老大爷的手问道："老人家，此地叫何名啊？"

老者回答："此地，历代相传号称'病龙台'。"

柴荣闻言心里咯噔一下，顿时脸色大变，默然不语。

在中国古代，皇帝都被视为真龙天子，此地名叫"病龙台"，对于大周皇帝柴荣来说，自然是个很犯忌讳的事儿。于是，柴荣一言不发，立刻上马飞奔回营。

巧合的是，晚上果然出事了。

就在这一天的晚上，历史留下了一个深深的遗憾——永远不知疲倦的柴荣突然患病！至于具体患上何种疾病，史书记载不详，只有一句："世宗不豫。"

不过，从柴荣平时的工作风格来看，我们不难推测，他多半是累出来的毛病：短短五年时间，选人才、均田赋、清吏治、整禁军、限佛教、务农耕、复漕运、修水利；三征淮南、北伐契丹，更是御驾亲征，亲力亲为。柴皇帝就像一个上紧了发条的闹钟，一刻都停不下来，正是这种拼命三郎的工作方式严重影响了他的身体健康。

用我们今天的话来说，柴荣可能一直处于亚健康状态。长期隐藏的疾患终于在这一刻爆发，超级工作狂柴荣终于支撑不住了。

北伐大军被迫停止前进。无可奈何之下，柴荣只好将瓦桥关改名为雄州、益津关改名为霸州，用两个充满着无限豪情壮志的名字权且向世人展示其雄霸天下、匡扶九州的伟大抱负。巧合的是，一千多年前柴荣从契丹人手里夺回的雄州和霸州，正是如今号称"千年大计"的雄安新区。

随即，柴荣下令大将陈思让镇守雄州、韩令坤镇守霸州，三军开拔返回首都开封。就在部队匆匆南返的路上，一件史上有名的悬案发生了。

据《宋史·太祖本纪》记载：在大军南撤途中，柴荣阅览四方上呈的奏章时，发现其中混有一只皮囊，囊中放有一段长约三尺的木牌，上面题写着"点检作天子"五个大字，柴荣很是诧异。

"点检"指的是殿前都点检张永德。是谁狗胆包天，敢冒掉脑袋的风险在皇帝的文书中做手脚？

柴荣虽然满腹狐疑，但又不便声张，毕竟这种事情不能摆到桌面上来，因为在迷信思想浓厚的古代，这种谶言之类的灵异事件是相当敏感的。

不过再高明的犯罪分子总会留下蛛丝马迹，就像历史的长卷中总会或多或少地留下些许纸屑，只要你用心，总还是可以找到的。

那么，现在就让我们拿上放大镜、戴上白手套，出发吧。

| 名侦探江南 |

先来看看本案的受害者张永德。

张永德，先皇郭威的女婿，时任中央殿前禁军总政委（殿前都点检）。作为后周帝国的驸马爷，他不仅资历老、威望高，而且本人也颇有几分军事才能，曾经在征伐南唐的战役中大败南唐名将林仁肇，屡建战功，并且为此与后周另一位重量级人物——李重进发生过矛盾。

李重进，先皇郭威的外甥，时任中央侍卫禁军总司令（侍卫亲军都指挥使）。作为先皇郭威仅存的嫡系血亲，李重进在后周帝国的威望和地位自然不言而喻，从三征南唐柴荣均委任其为淮南战区总司令一事，就足见柴荣对他的倚重。

当时后周中央禁军的两支骨干力量——殿前司和侍卫司，就分别掌握在张永德和李重进这两位大佬手中，以便维持整个军事力量的均衡。

然而坏就坏在这里。

毛主席有一句话说得很深刻：不是西风压倒东风，就是东风压倒西风。中国人始终讲求中庸之道，追求平衡之法，然而事实却是，中国人最喜欢的往往不是所谓的中庸与平衡，而是征服与被征服。于是，窝里斗就成了中国人亘古不变的传统。

先下手为强，张永德率先动手黑了李重进一道，这件事情我们在前面已经提到过，最后还是柴荣出面，特设"殿前都点检"一职，由张永德担任，才算暂时平息了事态。很显然，这一轮，张永德胜出，李重进被KO了。但是，以李重进赳赳武夫的个性，这口气他能咽得下吗？

或者咱们来个换位思考：如果你是先皇郭威的亲外甥，甚至曾经还有机会继承皇帝宝座，如今被一个外人——上门女婿张永德黑了一把，而且对方还借此得了好处，从此以后与你平起平坐，换作是你，你服吗？（李重进：柴荣就算了，你

张永德算什么东西！）

历代皇帝为了保证皇权的安全，对于稍微与所谓的谶言沾点边的人一向都是毫不手软、斩尽杀绝，柴荣也不例外。他一直认为，做皇帝就必须有做皇帝的样子，皇上必须长得方面大耳，尖嘴猴腮的人是不配做皇帝的，即"望之不似人君"。为此，柴荣曾下诏处死过许多方面大耳的哥们。可见，有时候长得帅也不见得是什么好事啊！

柴荣对别人的长相都这么敏感，所以这张写着"点检作天子"的木牌背后的用心是极为险恶的，它的目的不仅仅只是让张永德丢官，而是要让老张丢命，借柴荣之手从肉体上彻底除去张永德！

没有无缘无故的爱，也没有无缘无故的恨。如果不是和张永德有什么深仇大恨，犯不着用如此狠招。而张永德和谁的矛盾最大，和谁最过不去？

李重进！

因此，在我看来，李重进的嫌疑无疑是最大的，这张神秘的木牌最有可能出自李重进之手。当然，有人会说赵匡胤也很有嫌疑啊，而且很多史学研究者也持这种观点。但是，有一点请不要忽略，那就是做这件事情一定是有利可图才会去做，否则不是活腻了，就是脑子出了问题。

假设此事真是赵匡胤所为，他能得到什么好处吗？

我看未必！

｜历史的真相｜

第一，即使张永德被解职，殿前都点检的位子也不一定能落到赵匡胤的头上。因为此时赵匡胤虽然已位列中央禁军的高级军官行列，但是威望和资历只能算是个小字辈，比他声望高的人一大把。别的不说，时任中央侍卫禁军总参谋长（侍卫亲军都虞候）的韩通就是赵匡胤无法逾越的。

韩通是前朝老臣，根正苗红的老一辈"革命家"，深受皇帝的信任。柴荣每次御驾亲征，都任命其为京城卫戍部队总司令（京内外都巡检），等于将一座京城完完全全托付给他，可见其在柴荣心目中的地位。此次北伐契丹，韩通更是担任陆军总司令的要职，统领前军。如果柴荣将张永德解职，那么韩通很有可能会接任，至少从横向对比来看，韩通比赵匡胤的机会更大。以赵匡胤深思熟虑、能谋善断的性格来判断，这种没有绝对把握，甚至可能费力不讨好、为他人作嫁衣的事情，他是不会做，也没有理由去做的。何况，实际上他和张永德的关系反而一直都不错。

赵匡胤在夫人贺氏去世后，续娶了将军王饶的女儿做继室。筹办婚礼正缺钱时，正是张永德友情赞助了一大笔银子，帮助赵匡胤风风光光地置办了一场婚礼，赵匡胤对此事也一直心存感激，他没有理由为了一件没有绝对把握的事情置张永德于死地。事实上，宋朝开国之后，赵匡胤对张永德一直很好，张永德得以善终。

第二，此时的柴荣虽然病了，但是尚未病入膏肓，这从他还能从容御览各地文书、批阅奏章、处理公务方面就能看得出来。而且南返途中，柴荣还动过静养几天之后再行北伐的念头，只是在大臣的苦劝之下才作罢，可见，此时还没有人能够预料到柴荣的病情会在一个月之后恶化。作为一直在柴荣面前表现积极、奋不顾身的大将，尤其是刚刚得到领导认同和提拔的新人，屁股还没坐热的赵匡胤此时断然不会冒着掉脑袋的风险去暴露自己的野心，以致自毁前程和性命。

事实上，赵匡胤还曾经小心翼翼地化解过皇帝对自己的疑心。如前文所说，柴荣比较迷信，曾固执地认为当皇帝的必须长得方面大耳，因此他很忌惮方面大耳的大臣，并且杀了不少。

有一次，柴荣邀赵匡胤一起喝酒。皇帝喝多了，醉眼蒙眬中，盯着赵匡胤看了半天，脱口而出："爱卿方面大耳，一派帝王气象，说不定日后会君临天下呢！"

赵匡胤一听，吓得一身冷汗，幸好小伙子脑瓜机灵，立刻佯装喝醉，淡定地说："微臣不仅方面大耳，而且体壮如牛。不过，臣的身体乃至性命，全都属于陛下。如果皇上喜欢，臣当奉献一切。莫说是脸耳，就是心肝，只要皇上需要，臣立刻取出，眉头也不皱一下！"

柴荣本意只是试探，闻言不觉有些尴尬，立刻安抚道："爱卿言重了。"

赵匡胤马上做伤心状："陛下适才所言，令臣万箭穿心。臣长得这般模样，乃是父母所赐，陛下九五之尊，却是天命所归。臣不能违父母之命而生就如此，就像陛下不能违天命而拒绝皇位。此为天意，实非人力所能及啊。"

赵匡胤这个马屁拍得恰到好处，柴荣听了开怀大笑："朕不过酒后戏言，爱卿不必当真。"

此事幸亏赵匡胤反应敏锐，拍足了马屁才算过关。但从此以后，赵匡胤在柴荣面前更加小心谨慎，不敢有丝毫大意。何况，对于柴荣，赵匡胤是发自内心地拥

戴。在这么一个英明神武、雄才大略的五代第一明君的眼皮子底下搞"小木牌"这样的小动作，实在无异于找死。赵匡胤不大可能如此鲁莽；反过来说，这种不计后果的鲁莽举动倒非常符合李重进的性格。

第三，有人提出"谁受益最多，谁嫌疑最大"的观点，即最后赵匡胤接替张永德担任殿前都点检，所以赵匡胤就是凶手。这种观点只是看到了表面现象，而忽略了最本质的利益问题。因为无论最后谁担任殿前都点检，李重进都是最大赢家。

韩通也好，赵匡胤也好，他们任何一个人担任殿前都点检一职，都不可能给李重进造成像张永德那样的威胁，一旦除去张永德，掌握禁军中的重要军事力量——侍卫司的李重进才是最后的胜利者。除张永德外，无论资历、威望、地位，整个帝国的朝臣中都已经无人能与李重进一较高下。对于李重进来说，他只需要扳倒一个人——张永德；而对于赵匡胤来说，他却需要扳倒N多人——张永德、李重进、韩通……所以，李重进做的只是一道单项选择题，而赵匡胤做的却是一道多项选择题。

而且，就算赵匡胤做对了这道题，主考官柴荣也不一定会给分，即不一定任命赵匡胤为殿前都点检；但是李重进不管柴荣给不给分，至少张永德这个选项都会被柴荣一笔划掉。

谁是真凶，还不清楚吗？！

第二十四章 · 天平的背面

那张刻着谶言的神秘小木牌显然已经成为柴荣的一块心病。谶言几乎就是伴随着中国历史改朝换代一起发展的。历朝历代都不乏这些莫名其妙的谶言，远的如秦朝末年的"大楚兴，陈胜王"，近的如汉朝末年的"千里草，何青青"等。无论是事实还是杜撰，反正结果都一样，即在社会上造成了很大的舆论影响，并成为野心家上台的最佳背景音乐。何况，二十多年前，石敬瑭就是以后唐驸马爷的身份篡夺帝位的，而现在，张永德的身份正是后周的驸马爷！

无论怎样，宁可信其有，不可信其无。所以，柴荣回京之后的第一件事，就是立刻解除张永德的兵权。他以明升暗降的方式，"赏"了张永德一个名誉宰相（同中书门下平章事）加检校太傅的虚职，却免了其殿前都点检的实权，改授澶州节度使，即刻赴任，调离京师。

那么空出来的殿前都点检一职，应该由谁来接任呢？

| 渔翁得利 |

对于柴荣来说，这是一个关系帝国未来命运的抉择，因为一个严峻的事实摆在眼前——儿子柴宗训年仅七岁！当年刘承佑将郭威的儿子和柴荣的儿子均杀了

个一干二净，柴荣的这个儿子是郭威称帝之后才生的。

这么小的孩子能坐稳帝位吗？能镇得住那帮资历老、威望高的前朝元老吗？而殿前都点检这个掌握着中央禁军核心权力的重要职位，交到谁的手里最放心呢？

最终，在反复权衡之后，柴荣选择了赵匡胤。他下诏擢升赵匡胤为殿前都点检兼检校太傅，执掌中央殿前司禁军大权。很显然，柴荣希望自己一手培养和提拔的这个新人能承担起托孤的重任；而赵匡胤相对较浅的资历和声望，又不至于造成功高震主、尾大不掉的局面，这让柴荣觉得安心。当然，赵匡胤在历次战役，尤其是高平之战中忠心耿耿的表现更是加重了他在柴荣心中的砝码。

接着，柴荣擢升韩通为中央侍卫禁军副总司令（侍卫亲军副都指挥使）加检校太傅兼同中书门下平章事（荣誉头衔），与殿前司的赵匡胤一老一少搭配，构成了新的中央禁军领导核心。同时任命范质、王溥、魏仁浦三人为宰相，辅佐朝政，匡扶幼主。

这样的人事安排，体现了柴荣的良苦用心，既对位高权重的老臣加以必要的限制，又使帝国的权力架构保持了相对的制衡。

三位文臣、两员武将，五根擎天大柱撑起了后周帝国的天空，戎马一生的柴荣终于感到满意和放心了。然而令他没有想到的是，就在这五根帝国支柱的周围，赵匡胤六年前撒下的种子已经生根发芽，悄然生长了……

| 一声叹息 |

五月八日，柴荣从瓦桥关折返回京，五月三十日抵达京师。仅仅半个多月后，显德六年（959年）六月十八日，一代英主后周世宗柴荣病逝，年仅三十九岁。

柴荣的英年早逝，令史学界几乎异口同声地为之惋惜。

欧阳修评价其为："区区五六年间，取秦陇、平淮右、复三关，威武之声震慑夷夏，而方内延儒学文章之士，考制度、修《通礼》、定《正乐》、议《刑统》，其制作之法皆可施于后世……其英武之材可谓雄杰，及其虚心听纳，用人不疑，岂非所谓贤主哉！"

薛居正感叹："江北燕南取之若草芥，神武雄略，及一代之英主也……降年不永，美志不就，悲夫！"

而一代大儒王夫之则不无遗憾："天假之年，中原其底定乎！"

是啊！天假之年，中原其底定乎！可是，历史不容许假设。面对历史，人们往往只注重结果而忽视过程。从显德元年（954年）正月登基，到显德六年（959年）六月辞世，柴荣在位仅仅五年零六个月的时间，然而其所缔造的丰功伟绩及其对中国历史所造成的影响却是巨大而深远的。

正是柴荣在位期间所实施的一系列卓有成效的改革措施，迅速地提升了后周帝国的综合国力，强化了中原政权的军事实力，为后来北宋统一中国大部奠定了雄厚的经济和军事基础。然而时至今日，人们津津乐道的依然是赵匡胤戡平乱世、一统中原的不世之功，却忽略甚至漠视柴荣南征北战、呕心沥血所打下的治乱之基，这就是历史的无奈。

柴荣就像广袤历史天空中一闪而过的流星，光芒虽然无比绚丽，可惜只是匆匆一瞬。"出师未捷身先死，长使英雄泪满襟"！

唉！一声叹息……

｜暗流涌动｜

后周显德六年六月，柴荣驾崩，梁王柴宗训即位。

新皇登基，例行封赏，赵匡胤被任命为宋州（今河南省商丘市，这就是后来赵匡胤立国号为"宋"的缘由）归德军节度使加检校太尉，仍兼殿前都点检，并晋封为开国侯——注意，封侯了！

而此时，朝廷的另一项任职不禁让赵匡胤心中一阵窃喜。小皇帝下诏任命慕容延钊为殿前副都点检（中央殿前禁军副总政委）。

慕容延钊是谁？

赵匡胤的老熟人兼死党！两人一直兄弟相称，好得就差穿一条裤子了，简直不是兄弟胜似兄弟，史载"素以兄事"。慕容延钊来做赵匡胤的副手，真是天作之合，熟人好办事嘛！何况二人一直是无话不谈、倾心以交。

而殿前司的另外两位大佬——殿前都指挥使（中央殿前禁军总司令）和殿前都虞候（中央殿前禁军总参谋长），则分别由石守信和王审琦担任，这二位是"义社十兄弟"的成员，关系自然好得没的说。

于是，这一系列任职的结果也就没有悬念了，从此，中央殿前禁军就成了名副其实的赵家军。而另一项任职，更是为赵匡胤扫清了障碍。

柴宗训即位后，李重进被任命为淮南节度使，仍兼侍卫亲军都指挥使。但是，与张永德一样，辞别京城，即刻赴任。这样，张永德和李重进，一个驻扎北部重镇澶州，一个坐镇南部要地淮南，前朝的两位元勋宿将均被调离了权力核心。这样一来，韩通成为侍卫司事实上的最高统帅。

作为后周王朝中与殿前禁军相抗衡的重要武装力量，中央侍卫禁军承担着保持中央军事力量制衡的重任。不过，在这看似平衡的军事格局之下，形势已经悄然发生了变化。

在这里，我们有必要先了解一下后周的军制。

后周中央军分为两支：殿前司和侍卫司，这个我们前面已经提过。其中，殿前司下辖铁骑军和控鹤军，侍卫司下辖龙捷军和虎捷军，这四军是为后周中央禁军四大主力。这四大主力又各分左右两厢，按照"百人为都，五都为营，五营为军，十军为厢"推断，一厢的兵力大约有两万五千人，四大主力共有二十万大军。这就是当时后周帝国所向披靡的精锐部队。

其中，韩通统领的侍卫司兵力约十万，分属龙捷左厢、龙捷右厢、虎捷左厢、虎捷右厢四大兵团。这四大兵团的首领中，时任龙捷右厢都指挥使（兵团司令）的刘廷让是"义社十兄弟"之一，时任虎捷右厢都指挥使的赵彦徽则是赵匡胤的结拜兄弟（可见当时赵匡胤笼络人员之广，这是拜了多少把子啊喂）。这样一来，韩通手下一半的人马就不知不觉姓了赵。

而韩通的左右手——时任侍卫马军都指挥使（侍卫司骑兵总司令）的高怀德和时任侍卫步军都指挥使（侍卫司步兵总司令）的张令铎，一直是赵匡胤竭力拉拢的对象，并且终于在一年之后修成正果——张令铎的女儿嫁给了赵匡胤的弟弟赵光美，而高怀德则娶了赵匡胤的妹妹。由此看来，这两人也一直与赵匡胤保持着不错的关系。

不过，还有一个更好的消息。

赵匡胤早在六年前播下的种子——韩令坤，此时已经升任侍卫亲军马步军都虞候（中央侍卫禁军总参谋长），炙手可热的侍卫司二号人物，与韩通共掌侍卫禁军。如此一来，身为侍卫亲军副都指挥使（中央侍卫禁军副总司令）的韩通基本上成了光杆司令。

而且，韩司令本人还有一个致命弱点——性格有缺陷，史书记载其"振迹戎伍，委质前朝，彰灼茂功，践更勇爵"，是一个出身行伍的大老粗。韩通其人有勇无谋、刚愎自用、性格暴躁、盛气凌人，总是一副"老子天下第一"的模样，把谁都不放在眼里，动不动就吹胡子瞪眼，故得名"韩瞪眼"。韩瞪眼瞪来瞪去，把满朝文武都给瞪了个遍，终于把自己瞪成了一个孤家寡人，大家基本上对他是"惹不起，躲得起"，没有什么人买他的账。

军中的力量已经明显失衡，而朝中的文官集团此时也在闹分裂，原因还是在于魏仁浦同志的学历问题。

早在柴荣继位之初提拔小魏同学时，满朝文武就曾极力反对，因为小魏不是进士，非科班出身，不过当时柴荣意在革新，于是力排众议，用人不疑。

有皇帝做靠山，小日子当然过得滋润。如今柴荣病逝，靠山轰然倒塌，出身小吏的魏仁浦由于没有混个科班的身份，威信不高，难孚众望，到底还是吃了学历的亏。文凭真是个要命的事儿，没办法，社会就是这么现实。

而那位威望甚高、曾被柴荣倚为国之柱石、深受朝野尊重的王朴，却早在北伐契丹之前先柴荣而去了。这位唯一可以令赵匡胤"唯唯而退"的后周重臣兼五代第一才子，因为突发脑溢血而猝死，赵匡胤又凭空捡了个大便宜。

至于后周的另外两位宰相——范质和王溥，则属于典型的书呆子，"两耳不闻窗外事，一心只读圣贤书"，每天只是按部就班、规规矩矩。

于是，后周帝国就在这看似平静的循规蹈矩中波澜不惊地走过了显德六年。

第二十五章 · 超级模仿秀

显德七年（960年）正月初一，京城开封沉浸在春节的喜庆气氛之中。然而，一份特殊的新年礼物打破了安乐祥和的局面，后周皇宫的气氛登时变得紧张起来。

帝国北部重镇镇州（今河北省正定县）、定州（今河北省定州市）传来紧急边报——北汉贼寇联合契丹铁骑大举南犯，边关告急！

符太后一介深宫妇人，毫无政治经验，被吓得手足无措，立刻召集三位宰相入宫议政。就在范质等人紧急商讨对策之时，赵匡胤的府第里也在酝酿着一幕惊心动魄的贺岁大戏。

| 年度贺岁片 |

这部贺岁片的名字叫《都是黄袍惹的祸》，主创人员如下。

原著：郭威

改编：赵匡胤（注：改编自郭威先生作品《都是黄旗惹的祸》）

导演：赵普

执行导演：赵匡义

领衔主演：赵匡胤

天文学家：苗半仙

近视男：楚昭辅

心机男：李处耘

士兵甲：罗彦环

士兵乙：郭延赟

拟定好剧组成员名单之后，赵匡胤、赵匡义（赵匡胤的弟弟）、赵普三人不禁相视而笑——万事俱备，只欠东风，那份皇宫的急诏怎么还不来呢？

后周帝国的国家安全紧急工作会议终于有了结果。在宰相范质的极力举荐下，后周帝国以小皇帝的名义下诏，命赵匡胤为北征军元帅，率领大军北御契丹。

手忙脚乱之下，三位老实巴交的辅政大臣居然忘了去核实一下这条边关急报的真实性。事实上，连《辽史》中都没有任何关于此次出兵的记载。况且，此时的契丹"睡王"耶律述律，这位仁兄本来就不问政事、无志南侵，甚至对于后周收复三关也毫不在乎，还说"此本汉地，今以还汉，又何惜耶"——这孩子真懂事！

这么一个十年如一日喝酒睡觉、坚持奋战在恐怖片拍摄第一线（爱杀人）的活宝，你不去搅他清梦，他就谢天谢地了，哪有工夫来骚扰你啊？！

很明显，老范被忽悠了。于是，一场超级模仿秀正式上演。

Action！

| 我不想说，我很纯洁 |

赵匡胤迅速调兵遣将，集结三军，并命令副手——殿前副都点检慕容延钊率先锋部队先期出发。

就在此时，京城内开始谣言四起。

关于"策点检为天子"的消息已经传遍了大街小巷。十年前郭威兵变，京城遭劫的悲惨局面浮现于开封百姓的眼前，一时间人心惶惶、满城风雨，整个京城乱作一团，而高墙壁垒的皇宫内院却被蒙在鼓里，毫不知情。（时都下灌言，将以出军之日策点检为天子。士民恐怖，争为逃匿之计，惟内廷晏然不知。）

显然，有人在故意制造舆论，扰乱民心。

但是，负责京城防卫工作的殿前都指挥使石守信、殿前都虞候王审琦等人并未将这一异常状况向帝国的中央政府汇报，原因很简单——他们也是这场帝国重组的原始股东，甚至，不排除这种可能——谣言就是他们负责散播的！

来势汹汹的谣言已经可以被视为政变的序曲了，而唯一有可能阻止事态发展的韩通则错过了最后的时机。大年初二的晚上，赵匡胤亲自登门，向韩通辞行。韩通的儿子韩微虽然模样长得不帅——是个驼背，人称"韩橐（tuó）驼"，可脑子显然比他老爸好使。这位身残志坚的小伙子极力劝说韩通趁此机会除掉赵匡胤，挽狂澜于既倒。然而，刚愎自用的韩通该瞪眼时不瞪眼，根本就听不进去；何况先斩后奏、擅杀三军统帅，那可是大大的忌讳。于是，最后一个机会就这样溜走了。

与韩通的优柔寡断相反，赵匡胤果断命令韩通的左右手——侍卫马军都指挥使高怀德、侍卫步军都指挥使张令铎随军北伐。而侍卫司的两大主力兵团——虎捷左厢和虎捷右厢也均被抽调出征。就这样，赵匡胤以统帅的名义，名正言顺地调走了侍卫司的两员主将及一半兵力。

同时，赵匡胤留下了三位拜把兄弟——殿前都指挥使石守信、殿前都虞候王审琦、侍卫龙捷右厢都指挥使刘廷让驻京"协助"韩瞪眼司令戍守京城。

如此精心的安排，如此周密的筹划，大概只有一句歌词才能点透吧：我不想说，我很纯洁……

| 陈桥驿的太阳 |

正月初三早晨，胸有成竹的赵匡胤率大军离京启程。

俗话说，救兵如救火。不过，后周王朝的救火队长赵匡胤却好像不是很着急，在领着部队晃晃悠悠走了四十里之后，大军就早早地在陈桥驿安营扎寨、泡澡洗脚了。而此时，太阳居然还没有下山。于是，历史上无数次按时出现的"天文学家"如约而至。

在军中素有"半仙"之称的苗训此时正在欣赏夕阳。赵匡胤的心腹手下楚昭辅很关心地跑过来："苗半仙，干啥呢？发呆啊？"

苗训立刻做神秘状："嘘！你看，那是什么？"说完，手指天空中的太阳。

楚昭辅很配合地搭手远望，做惊讶状："我的天呐！我的天呐！我的天呐！"

怎么有两个太阳？！

苗训捋了捋山羊胡，得意扬扬地说："楚兄，你看，两个太阳一上一下，似乎在搏斗呢。"

楚昭辅又很配合地瞪大了眼睛，做惊讶状："嘿，真的哎！真的哎！下面那个太阳把上面那个吃掉了！"

苗训又捋了捋山羊胡，自言自语道："天意！天意啊！"

《宋史·太祖本纪》对此事有详细记载："军中知星者苗训引门吏楚昭辅视日下复有一日，黑光摩荡者久之。"其实，这两个哥们若不是看到了传说中的日全食，就肯定是昨晚没睡好，俩眼发晕。

不管俩人在故弄什么玄虚，效果还是出奇地好。小楚同学"一不小心"就把这个奇怪的现象透露出去，很快一传十、十传百。

自古天无二日，国无二主。现在突然冒出来"一日克一日"的异象，再加上"策点检为天子"的谶语，傻子都明白是怎么回事了。

谣言像长了腿似的，迅速在军中蔓延开来。将校士兵纷纷你一堆我一堆，聚在一起议论纷纷。

士兵甲：如今主少国疑，咱们抛头颅、洒热血，累死累活，又有谁能知道我们的功劳？不如拥戴点检为天子，再行北征，岂不甚好？

士兵乙：经过我认真地分析，你这句话很有道理嘛！

其余的士兵：没错！就这么干！

群众演员的戏份都这样足了，而我们的男一号去哪了呢？

| 主演赵匡胤 |

其实，作为这幕大戏的主演，赵匡胤要做的事情只有一样——装！

装得若无其事，装得莫名其妙，装得大吃一惊，装得六神无主……所以，主角赵匡胤此时已是酩酊大醉、不省人事了。

我什么都不知道，我真的什么都不知道！小弟们，你们使劲折腾吧！

当晚，军中众将校在苗训、楚昭辅、李处耘等人的"引导"下，逐渐统一了思想。想到今晚将策立天子、一朝富贵，众人无不摩拳擦掌、跃跃欲试。

李处耘又悄悄地在军中巡视了一圈，明显感觉到军心骚动、大事可成，于

是率众将直奔赵普营帐。此时，赵普、赵匡义正在帐中议事。众将急切上前，高呼——拥点检为天子！

赵普心中暗喜，脸上却不露声色。他昂首挺胸，厉声呵斥："太尉（五代时对高级军官的尊称）对朝廷忠心耿耿，必定不会同意此事。你们休得胡来，否则，太尉知道，定斩不饶！"

赵匡义也帮腔道："诸位切不可再提此事！哥哥若发怒，大家都要小心脑袋！"说完，怒目圆睁，做忠臣状。

为首的几位将领被赵普和赵匡义的架势所震慑，唯唯诺诺地退出了营帐。一些意志不坚定的投机分子此时也不敢再声张。赵普这一手，就是传说中的"洗牌"，把摇摆不定、犹疑不决的先洗出去，剩下的自然都是准备一条道走到黑的。

果然，没多久，在李处耘等人的张罗下，一部分将领去而复返。这次他们不再犹疑，语气坚定而诚挚："刚才谋立的话已经说出口了，岂有反复之理！太尉若不做天子，今日我辈均死无葬身之地！将士们决心已定，必得点检为天子！请掌书记做主！"说罢，纷纷亮出兵刃，大有不达目的誓不罢休之势。

赵普和赵匡义相视一笑。

见火候已到，赵普腾地站起身来，大声道："策立乃大事，必须仔细图谋，谨慎小心，尔等怎敢如此放肆！"说罢，双手往下一按，命众将坐下听令。众人被赵普的气势所镇，纷纷坐下，听候指示。

赵普接下来和颜悦色地说："如今外敌入侵，你们谁有御敌之法？我看，不如先北上驱逐外敌之后，全军凯旋时再商议策立大事。"

众将决心已定，遂异口同声，一致拒绝："如今政出多门，如果等到驱逐外敌凯旋之日，则事情的变化尚未可知。为今之计，应该立刻回军京师，策立点检为天子，再引兵北征，破敌不难。太尉如若不肯接受，三军将士亦不敢北行。"

赵普见目的已经达到，口风一转，语重心长地说："帝王之兴，虽说是天命，实际上取决于人心向背。如今，北征大军的前锋已经渡过黄河，各地节度使驻兵四方。如果我军回师后劫掠京城，必定生乱。京城一乱，北方边境的外患恐怕愈演愈烈，四方百姓也必定闻乱而惊，天下大势就不可收拾了。诸位将军如果能够严格约束士兵，勿令劫掠，使京城人心不乱，则四方自然安定，诸位也可常保富贵了！"众将听赵普说得在理，皆满口答应。

赵普满意地点点头，突然压低声音，一字一顿地吩咐道："今晚，全军实行宵禁，枕戈待旦，宿卫太尉营帐，不得有误！"

"诺！"众将齐声遵令，各自回营安排。

赵普、赵匡义、李处耘、楚昭辅等人在营帐中继续谋划，并派出特使郭延赟立刻驰奔开封，联络内应石守信、王审琦等人，做好大军返京的接应工作。

就这样，男主角赵匡胤同志呼呼大睡之时，兴奋的群众演员已经在赵普导演的指导下统一了思想，提高了认识，全军掀起了"我不造反谁造反"的"革命"热潮！

一切尽在掌握！

今夜注定无眠！

妥妥的！

| 黄袍加身 |

五更刚过，大批的将士已经齐集辕门，大声嚷嚷"策点检为天子"，大有"我是反贼我怕谁"的架势。等到天明的时候，士兵已经越聚越多，将主帅的行营团团围住，争先恐后地求混个脸熟。赵匡义"无奈"，只得先行入内，"禀明"一切。

赵匡义：大哥，兄弟们要让你做皇帝。

赵匡胤：胡……说！

赵匡义：大哥，这是天意啊。

赵匡胤：胡……闹！

赵匡义：大哥，痛快点吧。

赵匡胤：胡……了！

赵匡胤即刻步出房门，眼前忽然白光一片。原来，院子外面已经围满了士兵，而且人手一把明晃晃的砍刀，同时高呼"反动"口号："诸军无主，愿策太尉为天子！"

赵匡胤顿时"吓得"花枝乱颤、六神无主，还没回过神来，已经有人将早已缝制好的黄袍披到他身上，刚刚好，很合身——如果有人告诉你，这个黄袍子是我没事绣着玩的，你信吗？

顿时，全体跪拜，山呼万岁，终于将这幕大戏推向了设计中的高潮！

在呼天抢地、痛不欲生的例行表演之后，一脸无辜的赵匡胤骑上战马，手按马头，发表了新皇就职演说："你们贪图富贵，强立我为天子，我内心其实是拒绝的。但事已至此，只得从命。俗话说，没有规矩不成方圆，你们如果能服从我的命令，我就当这个天子，否则，就另请高明！"

众将高呼："诸将听令！谁敢不从！"

赵匡胤于是约法三章："一、符太后与幼主，我们都曾北面侍奉，大家不得冒犯；二、先朝文武百官，都曾与我并肩共事，大家不得欺侮；三、严禁抢劫国库和京城百姓。以上三条，遵令重赏，违令即斩！"

OK，OK，只要你当皇帝，什么都OK！

接下来，全体将士整队待发。赵匡胤立即派眼睛发晕的楚昭辅以及客省使（礼仪官员）潘美二人快马加鞭，先行返京，自己随即亲率大军，南返京城，沿着这条十年前郭威走过的道路，向着那充满着无上诱惑的权力宝座大踏步前进！

第二十六章 · 大宋开国

作为赵匡胤的特使，楚昭辅和潘美肩负着重要的使命，虽然他们都揣着一份《关于赵匡胤同志晋升皇帝的报告》，不过对于他们的听众来说，意义却完全不同——一个是报喜，一个是报忧。

楚昭辅同学捡了个报喜鸟的美差，屁颠屁颠地给赵匡胤的老妈杜老夫人报喜去了，不过令人奇怪的是，楚昭辅去的并不是赵府，而是寺庙。

难不成杜老夫人看破红尘了？

| 报喜与报忧 |

据《涑水纪闻》《曲洧旧闻》《清异录》等宋人笔记所载，赵匡胤出兵之日即将妻儿老小所有家眷悄悄送往开封城中的一处寺院，美其名曰"礼佛"。当然，真实意图何在，相信大家心知肚明。看来，赵匡胤没有忘记十年前郭威兵变丧家的那一幕——虽然抢了位子，却丢了儿子，以至于最后不得不将帝位传给养子柴荣。显然，这种不太划算的买卖，赵匡胤不干。所以，如果你现在还坚持认为陈桥兵变只是一场下层士兵自下而上、自发自觉的造反运动，那么我只能说：你真的很纯洁。

那边楚昭辅乐不可支地报喜去了，这边潘美却不得不硬着头皮去报忧：俺大

哥赵匡胤"被逼无奈"当皇帝了，你们自己看着办吧。后周皇宫此时正是早朝时分，突如其来的兵变噩耗，立刻使整个朝堂乱成了一锅粥。

不是我不明白，这世界变化快啊！

手足无措的范质捶胸顿足，抓着王溥的手一顿狂掐，懊悔不已。而王溥不知是被掐痛了还是被吓到了，也是一脸苦相。二十出头的符太后更是脸色惨白，花容失色。

朝堂之上，哀叹之声不绝于耳。唯独小皇帝柴宗训一脸茫然。不谙世事的他实在搞不懂，这么一个可以放烟花、分糖果的好日子，小朋友们最开心快乐的日子，这些大人们为什么总是动不动就哭哭啼啼的呢？

有勇无谋的韩通此时才如梦方醒，他立刻飞奔回家，准备组织最后的抵抗。

| 最后的殉难者 |

此时，赵匡胤的先头部队在部将王彦升的率领下，已经疾驰而入京师，正好撞上失魂落魄的韩瞪眼司令。

王彦升仿佛看到一块到嘴的美味，立刻发起狂来。不知他是公报私仇还是忠心事主，反正赵匡胤的那三条禁令都被他扔到后颈窝里去了。结局充满了血腥：韩通一家老小惨遭屠杀，包括那位身残志坚的有志青年——韩橐驼。在这场兵不血刃的政变中，韩通几乎成为后周王朝唯一的殉葬者，虽然不够聪明，但是够有骨气！

连大名鼎鼎的韩瞪眼都成了韩闭眼，还有谁敢再自讨没趣。巡防队长王彦升很快就控制了京城的局面，将道路清理得干干净净，静候主子的到来。

出乎开封百姓的意料，想象中的哀号遍野、火光冲天的局面并没有出现。在赵匡胤的严令下，数万大军进城之后，全部卸甲归营，连个出来逛街的都没有，史载"入城之日，市不改肆"。

老百姓登时心头一热——难道乱世要结束了？

| 后周的小兔子乖乖 |

俗话说，阎王好见，小鬼难缠。虽然一切都是那么顺利，不过赵匡胤刚入城的时候还是遇到了一点小小的麻烦。

两点之间，直线的距离最近。为了尽快赶回京城，直面陈桥驿方向的陈桥门自然成了赵匡胤的首选。不过守城的两个小鬼——后周祗候班的陆、乔两位小队长不买新天子的账。这二位吃了秤砣铁了心，仿佛小兔子乖乖一般：不开，不开，就不开！谁来都不开！

无可奈何的"大灰狼"赵匡胤只好率军绕道封丘门。封丘门的长官得了个头彩，喜出望外，恭恭敬敬地将赵匡胤迎进了城门。不过，他很快就会为此而后悔。据史料记载，赵匡胤登基后，斩掉了封丘门的守门官，却对自杀殉国的陈桥门祗候班的陆、乔二人赞叹不已，称其为"忠义孩儿"，并为二人建庙，赐名"忠义庙"，将祗候班更名为"孩儿班"，以示旌忠。当然，这些都是后话了。

将大军安顿好之后，赵匡胤立刻返回殿前司办公室。除了处理公务之外，他还需要好好准备一下，调整调整情绪，因为一出好戏即将上演。

很快，宰相范质、王溥等人在赵匡胤弟兄们的"保护"下被请过来"喝茶"。昨天还是同僚，今天就成了君臣，变化之快，不禁让赵匡胤也"悲从中来"，他很"无奈"地耸耸肩，两手一摊。

"I am sorry！"

紧接着，眼圈一红，痛哭流涕。

"俺也是被逼的啊！被逼的啊……逼的啊……的啊……啊……"

还没等老范开口呢，站在赵匡胤身边的罗彦环手按利剑，黑脸一沉，大喝一声："我辈无主，今日须得天子！"

赵匡胤："你看，你看，真是不好意思，这事闹的……"

范质等人面面相觑，仔细一琢磨，再摸摸脑袋，最终得出结论：脑袋再硬，也经不起这个凶神恶煞的黑大汉一刀啊。还是王溥脑瓜子灵泛，赶紧退后一步，纳头便拜。范质无可奈何，只得承认既成事实，于是"乃降阶列拜"。

君臣名分就此定下。

接下来，当然就是趁热打铁——立刻举行登基典礼。

| 新的职业生涯——皇帝 |

赶早不赶晚，夜长梦多，今天不赶紧把生米煮成熟饭，明天可能煮熟的鸭子就飞了。这个道理，准皇帝赵匡胤比谁都明白，也比谁都着急——得赶紧把

"准"字去了，转正啊！于是，宣召所有在京的大臣成了当务之急，终于，在当天下午四时许，赵匡胤于崇元殿（皇宫主殿）将原后周的文武百官凑齐了。

一切都在按照赵普导演的计划有条不紊地进行着，然而匆忙之中不免百密一疏——改朝换代最重要的那块遮羞布——禅位诏书没准备！

赵普不由得冒出一身冷汗，这可是个要命的事啊！让我们原谅他吧，毕竟人家造反也是第一次嘛，没有经验，可以理解。不过赵普也不用担心，关键时刻，往往就是考验马屁精功力的最佳时机。很快，一个人精跳了出来。

只见翰林学士、承旨（秘书）陶谷面露得意之色，故作神秘之状，不慌不忙地从袖子里摸出来一份早已准备好的诏书，解了赵大导演的燃眉之急——若不是早有预谋，陶神仙恐怕也不能未卜先知吧？

接下来的事情就毫无悬念了。禅位诏书宣读完毕，赵匡胤端坐龙椅之上，接受文武百官的朝拜，即皇帝位。陈桥驿的黄袍正式换成了崇元殿的皇袍。赵匡胤开启了全新的职业生涯——皇帝！

而小皇帝柴宗训随即被降为郑王，当然，还得搬个家，史载"迁恭帝及符后于西宫"。三年之后，十岁的郑王又被迫搬到了房州（今湖北省十堰市房县），而这里也成为他最后的归宿。公元973年，年仅二十岁的柴宗训死于房州，谥号恭帝——恭顺从命的皇帝。

政治，远比你想象得要残酷！

不管怎样，上帝的归上帝，恺撒的归恺撒。历史的车轮已经在新的轨道上缓缓开启……

| 悟 |

公元960年，赵匡胤登基，立国号为宋，改元建隆。一幅长达近三百年的锦绣画卷徐徐展开，中国历史步入了辉煌灿烂的大宋王朝。

而这一年，赵匡胤仅仅三十三岁。

从一文不名的流浪汉到君临天下的开国皇帝，赵匡胤只用了短短十年的时间，其蹿红的速度令人咂舌。

失败有失败的原因，而成功自有成功的奥秘。赵匡胤能成为人生的至高赢家，自然有他的道理。在我看来，赵匡胤的成功很大程度上应当归根于一个字——悟！

纵观中国五千年的文明史，各种学术流派数不胜数，但是构成中国文化脉络主干的无外乎三家：儒、释、道。自古以来，能得其中一家之真味者，皆被视为智者。这三家各有各的理论基础，各有各的文化内涵，但是在其中一点上却是惊人的一致，那就是不约而同地强调"悟"。

释家自不必说，佛祖释迦牟尼就是在菩提树下静坐七七四十九天而顿悟成佛，进而创立佛教的。可以说，从佛教诞生的那一天起，其理论思想中就深深地种下了"悟"的种子，所以佛教强调"禅定"，而"禅定"是为了"大彻大悟"。那首有名的禅宗偈语"菩提本无树，明镜亦非台，本来无一物，何处惹尘埃"正是佛教中顿悟成佛的体现，即"顿悟见性，即心即佛"。

道家鼻祖老子在《道德经》开篇提笔就是："道可道，非常道；名可名，非常名。"显然是在暗示"大道无名，不可言思"。而参道之法，无非在于"能悟之者，可传圣道"。

至于儒家，更是将人生的过程定义成一个"悟"的过程。孔子曰：三十而立，四十不惑，五十知天命，六十耳顺，七十从心所欲，不逾矩。可见，人生离不开悟，而人和人之间有时差的就是那么一点悟性。

不过，悟性这个东西实在是个难以把握的特质，只可意会，不可言传。多少年米，不知有多少人因这一个"悟"字，皓首穷经，饱餐风月，却终究难以捅开那层窗户纸，徒唤奈何。

具有"悟"这种特质的人，我们往往只能羡慕。而我们的主人公赵匡胤就拥有这种特质。悟，伴随了赵匡胤的一生。

襄阳寺院，颠沛流离，人情冷暖，乃觉世事；

河中城下，投军从戎，纵横驰奔，渐习军策；

澶州营帐，旌旗招展，从龙奉命，方悟谋略；

陈桥驿畔，黄袍加身，兵不血刃，立国开疆。

二十岁到三十岁，正是人生的黄金十年。这十年，赵匡胤经历了太多太多，他从未浑浑噩噩地度过。虽然也有失败，也有挫折，也有悲伤，也有痛苦，但是，

每一次赵匡胤总能从失败中获得成功的密码,从挫折中激起前进的勇气。在磨难与挫折面前,他选择了坚强,而在荣誉与胜利面前,他又保持了冷静。在一步步坚定的前行中,他终于找到了人生的坐标,悟透了政治的精要。其对军队的把握、对人心的控制、对局势的判断、对战略的筹划,无一不体现出高超的政治智慧,而这正是赵匡胤善于悟、勤于悟的结果。

让赵匡胤充分发挥这种特质的,无外乎两个人——郭威和柴荣。如果说郭威是赵匡胤的启蒙老师,那么柴荣就是他的大学导师。作为五代第一明君,柴荣无疑是那个时代最杰出人物的代表,放在今天,那是要上《时代》杂志封面的,而且铁定被评为"中国最具影响力人物"之一,其独到的战略眼光、敏锐的政治嗅觉、进取的人生态度、坚毅的个人品格、勤奋的工作精神,无不深深影响着身边的赵匡胤。

子曾经曰过:近朱者赤。赵匡胤能得到当时两位最杰出人物的言传身教,并不断地学习、借鉴、融会、参悟,终于得成正果。这既是他个人的福分,也是历经战乱的黎民百姓的福分。因为,自唐末开始长达一百余年的乱世很快就要终结了。

而终结者就是悟者——赵匡胤。

第二十七章 · 稳定压倒一切

　　虽然当上了皇帝，可是并不意味着就可以高枕无忧了。新皇登基，最重要的是收买人心。历朝历代，概莫能外。毕竟，拥立他的功臣都是以身家性命下了大注的，该是分红的时候了。

　　新皇帝很快兑现：石守信晋升为侍卫亲军马步军副都指挥使（中央侍卫禁军骑兵副司令）兼归德军节度使，王审琦晋升为殿前都指挥使（中央殿前禁军总司令）兼泰宁军节度使，高怀德晋升为殿前副都点检（中央殿前禁军副总政委）兼义成军节度使，张令铎晋升为侍卫亲军马步军都虞候（中央侍卫禁军总参谋长）兼镇安军节度使。

　　同时，赵匡胤晋升慕容延钊为殿前都点检，将这一极其重要又极度敏感的职位交给了自己的亲密战友。赵匡胤的发小韩令坤也被晋封为侍卫亲军都指挥使（中央侍卫禁军总司令）。而政变功臣——执行导演赵匡义也是一步登天，由一个小小的供奉官坐电梯般升到了殿前都虞候（中央殿前禁军总参谋长）。不过，他还需要付出一点小小的代价——必须改名为赵光义，原来的"匡"字已经成为皇帝哥哥的私人专用标签。

有功之臣纷纷加官晋爵。但奇怪的是，政变的第一功臣——大导演赵普却只被封为枢密院直学士兼右谏议大夫，品级仅为正四品，并不像大家想象中的那样高。

这里有一个很重要的原因——统一战线的需要。

| 精神文明建设很重要 |

历代政权安稳过渡的关键就在于——妥善安排好前朝的老臣，这有点类似于今天的公司并购、企业重组。"团结一切可以团结的力量"才是赵匡胤的当务之急，稳定压倒一切嘛。所以，赵大导演，先委屈你了。

原后周的重臣——宰相范质、王溥、魏仁浦及枢密使吴廷祚均留任，并加封司徒、司空之类的荣誉称号，其他后周朝臣也基本保持不变，同时大发红包、厚加赏赐，人人有奖，皆大欢喜。而帝国的殉葬者——韩通则被加封为中书令并厚葬，反正人已经死了，封号怎么给都不心疼。更重要的是，赵匡胤急需树立一个忠义的典型，因为大宋王朝需要更多的赴死之士。所以，韩通自然成了首选，大宋王朝很快掀起了一轮"向韩通同志学习"的热潮。

这里有一个细节需要注意一下。大宋立国之后，赵匡胤偶尔驾幸开宝寺，寺内正好有韩通及儿子韩橐驼的壁画像，嘴上标榜忠义的宋太祖看着这幅"忠臣"画像，越看心里越堵得慌，一个眼色，手下人心领神会，于是，该怎么抹掉就怎么抹掉了。（太祖幸开宝寺，见通及其子画像于壁，遽命去之。）

而那位不遵禁令、"擅杀"韩通的浑人王彦升，尽管第二天就被关进了小黑屋闭门思过，不过，鉴于小伙子在打击犯罪、维护治安方面确实很有一套，经过领导反复研究，不久之后，小王同志荣升首都公安局局长（京城巡检）——不是心腹恐怕捞不着这样的美差吧？

可见，赵匡胤拿死人大做文章的目的，其实就是为了宣扬忠君爱宋的思想。说白了，就是告诉天下臣民，现在大宋王朝建立了，你们要安分守己，要像韩通忠于后周那样忠于大宋。

肉体上毁灭，精神上升华。

赵匡胤够狠！

不过这样的手段其实很矛盾。一方面，赵匡胤希望忠于后周的大臣越少越好，至少现在不要惹是生非；另一方面，他又希望忠于大宋的臣民多多益善，最好现在开始就准备为国捐躯。你看，同样是个"忠"字，却让他玩出了这么多的花样。

帝王的心思就是这样复杂：没当皇帝前，唯恐天下不乱；当了皇帝后，只求天下不乱。所以，皇帝的心思你千万不要猜，因为猜来猜去也猜不明白，毕竟不是每个人都有和珅那样的功力。所谓天威难测，说的就是这个道理。

功夫不负有心人。在赵匡胤糖衣炮弹的猛烈攻势之下，刚刚立国的大宋王朝很快稳住了阵脚，各割据政权如南唐、南平、吴越等先后称臣，各方重镇的节度使也陆续表示拥戴。

不过，有两个人好像不太服气。

| 老革命的新烦恼 |

很巧，不服气的两个人都姓李，一个叫李筠（yún），一个叫李重进。

李重进相信大家不会陌生，郭威的外甥、前朝皇亲国戚，权倾一时。李筠则是郭威旧将，后周开国功臣、帝国元老，官拜河中节度使。这二位都是老革命。对于老革命，新皇帝还是老规矩，加官晋爵、着力笼络，所以赵匡胤下诏晋封他俩为中书令（这个封号还真是好用啊）。

不过，老革命的脾气似乎有个共同特点，那就是不太容易服气，而不服气的主要原因就是资历。在老革命的眼里，资历才是最重要的。

论资排辈是中国人的老规矩，而李筠尤其迷信这一点，仗着自己是郭威的亲信、后周的开国功臣，他把谁都不放在眼里，开口闭口就是"想当年，老子如何如何"。李筠镇守北方重镇潞州长达八年之久，恃勇专恣、飞扬跋扈，属于典型的刺头型人物，后周世宗柴荣鉴于其是先帝宠臣，"每优容之"，睁一只眼闭一只眼，听之任之了。如今，眼瞅着当年郭威的小跟班成了皇帝，一向自视甚高的李大帅哪能服气。

不过就算李大帅不服气，可是，说到亲，李筠还算不上后周皇室最亲的人，郭威的女婿——忠武军节度使张永德、郭威的外甥——淮南节度使李重进，这二位才是后周真正意义上的皇亲国戚。因此，照理说，这抱打不平、带头闹事的"首恶"之名怎么着也轮不着他李筠。

可是，李筠是郭威的铁杆粉丝啊，念念不忘后周旧恩的他，想着既然大家都不愿意当这个出头鸟，干脆我就一肩挑——果然是个实在人呐！

于是，李筠就成了向赵匡胤公开叫板的第一人。

| 暗战 |

其实，对于李筠的反叛，赵匡胤还是有心理准备的。陈桥兵变之后，赵匡胤以最快的速度向各地藩镇派出使臣，下诏安抚、加官晋爵，同时密令心腹严密监视各地节度使的动向，目的只有一个——维护安定团结的大好局面。

在赵匡胤胡萝卜加大棒的政策下，一大批有贼心没贼胆的地方节镇大员，如成德军节度使郭崇、保义军节度使袁彦、忠正军节度使杨承信、健雄军节度使杨廷璋等纷纷归附，相继臣服，学会了夹着尾巴做人，就连淮南节度使李重进在接旨之后，也主动示好，要求入朝觐见新皇，唯独李筠不吃这一套。

当使者捧着新皇御封李筠为中书令的诏书前来潞州时，李筠准备拒不受命，在下属官员的苦劝之下，才别别扭扭地迎接了使者，勉强接受了中书令的封号。然而他似乎成心和赵匡胤赌气，居然在欢迎晚宴上搞突然袭击——当众打出了一张感情牌。

当晚，正在大家开怀畅饮之际，李筠突然命人将后周太祖郭威的遗像取出来挂在大厅之上，呼天抢地，痛哭不止，如果当时有麦克风，估计李筠会毫不犹豫地来一出摇滚版的"我的眼里只有你没有他"。

好好的一场欢迎会，愣是被李筠折腾成了一个哭丧会。使者的脸立马绿了。李筠的下属官员惶恐不已，慌忙帮着老板向使者掩饰："老李喝高了，发酒疯，您别见怪啊！"

然而李筠这么一闹，其反叛之心已经昭然若揭。赵匡胤知悉后，隐忍不发，并未深究，他还需要时间来检验，更重要的是他还需要时间来调兵遣将、周密部署，所以现在还不是撕破脸的时候。

不过，后周王朝的宿敌——北汉主刘钧（北汉世祖刘崇次子）却迫不及待了，他嗅出了其中的味道。很快，李筠收到了刘钧的蜡丸密书。

没有永远的敌人，只有永远的利益——土豪，我们做朋友吧！

| 一意孤行 |

李筠的长子李守节是个明白人。眼看着老爸准备硬生生地往枪口上撞，李守节心急如焚。现在北汉主刘钧的密信更是火上浇油，导致局势更加紧张。

苍蝇不叮无缝的蛋，以前天天寻衅滋事的刘钧此时却突然抛出媚眼，显然不怀好意。说到底，刘钧不过是想趁机利用一下李筠而已。因此，对于刘钧的合作意图，李守节表示了强烈的反对，并哭着劝谏父亲放弃反叛念头、归顺新朝。不过，一向自视甚高的李筠根本听不进去，仍然一意孤行，暗中加紧准备。

密切关注事态发展的赵匡胤得知上述情形，干脆亲自写信安慰李筠，并且提拔李守节为皇城使。皇城使是掌管宫门出入启闭、保卫宫廷的官员，"并司侦察"，也就是说，可以直接给皇帝打小报告。虽然品级不高，但却是皇帝的心腹和耳目，是人人挤破头都想捞着的美差。赵匡胤的这项任命，显然是想告诉李筠：朕还是相信你的！

而心怀鬼胎的李筠索性顺水推舟，派儿子李守节赴京就职，顺便探探赵匡胤的口风。实践证明，新皇帝的嘴上功夫并不比他的马上功夫逊色，李守节一见面就被赵匡胤的问候语雷倒了。

| 将造反进行到底 |

"太子，汝何故来？"

听完这句，李守节脑袋顿时嗡的一声，心理防线瞬间土崩瓦解，之前准备好的搪塞之词早已扔到九霄云外了——弄不好今天连脑袋都保不住，还说那些废话干什么。很囧很无助的小李子一个劲地磕头，诚惶诚恐、局促不安。出乎李守节的意料，赵匡胤并没有杀他的意思。

皇帝的心里很清楚：他李筠可以不顾父子情义，让儿子李守节以身涉险，但是我赵匡胤不能不顾君臣情分啊，再说杀了无足轻重的李守节，背上一个无端的骂名，岂不正中李筠的下怀。这种傻事，我才不干呢。

赵匡胤让李守节转告李筠："我没有做皇帝的时候，老李你愿意怎么折腾就怎么折腾，甚至去抢皇位我也不拦着你；现在我小赵做皇帝了，你怎么就不能

稍微让我一点呢？"（我未为天子时，任汝自为之；我既为天子，汝独不能小让我耶？）

这话乍听起来有道理，不过仔细一分析，其实只是空话、套话外加废话。

作为后周的老臣、功臣兼宠臣，天天吃香喝辣的李筠有必要造后周的反么？再说就算李筠本事再大，也不是雄才大略的先皇柴荣的对手啊，如果柴荣在位的时候老李造反，估计他现在坟头草都一米高了。

保住了一条小命的李守节带着最高指示一路飞马赶回了潞州，向冥顽不灵的老爸转告了赵匡胤的意思，再次苦劝李筠回头。然而，李筠却是王八吃秤砣铁了心，誓将造反进行到底！

第二十八章 · 平定李筠

建隆元年（960年）四月十四日，李筠将朝廷派驻的监军周光逊等人逮捕，派大将刘继冲押送至北汉，给北汉主刘钧做了人肉叉烧包。双方正式签署合作协议，结成反宋联盟。

为了壮胆，北汉主刘钧之前曾提议请契丹叔叔友情赞助，不过李筠好歹还有点中原人的骨气，他坚持此事属于中原内政，婉言谢绝了刘钧的"好意"。紧接着，李筠迅速出兵，拿下了泽州，占据了窥视中原的桥头堡。

初战告捷，让李筠顿时觉得底气十足，仿佛一夜之间自己就成了正义的化身。然而，谋士闾丘仲卿却看到了表象下的危机："将军以一军之力对抗一国之师，形势非常危急。虽然有汉的支援，但是咱们不能对这个穷光蛋抱以太大的希望。而中央军实力强大，我们难以争锋，不如西下太行，直抵怀州（今河南省沁阳市）和孟州（今河南省孟州市），控制虎牢关（今河南省荥阳市），占据洛阳，凭借地利的优势，东向而争天下，才是上策。"

可是，迷信资历的李大帅根本就听不进去，他深信凭自个儿的人气，一定是登高一呼，应者云集，就如同当年"眼泪哥"李从珂那样，眼圈一红，天下归心。

可惜，像李从珂那样的猛人，历史上还真是只有一个，何况李筠的对手是比

李从珂还懂得怎么收服人心的赵匡胤，所以李筠的梦想注定只是个美丽的肥皂泡而已。

不过，能做得起造反的买卖，自然还是有点本钱的，李筠手里确实有两件不错的宝贝。

| 自信？自大！ |

李筠兜里的两件宝贝，一件是儋（dān）珪枪，一件是拨汗马。

一说到儋珪枪，也许有人会比较激动，以为又是什么倚天屠龙剑之类的神器。毛主席教导我们：经验主义要不得，所以各位看官千万不能望文生义，因为这个儋珪枪并不是一把枪，而是一个人。

儋珪是李筠的手下爱将，善使枪，武力超群，勇猛无敌，属于夏侯惇级别的武将，故称"儋珪枪"。拨汗则是李筠的座驾，一匹人见人爱的千里马，魅力指数直逼赤兔。

揣着这两件宝贝，崇尚武力的李筠不禁自信心爆棚，狂呼："吾有儋珪枪、拨汗马，何忧天下哉！"人不能没有自信，但是得有个度，自信得过了头，就是自大了。

自大的李筠自然没将谋士的忠告听进耳朵里，也没将赵匡胤放在眼里。建隆元年四月十五日，李筠正式发表檄文，历数赵匡胤的罪状，起兵造反。

四月十七日，李筠叛乱的消息传到了开封。赵匡胤迅速作出部署，命侍卫副都指挥使石守信、殿前副都点检高怀德率先锋部队进讨。同时，命三司使（财政部长）张美负责军队的后勤保障工作，并调派户部侍郎（农业部副部长）高防、兵部侍郎（国防部副部长）边光范负责前军物资保障。

短短两天时间，军资调拨妥当，部队集结完毕。由此可见，对于李筠的叛乱，其实赵匡胤事先已经做好了充分准备。

小样儿，等的就是你自己跳出来！

四月十九日，大军出发。临行前，赵匡胤拉着好兄弟石守信的手一再叮嘱："太行山，古之天险。此战的关键是切勿让李筠越过太行山，因而你必须尽快派兵扼守要道、占领险隘。只要做到这一点，李筠必败！"

眼光如炬，一针见血——此人不得天下，何人得天下？！

紧接着，赵匡胤任命宣徽南院使（内务部副部长）晋居润为澶州巡检（澶州边境总督察），严密防范北部契丹趁机入侵，同时任命洺州地方兵团司令郭进为洺州防御使（洺州警备区总司令）兼西山巡检（西山边境总督察），防备西边北汉的偷袭。

五月二日，赵匡胤下诏，命殿前都点检、镇宁军节度使慕容延钊，彰德军留后（彰德军代理节度使）王全斌率军从东路出发，与石守信、高怀德的部队会合。

为了确保大宋帝国的第一次平叛圆满成功，赵匡胤可谓煞费苦心。一边是李筠的狂妄自大，一边是赵匡胤的谨慎持重，谁胜谁负，其实已经一目了然。更要命的是，刚刚结成的李刘联盟，恰恰在此时出现了严重的信任危机。

| 贫贱夫妻百事哀 |

其实，北汉主刘钧对于此次合作还是相当重视的。接到李筠的求援信后，刘钧迅速集结全国能够动员的所有武装力量，几乎倾巢而出，史载"倾国出团柏谷"，可见刘钧这次是下了血本。

然而，北汉自从建国之时就与邻居后周结下了死仇，双方你来我往，打个没完，光是大规模的会战就多达数次，其中包括著名的高平会战。两国边境基本上就没有停过火，三天一小打，五天一大打，北汉这么点家底早就被折腾得差不多了。如此一来，土豪也就成了屌丝。

因此，虽然刘钧以倾国之力来援，可是车马仍不免显得寒酸，以至于双方在太平驿会师之后，本来满脸堆笑前来迎接圣驾的李筠，一见到刘钧那副半新不旧的皇帝行头，脸色立马晴转阴，心头大大的不痛快。（筠见北汉主仪卫寡弱，不似王者，内甚悔之。）

在迷信资历的李筠眼里，合作就如同结婚，必须门当户对，礼数是不能少的。可是没办法，北汉穷啊，这礼仪自然不能和泱泱大国比，一国之主刘钧对此也是无可奈何：穷虽然不是罪，可是穷遭罪啊！

贫贱夫妻百事哀。就在这样的情况下，李筠勉勉强强接受了刘钧赐予的"西平王"的封号。可见，他确实是个不好伺候的刺头。

心里有了疙瘩，合作起来就免不了疙疙瘩瘩。刘钧每次和李筠开会商讨事情，李刺头总是一副"生是后周人，死是后周鬼"的架势，开口闭口就是"想当

年，郭威皇帝对我如何如何"。而众所周知，北汉与后周是不共戴天的世仇兼死敌，李筠把郭威夸得英明神武、鸟生鱼汤（尧舜禹汤），那刘钧的老爸刘崇岂不是乌龟王八蛋了？！

双方的合作很快出现了裂痕。没多久，心理的变化直接反映到了人事的任免上，北汉主刘钧给李筠送来了一份大礼——监军！刘钧任命宣徽使卢赞为李筠的监军，名义上是协助，实质上是监视。

闹了半天，自己给自己惹来了一个大苍蝇，李筠心情自然好不到哪儿去。于是，李刺头和卢监军的矛盾日益公开化。刘钧还嫌不热闹，又把宰相卫融派过来当居委会大妈——做两人的调和工作，可是调来调去，最终调成了一锅糨糊，越和越乱。

友谊的小船，说翻就翻了。仗还没开始打，李刘联盟的内部已经分崩离析，其结局也就不难想见了。

｜兵发泽州｜

正在李刘联盟内部闹得不可开交之时，大宋的前锋部队已经火速开拔。石守信、高怀德遵照赵匡胤"勿纵李筠下太行"的最高指示，以迅雷不及掩耳盗铃响叮当之势，由孟津火速渡过黄河，经怀州疾驰，抢在李筠之前控制了太行山的险隘——天井关，将狂妄自大的李筠牢牢地锁在了其狭长的一亩三分地内，动弹不得，李刘联军从此丧失了战略迂回的先机。

李筠索性将战线紧紧收拢，以三万主力屯守泽州之南。石守信率军步步紧逼，两军终于在长平（今山西省晋城市东北）遭遇，战斗打响。

幻想家李筠曾经幻想过无数次的"登高一呼，应者云集"的场面并没有出现，招呼他的不是宋军士兵亲切和蔼的笑脸，而是闪着冷冷寒光的砍刀。经赵匡胤亲手锤炼出来的大宋中央禁军，给不知天高地厚的叛军好好地上了一课。长平一役，宋军大胜，歼灭叛军三千余人，生擒北汉河阳节度使范守图。李筠狼狈逃回泽州，收拾残兵，据城固守。

刚开打就挨了一记闷棍，李筠的心情颇为沮丧。不过，此战也不是一点收获都没有，那个讨厌的管家婆——监军卢赞在乱军中一命呜呼，宋军算是帮李筠清理了一下门户。

少了一个大苍蝇，李筠的耳根清净了不少。可是没多久，他听到了一个让他更上火的消息。

| 御驾亲征 |

大宋皇帝赵匡胤下诏——御驾亲征！

事实证明，赵匡胤完美地继承了柴荣的勇气和霸气，英雄总是有很多共同点的。

五月十九日，赵匡胤命枢密使（国防部长）吴廷祚留守开封；升任皇弟赵光义为大内都点检，戍卫皇宫；命天平军节度使韩令坤屯兵河阳，拱卫首都。

一切安排妥当后，五月二十一日，赵匡胤亲领大军从开封出发，直奔泽州。兵贵神速，擅长闪电战的赵匡胤命令部队日夜兼程，急速行军。但是，进入太行山区后，大军却遇到了不小的麻烦，狭窄险峻的山路上乱石遍地，部队行军速度缓慢。

赵匡胤立即下马亲自动手搬石头，没有任何的命令，但是，部队的行动却惊人的一致，"群臣、全军皆负石"，原来崎岖难行的羊肠小道登时变成了通途，大军得以迅速通过。

其身正，不令而行！

就在赵匡胤率军越过太行、直趋泽州之时，好消息再次传来。永安节度使折德扆（yǐ）攻破北汉军事要地沙谷寨，斩敌首五百。

折德扆在历史上的名气并不大，不过他的女儿折赛花却名扬天下。在民间传说中，她有另外一个名字——佘太君。

| 幻灭 |

六月一日，赵匡胤御驾亲临泽州前线，与西路石守信部、东路慕容延钊部胜利会师于泽州城下，李筠已成瓮中之鳖。

李筠手下大将——汾州团练使王全德和龙捷指挥使王廷鲁相继投降，泽州城岌岌可危。赵匡胤亲自督战，指挥三军倾力强攻。双方你来我往，战事异常激烈。

玩了一辈子刀子的李筠到底还是有两把刷子的。泽州城在宋军的猛攻之下，仍然顽强支撑了十几天，意在速战速决的赵匡胤心急如焚。

关键时刻，皇帝的亲密战友、曾经在高平会战中与赵匡胤并肩战斗的马全义（时任控鹤军左厢兵团司令）主动请缨，率敢死队直扑城头。马全义憋足了劲要在新帝面前露露脸，他充分发扬了"一不怕苦、二不怕死"的大无畏革命精神，身先士卒，勇往直前。敌人的冷箭射穿了马全义的胳膊，马壮士哼都不哼一声，拔掉箭头继续狂砍，简直堪称"夏侯惇第二"。

俗话说，胆小的怕胆大的，胆大的怕不要命的。马全义敢死队这种不要命的打法，终于把李筠部队的气势压了下去。赵匡胤紧接着率领随身侍卫跟着就往上冲，皇帝都玩命了，宋军自然士气大振。

六月十三日，泽州城破。

曾经梦想的"一战而天下定"的奇迹终究没有出现，李筠带着无限的幻想和遗憾，投火自尽。李筠的儿子李守节此时正留守大本营潞州，闻知泽州失陷，自知不敌，遂在赵匡胤率军北上之时，献出潞州投降。

赵匡胤赏罚分明，并没有因李守节是李筠之子而有成见，反而因他归顺新朝、劝导其父而功封团练使（地方兵团司令），并厚加赏赐。李守节从此忠心耿耿、尽职尽责，为大宋王朝效命而终。

灭其父，用其子，功赏过罚，有理有节，这就是赵匡胤用人之道的高明之处！

第二十九章 · 亲征淮南

大宋王朝的第一次平叛工作圆满结束，整个过程堪称完美。不到短短两个月的时间，一场气焰嚣张的叛乱就被赵匡胤化解于无形。而另一个不服气的人——淮南节度使李重进似乎并没有吸取李筠失败的教训，居然也开始蠢蠢欲动了。

这一点我们可以理解：当初，重进哥哥熬了一个通宵，双眼通红，满脸木屑，好不容易刻了一张"点检作天子"的小木牌，最后却竹篮打水一场空，便宜了赵匡胤。换作是你，恐怕也咽不下这口气。何况，作为郭威的外甥，李重进的身份确实很尴尬。

| 无间道 |

虽然赵匡胤登基伊始就加封李重进为中书令以示安抚，但是这位前朝的皇亲贵胄内心依然是忐忑不安的。李重进索性上书请求入朝觐见新皇，以试探赵匡胤的真实态度。

然而，京城本就是个是非之地，在政权还未稳固的情况之下，突然来这么一个危险分子，难保不掀起什么风浪，万一前朝的那些遗老遗少再趁机搞点反动集会、游行示威什么的，那可就不好收拾了。

赵匡胤自然不希望政局再起波澜，于是复信婉言谢绝："君为元首，臣作股

肱，虽在远方，还同一体。保君臣之分，方契永图，修朝觐之仪，何须此日！"

句句在理，滴水不漏！

然而，赵匡胤越是这样客气，李重进越是惶恐不安。不久，李筠叛乱的消息传来，觉得逮着机会的李重进欣喜若狂，立刻派心腹翟守珣前往潞州联络，准备与李筠合作，建立反宋联盟，南北夹击，共抗新朝。

然而，这个看似完美的计划却最终胎死腹中。原因很简单——出了内鬼。而这个内鬼不是别人，正是翟守珣。在反复权衡利弊之后，手捧着李重进绝密信件的翟守珣决定做一笔大买卖。在去往潞州的路上，他"顺道"去了趟京城。

心腹变成了负心。

翟守珣将李重进的反叛计划和盘托出，并就扬州的情况进行了详细汇报。赵匡胤此时正与李筠打得不可开交，中央禁军主力大部分在北面平叛。为了避免腹背受敌、两面作战，赵匡胤果断决定对李重进实施缓兵之计。

赵匡胤首先给翟守珣画了一个大饼——承诺事成之后，赐以高官厚禄，然后密令他返回扬州之后，力劝李重进"稍缓其谋"，"无令二凶并作，分我兵势"。

翟守珣果然不辱使命，回到扬州后，他向李重进汇报了出使的情况——当然，关于秘密参见赵匡胤的那段隐去了——并劝谏领导不可轻举妄动，不如隔山观虎斗，以坐收渔翁之利。头脑简单的李重进相信了翟守珣的鬼话，迟迟没有采取实际行动，未能与李筠结成联盟，在南面实施相应的军事行动。

李重进坐失了宝贵的机会，赵匡胤却赢得了宝贵的时间。在顺利平定李筠叛乱之后，赵匡胤终于可以腾出手来，从容地对付李重进了。

｜以卵击石｜

已无后顾之忧的赵匡胤手里显然抓着一副好牌，他瞄一瞄对桌上满面愁容的李重进，嘴角露出难以察觉的微笑。

赵匡胤出牌了！

皇帝的第一张牌就充分展示了新王朝的自信：改授李重进为平卢节度使，镇守青州。让节度使挪窝意味着什么？相信大家已经很清楚这其中的含义了，那可不是因为皇帝欣赏你，而是因为皇帝忌惮你。被皇帝猜忌，其结果不言自明。接到诏令的李重进如坐针毡，赵匡胤如此出牌完全出乎他的意料，明摆着一点后路都不给他留。

正在他束手无策之际，皇帝的第二张牌来了。赵匡胤命六宅使陈思诲持免死铁券前往扬州，安慰李重进，以示皇帝的信任。铁券这个东东，前面我们已经提过N次，实在是个不祥之物啊！

现在赵匡胤翻手为云、覆手为雨，真把李重进弄得是云里雾里。反也不是，不反也不是。何去何从，李重进犹豫不决。最后他终于想明白了：什么都可以变，血缘却无法改变。作为后周皇室的血亲，那血浓于水的渊源，恐怕终究难以被新朝所接纳，那就反了吧！

建隆元年九月，李重进起兵，迅速拘捕了钦差特使陈思诲，并向南唐主李璟求援。早就被打得不敢露头的李璟只想着自个儿的一亩三分地，哪有闲工夫来管李重进啊。结果自然是"唐主不敢纳"。

扬州监军、右屯卫将军安友规早就料知李重进必反，于是在一个夜黑风高的晚上，率领部分亲信偷偷溜出扬州城，向朝廷告密，顺利地离开了这个是非之地。

安友规的出逃仿佛一根引信，立刻点燃了李重进猜忌的怒火。他开始疑神疑鬼，见了谁都要摸一下后脑勺——看看有没有反骨。在这种心理状态下，李重进大搞冤假错案，相继逮捕了数十位将官。被捕的将官愤愤不平，大呼为周室尽忠，愿赴阵前杀敌，宁可战死，绝不屈死。已经丧失理智的李重进完全听不进去，一不做二不休，将他们一律处斩。

本想通过杀人立威，结果适得其反，不仅没有提振士气，反而离心离德。外无援军，内失民心，李重进陷入了众叛亲离的绝境。

| 扬州！扬州！ |

扬州叛乱的消息传到京城，赵匡胤立刻部署征讨事宜。

皇帝下诏命侍卫亲军马步军副都指挥使、归德节度使石守信为扬州战区总司令（扬州行营都部署）并兼任扬州知府（兼知扬州行府事），殿前都指挥使、义成节度使王审琦为扬州战区副总司令，内务部副部长（宣徽北院使）李处耘为监军（都监），保信节度使宋延渥为先锋部队司令（都排阵使），统率中央禁军讨伐李重进。

对于这次征讨李重进的形势，赵普洞若观火，对战局的评价可谓入木三分：

"李重进守薛公之下策，昧武侯之远图，凭恃长淮，缮修孤垒。无诸葛诞之恩信，士卒离心。有袁本初之强梁，计谋不用。外绝救援，内乏资粮，急攻亦取，缓攻亦取。兵法尚速，不如速取之。"

这段虽是文言文，不过意思比较直白，我就不再翻译了，相信大家都能看明白。赵普的意思归根到底就一句话：李重进早晚是个死，不如让他早死。于是，在赵普的建议下，赵匡胤于十月御驾亲征。大宋王朝的精锐部队几乎倾巢出动，直扑扬州。

扬州地处淮河以南，地势平坦，疆域空旷，除了一条淮河之外，几乎无险可守，从军事角度来说，是一个易攻难守的地段。简而言之，对守军来说，是兵家绝地。因此，无论从天时、地利、人和任何一点来看，李重进都是败局已定。

果然，十一月，赵匡胤御驾刚刚抵达大义驿，就传来了捷报。扬州战区总司令石守信遣使飞马驰奏，扬州城即将攻破，请皇上亲临视察——功劳永远算在领导头上，石守信这小子真会来事，难怪赵匡胤那么喜欢他。

于是，当天傍晚，在赵匡胤的亲眼注视下，石守信令旗一挥，三军将士奋力出击，扬州城破，李重进携妻室自焚而死。

又是不到短短两个月的时间，另一个叛乱者灰飞烟灭。

顺便提一句，那位卧底密探——翟守珣被赵匡胤以寻人启事的方式找到，并荣升为皇帝身边的贴身侍从官（殿直），到底还是做了一笔划算的买卖。

至此，宋朝建国初期的"二李之乱"终于平息，新政权渐渐站稳了脚跟。

| 我是皇帝我怕谁 |

李重进在扬州玩自焚的时候，南唐国主李璟同样忧心如焚。原因很简单——扬州距离南唐首都金陵仅仅100公里！战火已经烧到眼皮子底下了，由不得李璟不着急，谁知道赵匡胤会不会玩一把更大的火呢？！

此时宋军携平叛之余威，众将领皆有攻伐南唐之意——没办法，谁让李重进这么不禁打呢，本来宋军憋足了劲想好好打一场大战，没想到李重进一捏就死，宋军刚刚热了一下身，诸将都还没过足瘾，纷纷要求一鼓而下南唐。

眼瞅着对岸的宋军士兵时不时地露露胸肌、亮亮凶器，站在金陵城头隔岸观火的李璟再也坐不住了，他派遣儿子李从鉴火速朝见大宋皇帝，并接二连三命令使臣前来犒劳宋军，大献殷勤。

曾经被韩令坤俘虏、后来又被释放的南唐大臣冯延鲁，有幸参与了这次历史性的会面。作为败军之将，冯延鲁和赵匡胤也算是老熟人了。赵匡胤毫无客套废话，一见面抬手就是一棒："你老大怎么和我手下的反骨仔勾勾搭搭？！"（汝国主何故与吾叛臣交通？）

以前是俘虏，现在是使节，身份的转变让冯延鲁的腰杆硬了不少——反正我有外交豁免权，谁怕谁啊！冯大使一句话就给顶了回去："陛下您只知其一，不知其二呀！"（陛下徒知其交通，不知预其谋反。）

赵匡胤责问冯延鲁："你小子什么意思？"

冯大使不慌不忙地掏出一篇《关于南唐没有帮助反贼李重进的情况汇报》："李重进当初派来的使者就住在我家，近水楼台先得月，所以外臣多多少少知道一点内幕消息，我们国主对李重进的使者说——大丈夫不得志而反叛，自古以来就有，可以理解，但是你家主人现在造反，挑的真不是时候啊。当初陛下刚刚上位，人心未定，潞州李筠作乱的时候，你动都不动一下，现在人心安定了，你却开始搞造反这种高难度运动，妄图以数千乌合之众对抗朝廷的精兵，纵使韩信、白起复生，恐怕也难以成功啊。我们南唐（为了表述方便，姑且让他自称南唐）虽然粮草丰足，可也不敢资助你这种愣头青啊。综上所述，正是因为我们南唐没有帮助李重进，他才最终因缺乏外援而归于失败，这难道不是我们国主的功劳吗？我们南唐何错之有？"

赵匡胤明知此时若征伐南唐，难免师出无名，冯延鲁的这篇报告虽然有点婆婆妈妈，却也句句在理。不过，既然是皇帝，强硬一点也是应该的，于是赵匡胤没事找事地说："好吧，就算是这样，可我的将军们都劝我乘胜渡江，你觉得怎么样啊？"（虽然，诸将皆劝吾乘胜济江，何如？）

冯延鲁顺毛一捋："李重进自以为雄杰天下无敌，可是英明神武的陛下大驾一到，顷刻之间，樯橹灰飞烟灭，更何况我们南唐小国，难道能对抗您的天威吗？"（重进自谓雄杰无与敌者，神武一临，败不旋踵。况小国，其能抗天威乎？）

老冯的这个马屁可谓拍得恰到好处，眼见赵匡胤面露得意之色，冯延鲁话锋一转："不过，有件事情也得麻烦陛下考虑一下，那就是：我们南唐虽小，不过也

有侍卫数万，而且都是先主（李昪）的亲兵，誓与国家共存亡，陛下要征服他们，恐怕也得忍心抛弃您手下数万将士的性命与之血战，方能取胜吧。而且长江天险，风浪不测，如果久攻未克，粮道难以维系，这种事情恐怕也是很让人担心的吧。"

面对这位喋喋不休的冯唐僧，赵匡胤哈哈大笑："朕只是闲来无事，逗你玩而已，你怎么就当真了，哈哈……"

一场赤裸裸的战争恐吓就此打住。

| 两个倒霉蛋 |

赵匡胤集结三军，准备班师回朝，临走之前，顺便举行了传统的阅兵仪式，在长江北岸大搞军事演习，一番舞刀弄棒、人喧马嘶，把南唐主李璟吓得心惊肉跳。没多久，心灰意冷的李璟干脆连家也搬了——将都城从金陵迁到了洪都（今江西省南昌市）。

而宋军巨大的声势也令南唐的朝臣人心惶惶，李璟的两个手下——杜著和薛良叛逃，并为赵匡胤献上了平定南唐的计策，可是结果却让人大跌眼镜：赵匡胤下令将杜著斩首，薛良戍边。

那么问题来了：同样是叛变，为什么翟守珣升官发财，杜薛二人却触了霉头呢？

在我看来，原因绝不是史书说的"帝恶其不忠"，真正原因应在于"以安李璟之心"。因为此时尚不是对外开战的时候。李筠和李重进的叛乱，说到底还只是宋朝的内政。赵匡胤清理门户，旁人没有什么可说的，但如果宋军对南唐开战，就属于外交的范畴了，那么事件就升级了，国际影响很大。

而此时，宋朝国内的局势尚不稳定，赵匡胤的位子还没焐热，还不是和南唐撕破脸的时候，所以处理李璟的两个叛臣，不过是为了稳住李璟而已，绝不像史书说的那么伟大。比如后来的南唐落第人士——樊若水，同样叛逃，皇帝不但没有"恶其不忠"，反而予以重用。其实史书一向有"为尊者讳，为贤者隐"的传统，这不足为奇。

一言以蔽之，以上事件只能说明，赵匡胤对于国内的局势仍然放心不下。

那么，他到底担心什么呢？

第三十章 · 妄为者，弃！

朱李石刘郭，

梁唐晋汉周。

都来十五帝，

拨乱五十秋。

　　《水浒传》开篇的这首诗，真实地反映了五代十国的纷乱局面。

　　五代那个年头，换皇帝比换衣服还快，所谓"朝属唐，暮属晋"一点也不夸张，有一个数字很能说明问题：在五代的十四个皇帝中（虽然上面那首诗写的是"十五帝"，但严格来说应该是"十四帝"，因为后唐太祖李克用是儿子李存勖称帝后追封的，其在世时未称帝），有八个是非正常死亡，被干掉的概率高达57.14%！因此，在五代这种乱世中当皇帝，能混个善终就得烧高香了。

　　其实，就在赵匡胤陈桥兵变、黄袍加身的时候，新科太后杜老夫人就曾经说过："天子置身庶民之上。若治得其道，则此位可尊，苟或失驭，求为匹夫而不可得！"一个老太太对此都看得如此清楚，赵匡胤心里自然更明白。他固然不想从皇帝再沦为匹夫，可是又有多少匹夫觊觎他的皇帝宝座呢？！

况且对于亲历五代乱世的赵匡胤来说，兵骄将悍、鼓噪哗变、喋血宫门、伏尸遍野的情形并不是电影里的场景，而是实实在在的生活画面，"城头变幻大王旗"更是成了家常便饭，叛乱与政变的反复循环已经成为那个时代的政治主题，以至于老百姓都见怪不怪了。

这种动乱的根源究竟在哪里？应该怎样结束这无休无止的动荡局面呢？这无疑是赵匡胤上台后最需要解决的根本问题。而在其登基后接连发生的两起事件，又进一步坚定了赵匡胤彻底解决五代乱政的决心。

| 遇刺 |

第一件事：遇刺。

赵匡胤登基后，经常出宫走走，视察民情。大臣们都觉得不妥，担心皇帝的安全问题，皇帝本人却总是不以为意，还故作神秘状：当皇帝自有天命，天命在我，别人想夺也夺不去。皇上如此自信，大臣们也无可奈何。可是，终究还是出事了。

一天，皇帝乘御辇经过开封城内的大溪桥，仪仗威严，百姓避让。没想到，在这光天化日之下，突然从人群中射来一支冷箭，不偏不倚正中御辇上方的黄龙旗。黄龙旗是皇权的象征，被人射了一箭，不仅仅是安全的问题，也是面子的问题。

这一下，气氛陡然紧张起来，赵匡胤身边的侍卫们立刻进入一级战备状态，弓上弦、刀出鞘，准备搜捕刺客。人群顿时大乱，喧哗不已，小孩惊恐的哭声、老人无助的哀叹，一时间此起彼伏。眼看着因此事而株连的在场群众可能将难逃牢狱之灾，赵匡胤顿生恻隐之心，他果断制止了侍卫的搜捕行动，拍着胸脯大声吼道："好箭法！有种朝这儿来！"

赵匡胤的自信和大度震慑了在场的每一个人，新皇帝在关键的地点、关键的时间恰到好处地展示了危机管理的艺术，于是，一切复归平静，可赵匡胤的心里注定不能平静。

安史之乱结束后，大唐皇帝几乎成了春秋时期的周天子。在军阀林立、战乱频仍的局面下，各地节度使完全不把皇帝放在眼里，甚至动不动就武力威胁中央。到了朱温这里，甚至发展到弑君篡位的地步。其后的五代乱世，皇帝更是说废就废，换皇帝如走马灯。从公元763年安史之乱结束到公元960年赵匡胤建宋，在近两百年的时光中，中国一直处于藩镇割据的混沌状态，君不君、臣不臣的情况已经不是一天两天了，所谓"置君犹置吏，变国若传舍"就是当时的真实写照。

现在赵匡胤刚刚上台，又有人想趁机作乱。虽然新皇帝凭借出色的危机管理艺术搞定了这次事件，但国家的稳定总不能老是靠皇帝的即兴表演来维持吧？一套行之有效的治乱之法必须尽快出台。

| 调戏 |

第二件事：调戏。

建隆元年三月，也就是赵匡胤走上皇帝岗位才三个月的时候，刚刚走上开封市公安局局长岗位的王彦升同志又有点不安分了。

也许是被关了禁闭之后，马上又捞着了负责首都治安的美差，被幸福砸中脑袋的王彦升同志有点犯晕。在一个月黑风高、适合杀人放火的夜晚，王局长值夜班，闲来无事，就溜达到了当朝宰相王溥的家中。

面对着一个有灭门前科的好战分子，王溥吓得心惊肉跳，史书记载他"惊悸而出"。王彦升一点也不把王宰相当外人，大大咧咧地讨酒喝。可以确定的是，那时候没有禁酒令，不过就算有，这位王大局长也不会放在眼里。

这边厢，王宰相战战兢兢地倒酒；那边厢，王局长有滋有味地喝酒。场面颇有点滑稽。

趁着酒兴，王局长向王宰相有意无意地说起了最近手头比较紧的事情。原来，王彦升此行并非为酒而来，而是"意在求贿"，说白了就是想敲一笔。在他眼里，王溥既是前朝宰相，又是当朝宰相，家里的金条自然少不了。本着同朝为官、互帮互助的精神，王宰相友情赞助一下也是应该的。

对于王彦升几乎是明火执仗的敲诈行为，王溥自然心知肚明，但面对着这么一位凶神，也只得装糊涂。于是，王宰相哄着王局长把酒喝完，就各回各家各找各妈了。

第二天，可怜兮兮的王溥向皇帝密奏此事，赵匡胤闻言大惊——当朝宰相竟然深夜被人"调戏"？！真是岂有此理！

赵匡胤一怒之下，不仅免去了王彦升开封市公安局局长的美差，还罢免其铁

骑左厢都指挥使的军职，将他外放为地方官，降为唐州（今河南省唐河县）刺史。

这种惩罚力度是很罕见的。因为，不管怎么说，王彦升是大宋的开国功臣，这份功劳是板上钉钉，谁也不能抹去的。想当初，他不顾赵匡胤的约法三章，擅自杀害了韩通一家老小，结果这种"擅杀"的行为不但没有给予严厉的惩罚，反而被朝廷实授了京城公安局长一职。而现在，王彦升只是动了点歪脑筋，打了点钱的主意，擅自做主去宰相家里"串门"，按理说罪过不算大，放在今天也就是个敲诈未遂，远比故意杀人轻得多，但处罚为何如此严厉？

这里面就有文章了。

| 叫我如何能容你 |

关键在于这次调戏事件的两位主角的身份。

王彦升——禁军将领，武将。

王溥——当朝宰相，文官。

王溥作为文官集团的首脑，在我们看来，地位应该是非常高的，不敢说一人之下万人之上，至少在朝中也是数一数二的大人物。但是一个小小的禁军将领就敢深夜闯门、敲诈勒索，完全不把宰相当干部，实在令人匪夷所思。

其实，中国历史向来就有一个很有意思的规律：每逢乱世，必是武将得势、文臣受制，作为中国乱世典型代表的五代亦不例外。由于五代的皇帝均出身于藩镇，其夺取天下的过程就是一出武装暴乱的过程，所以造成整个五代时期从皇帝到百姓、从中央到地方，形成了一股崇尚武力甚至迷信武力的氛围。后汉武将史弘肇的那句"安朝廷，定祸乱，直须长枪大戟，至如毛锥子（毛笔），焉足用哉"就是这一思想的典型反映。

正是在这种思想的影响下，五代时期上自朝廷中枢，下至州县官吏，几乎清一色的全是武将。国家权力被武将把持，乱政之祸也就由此而出。而掌握着国家权力的武将根本不懂得治国安邦的道理，只一味地实行残酷的剥削和杀戮政策，为政残暴不法、擅杀妄为，其骄横跋扈之态有愈演愈烈之势。

在这种"武人政治"的环境中，文官的处境可想而知。所以，出现王局长夜戏王宰相的事情也就可以理解了。

但是，赵匡胤心里非常清楚，马上得天下，焉能马上治天下。文治武功相得益彰，才是戡乱之道。而王彦升的擅作主张、恐吓文臣的做法显然与皇帝的治国之道背道而驰，这是他所不能容忍的。

如果说，陈桥兵变之时，王彦升擅杀韩通还算于国有利的话，那么这次"调戏"王溥则是于国大大地有害了。这种兵骄将悍、横行不法的问题若得不到纠正，那么武将擅权、拥兵自重的局面就有可能重演，赵匡胤一手缔造的大宋王朝就有沦为又一个短命王朝的危险，这更是赵匡胤所不能容忍的。

于是，才有了如此之重的处罚。作为开国功臣的王彦升也终于尝到了苦果——终其一生戍守边关，再也未能回中央任职，且终生未被授予节度使一职。

在当时，武将被任命为节度使，就相当于今天军官被授予上将军衔一样，是一种至高的荣誉。与王彦升同为大宋开国立过汗马功劳的诸多将领最后都混到了这一荣誉，唯独他因为自己的擅断妄为，终生与之无缘。

这起事件很明显地释放出了一个信号——赵匡胤要严惩一切胆敢"自主"的将领，五代时期兵骄将悍、鼓噪哗变的局面必须全面扭转！

由大乱到大治，没有一套行之有效的制度和方法是不行的。于是，就有了历史上一段著名的对话。

| 治乱之道 |

平定"二李之乱"后不久，赵匡胤召来赵普商讨军国大事，谈到动情之处，不禁感慨："自从唐朝末年以来数十年间，皇帝换了八个姓，战乱纷纷，民不聊生，这到底是什么原因？我想要平定这种混战的局面，让大宋王朝长治久安，应该如何做呢？"（自唐季以来数十年，帝王凡易八姓，战斗不息，生民涂地，其故何也？吾欲息天下之兵，为国家计长久，其道何如？）

赵普顺势拍了一个马屁："皇上您能意识到这个问题，可真是天地人神之福呀！"

紧接着，赵普亮出了治乱之道，当然也是他长久以来理论联系实际的研究成果："这种局面的出现，没有别的原因，只是因为各地的藩镇太强大，导致君弱臣强而已。现在要治理这种局面，就必须削夺各地藩镇的权力，控制他们的钱粮，收缴他们的精兵，那么天下自然太平了。"（此非他故，方镇太重，君弱臣强而已。今欲治之，惟稍夺其权，制其钱粮，收其精兵，则天下自安矣。）

其实，五代的动乱和中国其他历史时期的动乱根源并无不同，归结于一点就是强枝弱干。中央控制不了地方，那么乱世自然不可避免，而治乱之法当然在于反其道而行，即强干弱枝，也就是赵普所说的"稍夺其权，制其钱粮，收其精兵"，唯有此，才能扭转时局。

赵匡胤听完赵普的高论，喜不自胜。从此，宋朝的一项基本国策就此确定。这项国策的核心就是一个字——防！

防止武将作乱，防止文官擅权，防止外戚乱政……

所有措施的目的只有一个——保证中央集权，进一步说——保证皇权至上！

以防为主的基本国策从此被视为祖宗家法、万世不易，所谓"以防弊之政，作立国之法"，由此也决定了大宋三百余年的国运。

历史唯物主义告诉我们：任何事物都是一分为二的，既然有好的一面，必然也会有不好的一面。宋朝初年定下的以防为主的基本国策，的确在当时对于稳定政权、加速统一起到了巨大的推动作用，但是随着时间的流逝、局面的变化，这条被奉为金科玉律的祖宗家法却产生了越来越多的弊端，宋朝中后期所出现的冗官、冗兵、冗费的情形即肇端于此。

历史就是这样，有时候很精彩，有时候很无奈，而我们在人类的历史长河中各自走向各自的命运。

五代短命王朝的命运，赵匡胤当然不希望在大宋重演，于是，该怎么干还得怎么干，一轮削夺武将兵权的行动拉开了序幕。

建隆二年（961年）三月，在平定李重进叛乱仅仅四个月之后，赵匡胤突然下令中央侍卫禁军总司令（侍卫亲军都指挥使）韩令坤改任成德军区（今河北省正定县）司令，中央殿前禁军政委（殿前都点检）兼镇宁军区司令（镇宁军节度使）慕容延钊改任山南西道军区（今陕西省汉中市）司令。两位执掌中央禁军的大将全部外派，兵权收回。从此以后，殿前都点检一职不再实授。

紧接着，在赵普的建议下，一幕传诵千古的大戏也悄然上演了。

第三十一章 · 百世之基

建隆二年（961年）七月，宋朝的高级禁军将领石守信、高怀德、王审琦、张令铎等人都收到了一封邀请函——大宋皇帝赵匡胤邀请诸位去皇宫开Party。似乎只是一次普通的宫廷夜宴，石守信等人高高兴兴地赴约了。

君臣见面，分外亲热。作为昔日的好兄弟，石守信等人在太祖面前也没有太多的拘束，夜宴的气氛理所当然的温馨而热烈。

┃杯酒释兵权┃

正当大家都喝到兴头上时，赵匡胤大手一挥，屏退左右，拍着石守信的肩膀，眼眶泛着泪光，动情地说："若不是各位兄弟鼎力相助，我赵匡胤也没有今天呐！"

石守信等人面露得意之色，赵匡胤轻轻瞄了一眼，突然脸色凄切，话锋陡转："不过皇帝这个位子也不好坐啊（宝宝心里苦啊），还没有你们当节度使来得快活，朕现在天天都睡不安稳！"

石守信等人听得是一头雾水，忙问其故。

赵匡胤感叹道："这还用说吗，朕现在坐的这个位子，谁不想要呢？！"

石守信等人吓得直冒冷汗，赶紧下跪："陛下何出此言？现在天下已经大

定，谁敢有二心！"

赵匡胤故做无奈状："朕当然信得过你们（这句话是要打个大大的问号的），但是谁敢保证你们的手下就没有一点心思呢？如果有贪图富贵的人（就像当初你们一样），硬是把黄袍披在你们身上，你们自己虽然不想做皇帝（这句话也是要打个大大的问号的），可是形势所逼，在那样的情况下，你们还能拒绝吗？"

赵匡胤此言一出，石守信等人不禁大惊失色——皇上的话都说到这份上了，那还不明摆着对我们这帮兄弟不放心吗！于是，众人皆伏地，哭拜道："我等愚昧，没有想到这么严重，只希望陛下念在兄弟一场的情分上，给我们指一条生路吧！"

赵匡胤笑了笑，顿时释然，开始谈起了人生哲理："人生嘛，就好像白驹过隙，转瞬即逝啊。人活一世不就是追求富贵二字吗，而所谓富贵，也不过就是多攒点钱，多搞点娱乐，让子子孙孙不再受穷而已。各位爱卿，何不放下兵权，卸下重担，为朕出镇四方，守卫沃土，做个封疆大吏，顺便搞点房地产，置办点物业，为子孙们留点不动产。自己每天吃吃火锅唱着歌，顺便跳个广场舞，安享天年，你我再结成儿女亲家，彼此之间没有猜疑，相安无事，岂不善哉？！"（《续资治通鉴长编》："人生如白驹之过隙，所为好富贵者，不过欲多积金钱，厚自娱乐，使子孙无贫乏耳。尔曹何不释去兵权，出守大藩，择便好田宅市之，为子孙立永远不可动之业，多置歌儿舞女，日饮酒相欢以终其天年。我且与尔曹约为婚姻，君臣之间，两无猜疑，上下相安，不亦善乎！"）

赵匡胤这一锅心灵鸡汤，令石守信等人醍醐灌顶，茅塞顿开——皇上都把道给指清楚了，再不顺杆爬，那可就真是太不懂事了。

于是，石守信等人皆拜服："陛下为我们考虑得如此周到，真是把我们当成了生死骨肉啊！"

口头协议就这样达成了，夜宴在宾主双方皆大欢喜的友好气氛中圆满结束。

第二天，参加夜宴的所有将领异口同声地上奏：身体不好，请求免职。赵匡胤欣然接受了兄弟们的辞呈，并大加赏赐。

紧接着，赵匡胤正式下达外调命令：石守信为山东东平军分区司令（天平军节度使），高怀德为河南商丘军分区司令（归德军节度使），王审琦为安徽寿县军分区司令（忠正军节度使），张令铎为河南濮阳军分区司令（镇宁军节度使），将上述中央禁军的高级将领全部外调，其军权均被取消。

不久之后，赵匡胤更是兑现了结为儿女亲家的誓言：赵匡胤的女儿嫁给了石守信的儿子，三弟赵光美则娶了张令铎的女儿。皇族与勋臣旧将结成了紧密的利益共同体。从此，君臣一体，共保大宋。

这就是传说中的"杯酒释兵权"。

| 一杯酒的代价 |

"杯酒释兵权"可以看成是宋朝立国之后皇权强化的一个标志性事件。从此以后，赵匡胤抓住了军权，也就抓住了命根子；而石守信等人放下了军权，也就抓住了钱袋子。

"杯酒释兵权"释去了武将手中的军权，也释去了皇帝心中的包袱，更释去了君臣之间的猜疑，可以说是君臣释然、皆大欢喜。赵匡胤一杯美酒，轻而易举地解决了武将掌控军权的问题，被后人誉为"最高政治艺术的运用"，成为千古佳话。的确，比之刘邦、朱元璋等人在开国之后大杀功臣的做法，赵匡胤此举实在是称得上"厚道"二字。

不过，一枚硬币总是有两面的。石守信等人既然和皇帝签了协议，有了保障，那么搂钱的时候自然不会含糊，而赵匡胤得了便宜，自然也就听之任之，睁一只眼闭一只眼了。所以，石守信等人后半生的主要工作就是搂钱和花钱。史书记载石守信"专务聚敛，积财巨万"。

按理说，有了这么多钱，石财主应该从此过上了快乐幸福的生活吧，可是自古以来，有钱人都有一个毛病：一旦钱多了，心就发慌了，精神不免感到空虚、颓废和寂寞，总得找点精神寄托。于是，石财主就迷上了佛教，在洛阳大兴土木，建造寺庙，劳民伤财，当地百姓不堪其苦。老石的行为方式看着离谱，却也可以理解，套用今天的一句话来说就是：哥花的不是钱，是寂寞！

因此，在我看来，"杯酒释兵权"其实是以民之利换国之基，一杯酒的代价却是无数的民脂民膏！

| 制度永远最重要 |

削夺石守信等人的军权后，赵匡胤曾经想让天雄军节度使符彦卿统领禁军。

符彦卿，是李克用的养子李存审（原来姓符，被李克用收养后改姓李）的第四子，十三岁时就能上马杀敌了，也算是五代的一员骁将。

不过，五代时期，名将如云，若单论武功，老符削尖了脑袋，恐怕也挤不进前十。但是，如果说到命好，恐怕算是第一了。

符彦卿的三个女儿，两个嫁给了后周世宗柴荣，且先后被立为皇后，另一个女儿嫁给了宋太祖的弟弟赵光义，后来也被立为皇后。三个女儿均为皇后，老符借此贵为两朝国丈，这命好得真不是一点半点啊！放着现在，老符完全可以闲来无事写一本《育女心经》（不是《玉女心经》啊，看错的同学自觉鄙视一下自己），抖一抖皇后的培养秘诀，保证立马闯入国内畅销书前三名，绝不是吹的！

由于这层姻亲关系，赵匡胤兄弟俩对符彦卿都比较敬重，也正因为如此，赵匡胤觉得把兵权交给老符比较放心。可是赵普不放心。这边赵匡胤把任命状都拟好了，那边赵普就是压着不发，并力劝宋太祖深思。

赵匡胤怒了："朕对符彦卿不薄，他绝不会辜负我！"

赵普马上回了一句："周世宗对陛下也不薄，陛下何以负周世宗？！"

赵匡胤一听，愣了，默不作声，最终收回了成命。

至此，在赵普的循循善诱下，赵匡胤总算明白了一个道理：制度永远比人重要！千万别迷信人！一个合格的政治家首先要做到的，就是绝对不能感情用事！

也就是从这一刻起，赵匡胤彻底抛弃了对人性品德的幻想，转而以制度建设为核心，集中全力解决五代乱政的根源，重新构建新王朝的各项军事制度。

| 办法是想出来的 |

在赵普的建议下，赵匡胤采取的第一个措施，就是对中央禁军的机构进行改革，将原来的两司改为三衙，即将原来的侍卫司和殿前司调整为殿前都指挥司、侍卫马军都指挥司和侍卫步军都指挥司，这就是所谓的"三衙统领"。这种机构设置的结果就是：禁军的权力被一分为三，相互制衡。

同时，赵匡胤又选拔了一批参加革命时间不长、群众威望不高、资历较浅的将领担当三司的长官。这样做的好处很明显，三个打工仔之间互相牵制，防止专权，从而保证皇帝对中央禁军的绝对控制权，皇权得到了进一步强化。

第二个措施是：建立不同于前朝的军事调拨机制。

枢密院是当时的中央最高军事机关，掌管着全国军队的调动大权。为了保证皇权对于军队的绝对控制，赵匡胤定下了一个铁打的规矩——枢密院必须直接秉承皇帝旨意，有皇帝正式签署并敕印的诏书才能调动全国军队，否则一兵一卒都不能动。由此，军队的调动和指挥大权就被皇帝直接掌握了。

同时，枢密院与三衙又各有所司：枢密院有调兵之权，却不掌管军队；三衙掌管军队，却无调兵之权。通过这种制度的设计，使得调兵权与领兵权分离，各自独立，相互制约，即所谓"兵符出于枢密，而不得统其众；兵众隶于三衙，而不得专其制"。

此外，为了保证皇帝对军权的直接控制，赵匡胤还规定，今后每逢战事，均由皇帝临时性地任命统帅（率臣）领兵出征，战争一结束，统帅立刻回枢密院交接兵符，向皇帝报到，同时罢除兵权，即所谓"枢密掌兵籍、虎符，三衙管诸军，率臣主兵柄，各有分守"，从而实现了"发兵之权""握兵之重""统兵之职"的分立，这样就使兵将分离、将不专兵，武将专权的风险由此大大地降低了。

第三个措施是：建立内外相维的兵力配备制度。

赵匡胤采纳赵普的建议，把禁军的兵力一分为二，一半屯驻在京城，一半戍守各地，使京城驻军足以对付外地可能发生的变乱，同时外地驻军联合起来也足以制止京城驻军可能发生的内变。内外军队互相制约，大眼瞪小眼，谁都不敢搞小动作。而坐在上面的大Boss——皇帝也就可以牢牢地控制全国的军队了，即所谓"内外相制，无轻重之患"，这就是"内外相维"的军事力量分配原则。

第四个措施是：实行兵将分离制度。

赵匡胤以"习勤苦，均劳逸"为名，命令无论驻屯京城的禁军，还是驻在外地的禁军，都必须定期调动：京城驻军要轮流到外地或边境戍守，内外轮换，定期回驻京师。这种轮流驻防的办法被称为"更戍法"，名义上是锻炼士兵吃苦耐劳，实际上是借着士兵的经常换防，造成"兵不识将、将不识兵，兵无常帅、帅无常师"的局面，将领很难在士兵中建立自己的声望，也就再也不能率兵同皇帝对抗了。

为了锻炼士兵的体能，防止士兵偷懒，赵匡胤甚至还定下这样一条军规：部队若驻扎于城东，则必须将军粮所安置于城西，士兵若要取得每月的口粮，必须从城东跑到城西自己去拿，即所谓"兵不至于骄惰"。

于是，在当时的中国大地上出现了这样一个奇特的情形：一拨一拨的士兵在广袤的国土上来回奔波，春秋寒暑，日复一日，每一个士兵几乎总是处于运动状态。远远望去，好似蚂蚁搬家。

所以说，给赵匡胤打工，想偷懒恐怕是办不到的。

| 强干弱枝 |

在对中央禁军的军事制度进行大刀阔斧的改革的同时，赵匡胤对地方藩镇也亮出了手术刀，其做法正是按照赵普的建议实施的，即"强干弱枝"，从政权、财权、军权三个方面来削弱藩镇。

第一，削夺其权。

为削弱各地节度使的行政权力，赵匡胤规定，由中央派遣文官出任知州、知县等地方官，五代时期武夫掌管地方政权的局面开始得以改变。同时，在知州之外设立通判，二者共掌政权，互相牵制，分散和削弱了地方长官的权力，使一州之权不致为知州把持，防止偏离中央政府的统治轨道。

由于通判的权力太大，很多地方甚至出现一种有趣的现象：一旦通判与知州的意见相左，通判居然敢对着知州叫唤道：你小子老实点，我是朝廷派来监督你的！作为一州之长的知州对此居然束手无策，无可奈何。

北宋大文豪欧阳修在其文集《归田录》中，就曾记载过一个关于"通判"的趣事。当时的大宋朝廷中有一名中央官员名叫钱昆。有一次，他向朝廷请求外放任职地方，组织收到钱昆的申请后很重视，立刻派人来和他谈话，征求意见："钱兄，你想去哪个州任职啊？"这个钱昆是浙江余杭人，从小就喜欢吃螃蟹，于是这位仁兄便不假思索地回答道："只要是有螃蟹没有通判的地方，就行啊！"众人闻言皆大笑。

仅此一例，就可以看出地方官员对通判的敬畏之心。通判一职的设立，有效地分割了地方权力。从此，大宋王朝地方官员擅权的风险大大降低。

第二，制其钱谷。

为限制各地节度使的财政、粮饷、权限，赵匡胤规定地方钱粮赋税必须大部输送中央，并在各地方设置专门的财务人员——转运使来主管该项工作。将一路所属州县财赋，除留少量应付日常花销外，其余的钱帛都要送到京城，上交中央政府，不得占留，这样地方的财权就完全收归中央了。没有了钱袋子，地方藩镇再想搞分裂就很困难了。这一举措就造成了另一种有趣的现象：中央富得流油，地方年年哭穷。

第三，收其精兵。

为限制地方的军事力量，赵匡胤下令各州将地方部队中骁勇的兵士，全部选送到京城补入禁军。同时，挑选出强壮的士卒定为"兵样"送到地方，这些作为标准的士兵往往具有"琵琶腿、车轴身"的特点。通俗一点说，就是下身长、上身壮。据说具备这样身材的人，力气往往比较大。于是，这些精心挑选出来的长腿欧巴们成了军营的Model。各地均按照此标准招募新兵，然后送到京城充入禁军。这样一来，中央禁军便集中了全国精兵，而地方军队只剩下老弱病残，再也无力对抗中央。于是又一种有趣的现象出现了：禁军部队身强力壮、舞枪弄棒，地方部队也就只能搞搞联防了。

赵匡胤的这些措施，用南宋理学家朱熹的话来说，就是"兵也收了，财也收了，赏罚刑政一切收了"（出自《朱子语类》），藩镇割据所赖以支撑的权力基础被彻底摧毁了。

赵匡胤通过对国家军事制度的改革、对地方藩镇权力的剥夺，彻底改变了五代时期藩镇割据、朝廷羸弱、武夫跋扈、文臣无权的状况，形成了"收乡长、镇将之权悉归于县，收县之权悉归于州，收州之权悉归于监司，收监司之权悉归于朝廷"的局面，皇权在赵匡胤手中得到了空前的强化。

而这些措施也被宋朝的后继者们视为太祖皇帝定下的祖宗家法，被誉为"百世之基"，为宋朝三百余年的国运奠定了坚实基础。

第三十二章 · 雪夜定策

从建隆元年到建隆二年，短短两年时间里，劳动模范赵匡胤一刻也没歇着，平内乱、收兵权、减赋税、修水利、选人才、定制度，事无巨细，事必躬亲。大宋王朝在赵劳模的治理下，国力蒸蒸日上，一派大好景象。在敬业这一点上，赵匡胤像极了师父柴荣，不愧是名师出高徒啊！

转眼就到了建隆三年（962年）正月初一，老百姓们互相串个门、拜拜年，而朝廷官员们照例也应该给英明神武的皇帝歌功颂德、鸟生鱼汤（尧舜禹汤）一番。可是，赵匡胤却"不受朝贺"，似乎压根就没有这个心情。

为啥呢？

| 金匮之盟 |

原来就在刚刚过去的建隆二年六月，赵匡胤的母亲杜太后去世了。

杜太后的仙逝，不仅给赵匡胤留下了无尽的伤痛，更给后人留下了无尽的猜测。而所有猜测均来自一个谜，一个被称为"金匮之盟"的谜。

据《宋史·昭宪杜太后列传》记载，建隆二年，即赵匡胤称帝的第二年，杜太后生病，皇帝亲自侍奉汤药、不离左右，后来病情渐渐加重，太后自知时日无多，遂急召赵普入宫口授遗命。

杜太后问赵匡胤："你知道你为什么能得天下吗？"

赵匡胤悲痛欲绝，呜咽着说不出话来，杜太后执拗，坚持要赵匡胤回答，赵匡胤只好对曰："我之所以能得天下，皆赖先祖和太后的恩泽（也就是说，我命好，祖坟冒青烟嘛）！"

杜太后说："非也！恰恰是因为周世宗只留下未成年的幼子主掌天下，所以才让你小子钻了空子。假如周朝有成年的君主在位，天下怎么可能为你所有呢？所以，我留下遗命，你死之后，将帝位传于你的弟弟。天下那么大，人口那么多，国家能立成年的君主，乃是社稷之福啊！"

赵匡胤听完已是泪流满面，磕着头说："不敢不听太后教诲！"

杜太后又吩咐赵普道："你也要记住我所说的话，不可违背！"说完后，杜太后又命赵普于卧榻之前将遗命写成誓书，赵普写完后在结尾记上"臣普书"三字，随后将誓书藏入金柜（即"金匮"）之中，命谨慎的内侍保管。

以上就是史书中关于金匮之盟的详细记载。从这些文字中，我们可以获得哪些信息呢？

第一，杜太后是个比较勇敢的老太太。为什么呢？因为她在皇位继承问题上敢冒天下之大不韪，敢于打破自西周以来被誉为"百王不易之制"的嫡长子继承制，一个妇道人家有如此勇气实属难能可贵。

第二，杜太后是个比较糊涂的老太太。为什么呢？因为老太太病重之时，赵匡胤只有34岁，正值壮年。弟弟赵光义才22岁，而赵匡胤的长子德昭已经10岁了。此外，当时赵匡胤身体健康，小伙子一顿能扒拉三碗米饭，吃嘛嘛香，干起工作来也是精神头十足，完全没有短命夭折的迹象。即使赵匡胤只能再活10年，长子德昭也已经20岁，何来幼主之说？事实上，赵匡胤在位16年，驾崩时长子德昭已经25岁了。

难道杜太后神机妙算，算准了自己的大儿子活不过10年？

更重要的一点是，既然杜太后设立金匮之盟的初衷是为了防止宋朝成为五代之后第六个短命的王朝，那么她理应考虑到赵匡胤传位于赵光义之后，接下来该怎么办的问题。是传位于自己的三儿子赵廷美，还是传位于赵匡胤的长子德昭，抑或是传位于赵光义的儿子呢？

为什么对于这个重大的问题，她一个字都没说？难道杜太后又神机妙算，算

准了宋朝传到赵光义手里就玩完了？

当然，有人会说不对，金匮之盟还有个"三传约"的说法，即杜太后要求先传赵光义，再传赵廷美，最后传给赵德昭。可是，我想说，我的天呐，作为德昭的小叔叔，廷美仅比德昭大4岁，杜老太太就能这么自信地料定，赵廷美一定死得比赵德昭早吗？

况且，这么一辈一辈地兄终弟及，赵光义这一辈还好说，到了赵德昭这一辈，难道还要德昭传德芳，德芳再传赵光义的儿子赵元佐？然后，元佐再传元僖？然后……然后就乱成一锅粥了……

这样传下去，怎么看怎么乱，怎么都像是一个解不开的死结。

正是这诸多的疑点，令史学界至今对金匮之盟仍然争论不已，而最关键的问题还在于，金匮之盟与宋朝另一千古之谜——"斧声烛影"有着千丝万缕的联系，所以注定这两大谜案更加云谲波诡。

正所谓仁者见仁、智者见智，本人对这两桩千古谜案也有着自己的理解。在这里，请各位看官允许我先卖个关子，在此留个悬念，待赵光义正式上岗之日，就是拨云见日之时。

| 赵匡胤的邻居们 |

身为孝子，母亲的去世令赵匡胤不胜悲伤；而作为帝王，李璟的死讯又令赵匡胤喜不自胜。

建隆二年七月，杜太后崩逝一个月之后，饱受惊吓的南唐国主李璟也急匆匆地买了车票，奔往西方极乐世界。李璟的儿子李从嘉于金陵即位，改名李煜，即史上有名的南唐后主。

俗话说，一方水土养一方人。江南的和风细雨催生了诗一般的境界，也催生了李后主诗一般的情怀。

作为南唐之主，我们姑且不论李璟和李煜的治国之才，单说文学素养，这二位爷可真是名副其实的才子。可惜，江南的暖风在吹绿江南岸的同时，也将这二位爷的腰给吹软了。

李璟对柴荣极尽奴颜婢膝之能事，李煜较之其老子，更是青出于蓝而胜于蓝。登基伊始，为了孝敬赵老板，李煜马上派户部尚书冯延鲁（老熟人了）给赵匡胤送了一份厚礼：金两千两、银两万两、锦帛三万匹，并且低声下气地写了一封信，一再表达愿做大宋王朝忠臣孝子的决心和信心。

赵匡胤很满意，他喜欢听话的人，而李煜就是个很听话的人，让他往东，绝不会往西。但是，赵匡胤还不是完全满意，因为卧榻之侧，皆他人家也。

虽然自己是皇帝，可是拿起地图仔细一瞅，大宋王朝其实也就一亩三分地。从首都开封往北，不到五百里就是北汉的院子；再往北就能看见契丹人的帐篷了；往南走，左拐，能碰到两个正在饮酒作诗、昏昏欲睡的南唐人；右拐，一不留神就能遇上一群打劫的，不用问，是南平那疙瘩的；再往南，就能遇上两渔民，口音是长沙话，这是武平人；继续往南走，没准会遇上两个读书人，声音细得像女人，这是南汉的读书人；往西走，过秦岭，趋汉中，一过剑门，就会发现满大街都在吹吹打打，家家户户都在嫁女成亲，这情形，一定是后蜀的老百姓。

与中原的宋朝相比，赵匡胤的这些邻居们似乎都在声色犬马中流连忘返，不是在搞选美，就是在开酒宴，与一不小心喝醉了都要开展深刻的批评与自我批评的赵匡胤相比，实在差得不是一点半点儿。

于是，在杯酒释兵权、稳定了内部政权之后，雄心壮志不逊于柴荣的宋太祖，心里谋划着对外用兵了。

｜雪夜定乾坤｜

开封城。

冬夜。

赵府。

家家户户都已经亮起了灯，纷纷扬扬的大雪丝毫没有停下来的意思，街头的行人寥寥无几，酒肆也趁早打了烊。刚刚下班的赵普抖了抖身上的积雪，快步迈入了家门。

太祖自登基以来，国家大事，事无巨细，都喜欢和这位患难与共的掌书记商讨，有些时候，退了朝，赵匡胤没事还会来赵普家串门，顺便尝尝赵夫人做的烤肉。所以赵普下班以后，一般都不急着换朝服，依旧一身职业正装，正襟危坐地等着不知道什么时候冒出来的皇帝。

"今天大雪纷飞、天寒地冻，皇上应该不会来了，快把衣服换了吧。"赵夫

人捧着便服从内室走出来。

脱还是不脱？这是一个问题。

赵普略沉吟，再抬头看看外面这一片白茫茫的世界："嗯，换装吧。这个天气，估计皇上也回宫歇息了。夫人，暖一壶酒，咱们好好喝一盅。"

"中！"

赵普换上一身便装，丫鬟将书房的灯点好，赵普坐到书桌前，顺手翻起了案头上的《论语》。公务之余读读书，已经成了他的习惯。

"危邦不入，乱邦不居。天下有道则见，无道则隐……"看到入神之时，赵普不禁轻声读了起来，转念一想，"当今圣上，雄才大略，志在四方，得此有道明君，何愁天下不定，万民不安？"

"咚咚咚……咚咚咚……"

一阵清脆的门环声划破了夜空的宁静。

"这么晚了，会是谁呢？"赵夫人疑惑地向大门望去。

"咚咚咚……咚咚咚……"

"赵六，快去开门。"赵普轻轻合上书本，吩咐道。

"是，老爷。"

吱呀一声，大门开了，只见门口站着一个雪人，连眉毛胡子都挂满了一层白霜，不过那双乌黑发亮的眼睛却在雪光的映衬下越发显得炯炯有神。

"哎呀，微臣接驾来迟，万望陛下恕罪！"赵普诚惶诚恐地伏地磕头。

"哈哈哈，朕雪夜不请自来，只为讨爱卿一杯酒喝，不知可否啊。"赵匡胤抖了抖身上的积雪，大步迈了进来。

"微臣求之不得，求之不得！"

"哈哈哈，光义也来了，今日咱们君臣三人一醉方休啊！"

赵光义满脸堆笑，亦步亦趋地跟在赵匡胤后面，步入了厅堂。

"好久没有尝尝嫂夫人的手艺了，可馋死朕喽，哈哈哈！"

"让陛下见笑了，臣妾这就去准备。"

不多时，热腾腾的炭火盆端上来，整个厅堂一下就暖和了，君臣三人围炉而坐，赵夫人在一旁烤肉，做起了拿手好菜——开封料理，简称KFC（开封菜）。

须臾之间，浓香四溢，赵匡胤大喜，与光义和赵普就着烤肉开怀畅饮。

酒酣耳热之际，赵普轻声问道："陛下，今日如此大雪，为何未在宫中歇息，却屈尊移驾寒舍呢？"

赵匡胤泛着红光的脸上突然掠过一丝愁云："卧榻之侧，皆他人家！朕睡不着啊！所以特来找你聊聊。"

赵普肯定地点点头："微臣知陛下素有大志，意在一统天下，平定九州。"

赵匡胤独自喝了一杯酒，叹道："这正是朕雪夜来访的原因。"

赵光义顺势插了一句："天下分崩日久，生灵涂炭，民不聊生，皇兄为此寝食难安、夙夜忧叹，赵书记腹有良谋，定能助皇兄一臂之力。"

赵普谦逊道："将军过奖。普生逢乱世，亦感同身受，但臣学识有限，实无良策可言。"说完看着太祖，笑曰："陛下恐已成竹在胸了吧？"

赵匡胤不假思索地说："朕欲先取太原，爱卿以为如何？"

赵普一愣，随之沉默良久，厅堂里只剩下炭火的噼啪之声。

"陛下，臣以为不可。"赵普终于开腔了。

"说来听听。"

"太原国力羸弱，且是我朝宿敌，表面上看先取太原并无不可。但是，太原北倚契丹，留太原则可为我朝之屏障，以绝契丹边患；若取之，则自毁藩篱，反引外患。依臣愚见，不若效前朝枢密使王朴《平边策》中所定之策，先易后难，先南后北，待南方诸国皆平，则此弹丸之地取之不晚。还望陛下三思。"

一口气说完之后，赵普仍是一脸严肃。

"哈哈哈！朕正是此意，刚才不过是聊以试探一下爱卿而已。"赵匡胤拊掌大笑。

赵普释然，忙举杯敬太祖道："陛下神武，愚臣不及万一。"

"哈哈哈……"君臣三人相视而笑。

夜，更深了。

雪，更大了。

在这个风雪飘摇的夜晚，一幕九州一统的宏大蓝图已经悄然确定，饱经战乱的中华大地即将在浴火中重生。

第三十三章·

猛士守四方

雪夜定策确定了"先易后难""先南后北"的战略方针之后（其实仍然是王朴《平边策》中所确定的战略方针的延续），赵匡胤加紧了战争的准备工作。为了确保对南方专心用兵，他首先进行了一番边防的部署。

建隆三年四月，赵匡胤下诏：命赵赞驻扎延州（今陕西省延安市）、董遵诲驻扎环州（今甘肃省环县）、王彦升驻扎原州（今甘肃省镇原县）、冯继业驻扎灵武（今宁夏回族自治区灵武市），用以防备党项。

命李汉超驻扎关南（指三关以南，即瓦桥关、益津关、淤口关）、马仁瑀驻扎瀛州（今河北省河间市）、韩令坤驻扎常山（今河北省石家庄市）、贺惟忠驻扎易州（今河北省易县）、何继筠驻扎棣州（今山东省惠民县），用以抵御契丹。

命郭进驻扎西山（太行山以西）、武守琪驻扎晋州（今山西省临汾市）、李谦溥驻扎隰州（今山西省隰县）、李继勋驻扎昭义（今山西省长治市），用以防御北汉。

┃用人不疑┃

为了让这些边关将领安于本职工作、认真备战备荒，大老板赵匡胤可没少费心思。

边关将领的家属凡是居住在首都开封的，朝廷给予的照顾都非常优厚，福利分房、医疗保险，一个都不少，时不时还组织一些拥军优属活动，掀起拥军爱民的新高潮。边防各地的地方财政收入全部归边关将领所有，并且专门搞了若干个自由贸易区和免税区，让他们自由贸易，一切贸易活动均免税，就是搞点走私活动也是可以理解的。

赵匡胤的意图很明显：既然肯把脑袋拴在裤腰带上为我卖命，那么我也就舍得大价钱，该花花，该捞捞，只要能保证国家安全，其他都好说。政策这么好，想不发都不行啊，边关将领个个富得流油。

同时，赵匡胤对这些守边的大将坚持一条基本原则——用人不疑。史书中记载的下列几件事，很能说明这一点。

横海节度使张美奉命镇守北边重镇沧州（今河北省沧州市），北御契丹。有一次，有人跑到京城来告状，称张美在沧州搜刮民财，还强娶其女为妾，闹得满城风雨，京城一时议论纷纷。赵匡胤听闻此事，便亲自召见了这个告状的老百姓。

赵匡胤和颜悦色地问："老人家，张美未到沧州之前，沧州一带安定吗？"

老人想了想，如实禀告："不安定，契丹人经常来骚扰。"

赵匡胤又问："那张美到任后，又怎么样呢？"

此人倒也实在，又想了想，实话实说："老百姓再也没有刀兵之祸了。"

赵匡胤一听很满意，于是劝慰道："这样看来，张美对于沧州的安宁有大功呀。以前契丹人入侵，边将抵御不力，当地的老百姓每年都要遭到祸害，家破人亡的惨剧不胜枚举。如今张美镇边修备，守住一方平安，老百姓才能安居乐业啊。如果还像以前一样，边患连连，试想，你还能保全家财子女吗？朕罢免一个张美并不难，可是一旦罢免，沧州百姓的平安又当何所寄呢？"

见老人若有所思，赵匡胤又接着问："老人家，你共有几个女儿，嫁的又是何人啊？"

此人又如实禀告，称女儿嫁的都是普通的农家。

赵匡胤笑着说："你的其他几个女儿嫁的都是普通人家，而张美则是国家的封疆大吏，是朕的股肱之臣，他因为喜爱你的女儿才娶了她，必定不会亏待她。而且，将来张美立了功，朕还会厚加奖赏，让他光宗耀祖、封妻荫子。你说，你的女

儿是嫁给我的贵臣好呢，还是嫁给一个村野莽夫好呢？"

赵匡胤的一番话，令告状的老人茅塞顿开。老头儿扳着手指仔细算了算账，咧着嘴笑了。于是，满腹委屈顿时化作满腔欢喜，哭哭啼啼而来，高高兴兴而去。

安抚了告御状的老汉，赵匡胤回过头来又赐给张美的老母亲一万两白银，并让其带话给张美："你缺钱花，应该向朕如实禀报，不应当向老百姓索取。"

赵匡胤此举，无疑是在敲打张美，告诉他，不但要守好边，还要为好政。张美得悉此事后，既惶恐又感激。惶恐的是，赵匡胤警告了自己；感激的是，虽是警告，但仍用人不疑，不但帮自己安抚了百姓，还给了老母亲赏金，让自己安心守边。

从此，张美发愤图强、清廉自守，不久便以政绩卓著而闻名。

| 猛将郭进 |

西山巡检使郭进奉命戍边，防备北汉。郭大将军，号令严整，御下甚严。赵匡胤很欣赏这员猛将，每次调兵前往的边塞隶属郭进的话，赵匡胤总会再三叮嘱这些士卒："你们一定要谨守法令，否则，就算我能宽恕你们，郭进也饶不了你们。"

赵匡胤曾经将自己身边的侍卫三十人划拨郭进麾下。当时正好赶上郭进领军与北汉交战，这些侍卫中有人临阵退缩，结果被郭进斩首者达十余人。消息传来，侍卫部队中顿时议论纷纷，大家都为自己昔日的兄弟死于非命而愤愤不平。何况，打狗还得看主人，郭进竟然连皇上的侍卫也敢擅杀，胆子也太大了。

侍卫们的反应，赵匡胤自然很清楚，他的处理方法却是派使臣到前线抚慰郭进，说："这些人自认为是朕的宿卫亲兵，就桀骜不驯、不遵法度、临阵脱逃、军纪涣散，你杀得对！"从此，无人再敢违背郭大将军的军令。

一次，郭进手下的一名军校进京告状，污蔑郭进有不法之事。赵匡胤大怒，认定其离间君臣、诬告陷害，遂命人将其捆起来，绑送郭进军中，让其亲手斩杀。郭进倒也是大丈夫气概，不与此人计较，反而很欣赏他告御状的勇气，于是便放了他，让他戴罪立功，并表示如果他能知耻而后勇、立下战功，自己还将亲自举荐他升官。此人后来果然踊跃作战，立下大功。

郭进言而有信，立刻将反映此人战功的奏章呈送京城，请皇帝赏以官职。赵匡胤收到奏章，仍是愤愤不平，对此人当初诬告自己爱将之事耿耿于怀。大宋皇帝表示，此人诬陷我忠良之臣，这些战功就当赎罪，不可再赏官，又把奏章退还给郭进。郭进也固执，再次上书请求，表示自己说话算话，不能失信于人，如果失信，则今后无法用人了。最终，赵匡胤准奏，赏了此人官职，算是帮助郭进兑现了诺言。

不仅如此，开宝三年（970年），赵匡胤还下令在京城为郭进修建府邸，建筑材料的规制甚至与王室相同。朝臣有异议，认为与礼制不符。面对这些迂腐的建议，赵匡胤怒了："郭进控扼西山十余年，为国守边，使朕没有北顾之忧，朕对待他难道不应像对待我的子女家人一样吗？"赵匡胤越说越激动，最后表示："亟往督役，勿妄言！"说白了就是"赶紧去督办建造，少扯犊子"，潜台词是"You can you up, no can no BB"。

郭进也对赵匡胤的知遇之恩感激涕零，从此更加用心守边，保境安民。

｜欢喜小冤家｜

还有一位需要隆重介绍一下。他就是曾经的随州好男儿、现在的通远军节度使董遵诲。

当年赵匡胤落魄之际，寄居其父董昌本家中，因为羡慕嫉妒恨，小董同学羞辱了当时还是待业青年的小赵同学。练过铁头功的赵匡胤当然不甘受辱，拂袖而去。这段陈年旧事，赵匡胤没忘，董遵诲也忘不了。

更重要的是，风水轮流转，当年的待业青年成功逆袭，成了大宋王朝的大老板，而这位自命不凡的董大公子此时是大宋禁军的骁武军指挥使，赵老板手下的打工仔。

董遵诲肯定悔得肠子都变色了。唉，只怪自己眼拙啊。偏偏没多久，他就接到皇帝的诏令，命其上殿觐见。

看着诏令，董遵诲死的心都有了。最后，在夫人的劝慰下，才勉强答应觐见新皇帝。他战战兢兢地进了宫，刚一上殿便磕头请死。

赵匡胤忙令左右将他扶起，好言安慰，笑道："朕治天下，以赦免过失、奖赏功劳为原则，怎么会因旧怨怪罪你呢。你不要忧虑，朕还需要你为国出力呢。"说罢，于便殿赐宴，与当年的欢喜小冤家一起开怀畅饮。

酒酣耳热之际，赵匡胤高兴地回忆起当年的趣事，笑着问董遵诲："爱卿还记得往日紫云如盖、黑蛇变龙的梦吗？"

董遵诲脑袋瓜转得快，一听此话，顺势一拍："此梦正应在今日！陛下乃真龙天子，微臣当时眼拙，实在是罪过，罪过啊！"

赵匡胤闻言笑道："爱卿何不再敬我一杯。"

董遵诲立刻起身敬酒。

当晚，两人喝得兴高采烈，聊起当年相处的种种趣事，不禁相视大笑、开怀畅饮，董遵诲心下乃安。

不久，关于董遵诲同志与大宋皇帝的那段陈年旧事迅速传遍了京城。董遵诲手下几名军校以为皇上只是做做样子，将来一定会严惩他。毕竟，董大公子曾经羞辱过当今天子。于是，为了摆脱与董遵诲的干系并借机扳倒他，这几名军校便敲响登闻鼓，向皇帝联名揭发董遵诲十余条罪状。

董遵诲吓得面无人色，以为这次必死无疑。赵匡胤却大度地表示不予追究，反而问董遵诲其母何在。董遵诲不明其意，只得如实禀告，称其老母因战乱流落契丹境内，已多年未有音信。赵匡胤表示，知道了，厚赏董遵诲并安抚之。

告状一事，就此打住。董大公子千恩万谢，拜别皇帝。不久，董府喜事临门，董遵诲的母亲居然从契丹安然无恙地回来了。原来，得知董母流落契丹的消息后，太祖皇帝马上派人在宋辽边境一带出重金寻董母，终于找到了董母的下落，于是派人秘密护送董母入境，送还董遵诲家中。同时，赵匡胤正式下诏，委任董遵诲为通远军节度使，镇守环州，防备西北的党项。

赵匡胤密访董母、千里护送、迎回中原，同时对董遵诲委以重任、托付边关。端的是一派帝王气度！其以德报怨的厚道之举，令昔日的欢喜小冤家董遵诲感激得无以名状。

遇上这么好的领导，不把活儿干好，对得起自己的良心吗？！

从此，董遵诲对赵匡胤忠贞不贰，为大宋尽职尽责。他单人独骑，深入西北各部落，宣传国家的民族政策，真诚结交各族朋友，使得"诸族酋长，众皆悦服"，终于用出色的工作业绩回报了赵老板的一片真心。

赵匡胤在对待边防将帅的问题上用人不疑、荣宠备至，一旦任用，全力支持，甚至十几年"不易其任"，让他们长期担任边关的防务长官，吃透边境的形势、掌握边防的敌情，只要立功，就厚加赏赐，金钱荣誉赏之不惜。

正如史书所说："帝宠异将帅类此，故能得其死力。"受人之托，忠人之事，拿人钱财，替人消灾。既然得了大老板的好处，这些边关将领也就玩命地干了。

俗话说，有钱能使鬼推磨。有了钱，以张美、郭进、董遵诲等人为代表的新一代大宋边将底气也就足了，他们以金钱开道，用钱财招募不要命的主儿，让他们深入敌境、大搞间谍活动，编织了一个庞大的地下情报网络，边境敌人的一举一动皆被提前知晓，一切尽在掌握中。于是，敌人每次准备侵犯边境，这些将领们都提前扎好口袋、设下埋伏、请君入瓮、痛击敌人。

此后很多年，大宋的西方和北方的边防都非常安定，赵匡胤这才免去了后顾之忧，得以腾出手来专心对付南方。

不疑则将校用命，不吝则军士效死。

古往今来都是这个理儿啊！

第三十四章 · 兵者诡道

万事俱备，只欠东风。

赵匡胤这边正在磨刀，那边就已经有人送上门来了。

| 想啥来啥 |

建隆三年九月，南楚武平节度使——武平地区（今湖南省）最高行政长官周行逢同志因病医治无效，于朗州（今湖南省常德市）逝世，享年四十六岁。其子周保权继任其位，年仅十一岁。

周行逢同志是在血与火的考验中成长起来的地主阶级革命家，在南唐灭楚的过程中，与南唐帝国主义斗智斗勇，成功地将侵略者驱逐出境，并最终主掌湖南全境，成为名副其实的湖南王，光荣晋升为十世纪五十年代中华大地新一任地方土豪。因此，这个人还是颇有点见识的。

周行逢病重之时就曾断言，他死之后，衡州刺史张文表一定会起来作乱。周行逢交代手下官员，到时务必令大将杨师璠出兵征讨。

周半仙的预言真的实现了。

果不其然，张文表一听说老周挂了、小屁孩周保权继任后，勃然大怒："想当年，爷和周行逢一起，脑袋别在裤腰带上才打下了这份家业，现在老家伙死了，当然应该由我掌权，没想到这个忘恩负义的小人居然将位子传给儿子，我怎么可能北面侍奉一个小屁孩！"

于是，抄起家伙就出了门。

正巧，周保权遣兵赴永州（今湖南省永州市零陵区）驻防，路过衡州（今湖南省衡阳市）。到嘴的肥肉哪能放过，张文表趁机裹挟了这支军队，发动了兵变。然后，他命令全军缟素、披麻戴孝，伪装成奔丧的样子，一路哭哭啼啼直奔潭州（今湖南省长沙市）。

武平军区潭州司令廖简同志是新时期学习赵括的积极分子，典型的志大才疏。他平时就对张文表不屑一顾，总是看不起比他早一点参加革命工作的老张同志，动不动就指桑骂槐、横挑鼻子竖挑眼。这次听说张文表率军路经潭州，廖司令竟然丝毫不加防范，依旧在城内酒池肉林、大宴宾客。

手下人急报叛军已经抵达城下，廖大帅还满不在乎，照吹不误（反正吹牛不上个人所得税），声称对于文表小儿，自己手到擒来。结果，张文表未遇到任何抵抗，大摇大摆进了城，叛兵一拥而入。

此时廖同学已经喝得一塌糊涂，连刀都拿不稳了，杀鸡都杀不动，何况杀人。手到擒来的牛皮到此也就吹破了，只好使出最后的撒手锏——骂街，对着张文表破口大骂。

老张没兴趣和他对骂，直接上去就是一刀，把这台复读机的电源直接给掐了，顺便取了印绶，自称潭州留后（候补市长），给武平中央政府递了奏章。

周保权得知张文表攻陷潭州的消息，大吃一惊，一面令大将杨师璠率军平叛，一面赶紧拨打110，请警察叔叔赵匡胤出手救援。

真是想什么来什么！

接到周保权小朋友的鸡毛信，赵叔叔大喜过望，立即召集群臣商议，很快定下了一条假途灭虢之计。

| 假途灭虢 |

假途灭虢的故事，记载于《左传·僖公二年》。

Long long ago的春秋时期，雄心勃勃的晋献公厉兵秣马，准备大展宏图。为了夺取崤函要地，他决定南下攻打虢国（首都上阳，今河南省三门峡市陕州区），

但虞国（今山西省运城市平陆县北）地处虢国的北面，为晋攻虢的必经之路。

晋献公为了防止两国弱弱联合、抵抗晋国，遂采用大夫荀息各个击破之计，先向虞借道攻虢，再伺机灭虞。

周惠王十九年（公元前658年），晋献公派荀息携良马、美玉等厚礼重宝贿赂虞国，请求借道攻虢。虞国大臣宫之奇识破了晋国的险恶用心，极力劝阻，但虞公贪图财物，不仅满口答应晋兵路过虞国，还主动发兵充当晋军的急先锋。

当年夏天，晋虞联军攻下了虢国重镇下阳（今山西省运城市平陆县），晋国从此控制了虢虞之间的交通要道。

周惠王二十二年（公元前655年），晋国又故伎重施，再次向虞国借道。这次宫之奇又极力劝谏："虢国是虞国的屏障，和我们唇齿相依。唇亡齿寒，假如虞国被晋吞并，那么虢国灭亡的日子也就不远了。"但是愚蠢贪婪的虞公仍执迷不悟、不听劝阻，甚至认为晋、虞是同宗，不会相欺。

事态的发展果如宫之奇所料，晋在灭虢后，回师驻于虞，乘虞不备，发动突袭，一举全歼虞军、生擒虞公，虞国灭亡。傻乎乎的虞公结结实实地给晋国当了一回仓库保管员。

这次战争给后世留下的教训有两条。

ONE，无事献殷勤，非奸即盗；

TWO，没有永远的朋友，也没有永远的敌人，只有永远的利益。

NOW，武平国主周保权要求宋朝派兵帮助平息内乱，而武平与大宋之间又隔着一个南平，这个情形就和假途灭虢几乎一模一样了。赵匡胤要出兵救援武平，那么南平无疑是宋军的必经之道。

接下来，让我们首先了解一下五代十国中最弱的南平。

南平高氏那点事儿

南平又称荆南，是后梁时期地方军阀高季兴同志所创建的革命根据地，首都在江陵，拥有荆（今湖北省江陵县）、归（今湖北省秭归县）、峡（今湖北省宜昌市）三州之地，偏居一隅，实力薄弱，算是五代十国中的小老弟，一直对中原政权俯首称臣，甘做绿叶。

南平的地理位置非常特殊，它地处江汉平原地区，北接中原，西邻蜀，东倚吴，南连楚，就好像中华大地上的肚脐眼，刚好镶在各个割据政权的中心。

周围的邻居都是哥哥级的强国，极大地限制了南平小老弟的发展空间。高季兴割据之初，也曾猫起贼胆，想偷点腥，试着对外扩张，可始终没能讨得半点便宜，未能从四方强国手中抢来一寸土地，最后无可奈何地放弃了无谓的尝试，转而委曲求全，依附周边大国，在夹缝中求生存。

当时，南方的第一强国——南唐一直与中原政权保持着对立的关系，以至于中国的南北通道长期处于封锁状态，这就使得身处肚脐眼的南平成了连接南北地区的重要枢纽。高季兴索性利用这个有利条件，在自己的责任田里注册了一家国营的南平车匪路霸无限公司，搞起了索要买路钱的勾当，大发不义之财。这也没办法，在五代十国的混乱时代，自然是猫有猫道、狗有狗道，礼义廉耻都顾不上了，能捞到就行。

高季兴折腾完了之后，儿子高从诲即位，比起老子来更是有过之而无不及，将车匪路霸产业搞成了南平的支柱产业，掀起了新一轮"我是流氓我怕谁"的活动热潮。

高季兴是于后唐天成三年（928年）去世的，这之后中原政权几经更迭，而南部的南汉、闽、吴、蜀等也相继称帝建号。高从诲为了捞点册封赏赐的实惠，竟然逮着一个皇帝就称臣，装孙子装得各位爷爷都有点难以接受，最后搞得诸国国君都很鄙视他，送其雅号——高无赖。

高从诲死后，传位于儿子高保融。保融同学更好地继承和发扬了家族的无赖作风，在赵匡胤登基称帝之后，立马向大宋称臣，一年之中，竟然"一岁之间三入贡"，极尽殷勤之能事，唯恐礼数不周，怠慢了天朝上国。

建隆元年（960年）八月，南平地区最高行政长官高保融同志也因病医治无效，宣布死亡，其弟高保勖即位，被赵匡胤封为南平节度使。

高家传到这位爷手里，又添了新的基因。高保勖除继承了家族的无赖传统外，还喜欢搞点"非主流"娱乐活动。他经常在大白天就命手下人上街召妓，然后在军中挑选出精壮的士兵，安排在其家中进行淫乱活动，他自己则与妻妾躲在帘子后面偷窥（高老师是否像陈老师那样热衷于人体拍摄艺术就不得而知了）。这大概算是史上最早的AV了，而且是现场直播，高保勖同学真是将意淫上升到了一个境界。可见，这位爷是一个纯粹的人——一个纯粹没有脱离低级趣味的人。但他的生活品位可是相

当地"高"，尤其擅长鱼肉百姓、大兴土木，该花花，该弄弄，使劲地造。

南平本就是一个小国，财力十分有限，没费多少工夫，几代人攒下来的那一点家底就被他败了个一干二净。幸好高老师觉悟高，为了让百姓免受其苦，即位后仅两年，就于建隆三年（962年）十一月，不负众望地主动死掉了，王位传到了高保融长子、高保勖之侄高继冲手里。此时，距武平的求援仅仅一个多月。

很短的时间里，武平、南平的王位均出现了更迭，均是新主临朝、人心不稳，武平甚至发生了内乱，真是"好事成双"啊。天与不取，反受其咎。这样千载难逢的机遇，赵匡胤当然不会错过。

| 知己知彼，百战不殆 |

《孙子兵法》是我国历史上最著名的军事典籍，名气之盛，可谓妇孺皆知。其历史影响源远流长，时至今日，仍是世界很多国家的军事学院的必修教材。

如果要论《孙子兵法》中哪一条军事原则最牛，那么答案可能莫衷一是，难有定论。但若说到哪一条最为脍炙人口，恐怕非"知己知彼，百战不殆"莫属。上至王侯将相，下至贩夫走卒，人人都会这么一句。甚至连街头小混混火并，老大也得先派两个机灵点的小弟去摸一摸对方的底细。

"知己知彼，百战不殆"可谓一语道破了任何形式的战争中最深奥却又是最浅显的道理——尽可能地掌握敌我双方的信息，才能尽最大可能地保证策略的准确性，掌握主动权。

作为在军营中出生，又在军事斗争中逐步成长起来的自学成才好青年，赵匡胤尤其明白这个道理。终其一生，他都忠实地奉行并遵守了这一重要的原则，尤其重视敌方军事情报的搜集工作。此次平定荆湖（武平、南平一带统称荆湖）的战争亦不例外。

赵匡胤早就派出间谍卢怀忠，以出使南平的名义，暗地里刺探"人情去就、山川向背"等军事情报。卢怀忠在搞了一番秘密工作之后，顺利返回开封，并向赵匡胤禀明了南平的基本情况，差点没把赵匡胤乐死——南平只有三万人马，而且政治腐败、民不聊生，取之易耳。

赵匡胤随即召集宰相范质等人，确定了"出师武平，借道南平，假途灭虢，顺势取之"的基本策略。

第三十五章 · 平定荆湖

乾德元年（963年）正月初七，赵匡胤正式下诏任命湖北襄樊军分区司令（山南东道节度使）慕容延钊为湖南远征军前敌总指挥（湖南道行营都部署），国防部副部长（枢密副使）李处耘为湖南远征军政委（都监），率安（今湖北省安陆市）、复（今湖北省天门市）等十州兵开拔南下，借道南平，帮助武平讨伐张文表。

宋军尚未进入湖南，南平大将杨师璠于潭州平津亭（今湖南省益阳市西北）大败叛军，张文表被俘，后于朗州斩首，湖南境内的叛乱平息。

计划到底不如变化快啊。

按理说，此时宋军已是师出无名，可是箭在弦上，不得不发，何况赵匡胤的目的本来就不是平叛，而是平定。于是，宋军毫不理会，仍然按照原定计划继续南下。不多久，李处耘率领先头部队抵达襄州（今湖北省襄阳市）。此地与南平接壤，李处耘遂遣使要求借道。

消息传来，南平小朝廷内众说纷纭，议论纷纷。有主张抵抗的，有劝说归降的，但大多数意见都倾向于不能得罪宋朝。

刚刚即位的高继冲毫无政治经验，对于如此重要的国家大事无任何主见，只能听从大臣们的建议，答应了宋军借道的要求，并派叔叔高保寅前去犒劳宋军，以

便探听虚实。

这一犒劳，就搞出事情来了。

二月九日，高保寅赶着猪呀羊呀的，哼着号子就赶到了荆门（当时宋军已经移驻荆门）。政委李处耘同志亲切接见高保寅并接受了慰劳品，对南平地区君臣一心侍奉王师的行为给予了高度的评价，并代表大宋王朝中央政府并通过高保寅向南平人民表示亲切的慰问，同时安排了隆重的酒宴，接待南平代表团成员。

高保寅被李处耘忽悠得幸福感十足，不禁喜出望外，以为宋军此行并无恶意，只从门前过，不惊梦中人，遂立刻遣使向高继冲飞报喜讯。高继冲得报，也是高兴得屁颠屁颠的，于是，安安心心地踏实工作，向老爹学习，继续钻研各项"非主流"娱乐活动去了。

当天傍晚，湖南远征军前敌总指挥慕容延钊同志亲切邀请高保寅一行共进晚餐，高保寅飘飘然地就去了。宴会正在高潮时，酒席上却少了一个人。

| 没有无赖只有更赖 |

正当以高保寅为首的南平代表团喝得东倒西歪之时，湖南远征军政委李处耘已经悄悄率领数千轻骑，在前往南平首都江陵的路上了。从荆门到江陵只有一百多里，李处耘催促部队快马加鞭，倍道兼行，不多时，已经兵临江陵城了。

南平国主高继冲在宫中突然得知宋军已经到了，不禁惊慌失措，急急忙忙率群臣出城迎接。在江陵城北十五里处，遇到了李处耘率领的宋军。

李处耘见了高继冲也不下马，只是在马上作了个揖，算是行了礼，然后又接着忽悠，让高继冲在城外"稍等"一下主帅慕容延钊和高保寅，自己却率军从北门进入了江陵城，并迅速分兵占领了城内的各个重要据点，城墙上的制高点也被李处耘一一控制。

等到高继冲随慕容延钊的大军回城之时，李处耘恰到好处地在城墙上露了一小脸，微笑着亮出一排小白牙。高继冲被吓得心惊胆战，小心脏扑通扑通地乱跳。

眼见城内局势已经完全被李处耘掌控，高继冲自知大势已去，无奈之下，只得奉表投降，献出所领之地共计三州十七县。

以无赖见长的南平高氏家族最终败在了比他们更"无赖"的李处耘手下，真是魔高一尺，道高一丈啊。

就这样，宋军以借道为名，兵不血刃就吞并了南平，假途灭虢之计取得了第一阶段的胜利。

｜胡萝卜 or 大棒｜

二月十日，急先锋李处耘马不停蹄地率军继续向南推进，宋军昼夜兼程，直奔武平首都朗州而来。

这下可把十一岁的小屁孩周保权给吓着了：本来是请邻居赵大叔来帮帮忙的，现在我们自己已经清理好门户了，这赵大叔怎么还要私闯民宅啊？

武平朝廷上下乱作一团，绝大多数人都劝周保权小朋友向高继冲同学学习，赶紧向赵叔叔低头，做个乖乖仔，然后该干吗就干吗去。但是以张崇富为代表的一部分主战派将领坚决反对投降，哭天抢地地要求与宋军干一场。小小年纪的周保权横下一条心，要去会一会赵叔叔的大棒，最终决定武装自卫、保护家园，还端的是一条小好汉！

张崇富率军火速出发，分兵扼守要道、控制关隘，同时凿沉船只、堵塞水路，阻挡宋军南进。

在这个节骨眼上，和蔼可亲的赵叔叔又向周保权小朋友亮出了胡萝卜：叔叔是应你的请求来见义勇为的，现在你却出尔反尔、抗拒中央，是何道理？So，小朋友别闹了，赶紧洗洗睡吧，投降才是王道！

听了来使的话，周保权小朋友彻底无语了——哪有这么欺负人的？！武平君臣保持沉默，继续加紧备战。

胡萝卜没有奏效，赵匡胤只好又举起了大棒。于是，慕容延钊率军水陆并进、两翼齐飞：水军顺江而下，直扑岳州（今湖南省岳阳市），陆军则经澧州（今湖南省澧县），直指朗州。

很快，捷报传来。水军在大将谢晖和武怀节的率领下，于二月底在岳阳城北面的三江口一带大败武平水师，歼敌达四千余人，缴获各类战船七百余艘，宋军随后占领岳州。

三月初，慕容延钊和李处耘率领的大军沿陆路进发，在澧州以南与张崇富的部队不期而遇。眼看一场遭遇战不可避免，谁料武平军士气低落，一见是宋军，立刻作鸟兽散。慕容延钊和李处耘马上率军追击，照着武平军的屁股一顿猛砍，张崇

富大败，落荒而逃。这位仁兄勇气可嘉，可惜本领欠佳。

澧州之战，宋军收获颇多，不仅缴获了一大批战略物资，还逮了一大堆俘虏。政委李处耘本着物尽其用的精神，打起了这群俘虏的主意。他专门挑了几十个肥头大耳的俘虏，剁巴剁巴做了下酒菜。可见，肥胖不仅有害健康，还危害生命啊。

在大搞恐怖主义的同时，李处耘又命人在年轻俘虏脸上刺字，并释放他们。九死一生的俘虏们一回到朗州，逢人就说起那个恐怖的下酒菜的故事。很快，朗州陷入一片恐慌之中，人人都害怕一不留神成了李阎王的下酒菜。那些稍微胖点的更是坐立不安、忧心如焚：现在减肥，怕是也来不及啊！

朗州军民人心骚动，老百姓纷纷逃入山林，士兵也无心守城，在城内抢掠一番之后，便一个接一个地开了小差，武平已经很难组织起有效的抵抗了。

三月十一日，宋军在慕容延钊和李处耘的率领下，长驱直入朗州城。武平主战派代表张崇富逃到西山脚下，被宋军擒获后斩首示众。

武平国主周保权在大将汪端的护卫下，藏匿于城外一座寺庙之中，宋军随后展开了地毯式的搜捕。生死关头，汪端也顾不了什么君臣情分了，撇下主子独自跑路了。周保权在宋国大兵的围追堵截下，老老实实地当了俘虏，他完全没想到，只是请赵叔叔帮个忙，怎么连自个儿都搭进去了。

至此，武平灭亡，湖南平定，荆湖战役完美谢幕。

第三十六章 · 蜀主的传说

荆湖平定之后，宋朝的版图向南大大地扩展了，而且最为重要的是，由于荆湖地区地理位置的重要性，宋军此役就如同在后蜀、南汉、南唐之间钉进了一个楔子，左控后蜀，右窥南唐，南迫南汉。

今后，想削谁就削谁。

也正是因为此地的重要性，为了保证荆湖地区的稳定，战争结束之后，赵匡胤很快就向湖南外派了两位副部级的中央大员：财政部副部长吕余庆任长沙市长（权知潭州），财政部副部长薛居正任常德市长（权知朗州），由他们担负起治理地方的重任。

读过三国的人都知道，宋朝此次拿下的荆湖一带，其地盘大致和三国时期的荆州差不多。当年，刘玄德同志正是以荆州为革命根据地，采取忽悠刘璋的战略方针，最终入蜀称帝。

现在，赵匡胤得了荆州，自然也就打起了后蜀的主意。

| 贼王八 |

后蜀其实是在前蜀的基础上建立的一个地方割据政权。所以，这个故事得先

从前蜀说起。

晚唐时期，中央政权日趋衰落，各地藩镇纷纷自立门户，时不时搞点武力威胁，大唐皇帝就得时不时地跑路，而跑的最多的地方就是四川。这也可以理解，因为四川自古就是长安的后花园，而且有剑门天险，实在是个避难胜地、疗伤佳境。

唐僖宗光启元年（885年），地方军阀们吃饱了撑的没事干，又准备玩老把戏——动一动皇帝。唐僖宗没办法，又准备跑一次马拉松，赛程当然就是长安到成都。没想到这次军阀们比较狠，为了不让皇帝跑路，居然违反比赛规则，点火烧栈道。眼看栈道就要被烧断，运动员唐僖宗急得直哭，一个名叫王建的陪练拉着皇帝一股脑地跳了过去。

皇帝这一跳逃出生天，王建这一跳就跃了龙门。

王建，许州舞阳（今河南省舞阳县）人，因在家中排行第八，所以也叫王八。你还别笑，这个词在当年可不是骂人的，古代习惯以家中排行作为名字，他老爹就喜欢这么叫他。

王建和黄巢一样，也是贩私盐起家，平时还有点业余爱好——喜欢搞点偷鸡摸狗的事儿，因此乡亲们都讨厌他，就在他的名字前加了一个"贼"字，于是王建就成了"贼王八"。

由于名气实在是太大了，当地人对这位爷都是惹不起躲得起，谁要是在大街上喊一嗓子"贼王八来了"，那效果绝对比城管来了还好使。

除了名字比较有个性外，贼王八同志还有一个癖好——喜欢给别人当儿子，不过能当他爹的，不是人，而是人妖——太监。王建本是晚唐一代风云太监杨复光手下的八都头之一，杨复光死后，他又投靠了另一个大太监田令孜，给人家当干儿子。

自从陪着唐僖宗玩了一回双人跳这种高难度动作之后，王建就时来运转了，先是被唐僖宗任命为璧州（今四川省通江县）刺史，后来又转为利州（今四川省广元市）刺史，总算是熬出了头，有了自己的一亩三分地。最后一路打打杀杀，越闹越大，居然一举兼并了整个四川，并于公元907年正式于成都称帝，立国号为蜀，史称前蜀。

王八终于混成了霸王。

公元918年，一代枭雄王建终于混到了头，因病不治而亡。随后，其幼子王衍即位。

| 蜀不过二代 |

老百姓常说，富不过三代，可这话要是搁在蜀国就不对了。自从三国时期蜀国灭亡之后，"蜀不过二代"的现象就好似一个魔咒一般笼罩在蜀国的上空。前蜀二世祖王衍完美地诠释了这一魔咒。

据说王衍长得浓眉大眼、方面大口，双手垂下来可以过膝，一回头一不留神还能看见自己的一对招风大耳朵（有是猪八戒的嫌疑），貌似与三国时候的刘备差不多。可惜，王二世祖只是一个山寨版的刘备，即位没多久，这位山寨刘玄德就开始折腾老爹的家底了。

他每年都要兴致勃勃地组织N次公费旅游，而且旅行团的人数惊人，动不动就搞个百人团甚至千人团。借用张学友的一句歌词，就是"在那个花花世界集体游行"。一路游山玩水、优哉游哉，把国库花了个底朝天。这还不够，他还颇有点娱乐精神，时不时地搞一搞全国性的选美比赛，弄得鸡飞狗跳、怨声载道。

为了满足自己的穷奢极欲，王衍开始大兴土木，盖起了很多楼堂馆所，号称"宣华苑""怡神亭"，从名字就能看出来，这不是一般老百姓能去的高档会所。这么一个自在的神仙洞府，当然很符合王二世祖的品位，于是这位爷从此一头扎了进去，成天和一帮轻浮浪子、美艳妖姬饮酒作乐，夜夜笙歌。

有时候兴致来了，王衍还喜欢卖弄文才，写点诗词来纪念自己的性福生活，比如下面这首《醉妆词》。

> 者边走，那边走，只是寻花柳。
>
> 那边走，者边走，莫厌金杯酒。

这首词浅显易懂、生动直白，运用后现代的写实风格，全景展现了作者寻花问柳、狂蜂浪蝶的非主流生活，尤其是字里行间透露出的滚滚骚气、绵绵尿性，真可谓扑面而来、滔滔不绝。即使千年之后，一个荒淫无耻、卑鄙下流的3D花花公子形象依然跃然纸上、栩栩如生。

你看，这位二世祖就是这样，整天这也不干那也不干，就专注于吃喝玩乐，

昏天黑地，乐此不疲，国家财政自然被他折腾得入不敷出。不过，没钱不要紧，可以创业嘛。王衍还颇有点商业意识，手头紧的时候就开门做生意，主营卖官鬻爵，公开叫卖官帽。由于是国营垄断、别无分店，再加上价格公道、童叟无欺，所以生意也就特别好，时不时还搞个拍卖会，引得众多土豪竞相叫价，交易相当火爆。

卖来卖去，王二世祖终于把自己也卖了。

前蜀的一派亡国之相，引起了当时的中原王朝之一后唐的严重关注。有这么一个活宝邻居，后唐君臣能不偷着乐吗？

| 诡异的结局 |

公元925年9月，后唐庄宗李存勖下令以魏王李继岌为名义上的统帅，大将郭崇韬为实际的军事指挥，向蜀国发动了统一战争（详见第六章），结果仅用了七十天时间，伐蜀大军就一路顺顺利利地打到了蜀国的首都成都。沿途州县望风而降，进展如此之快，简直让人觉得后唐大军此行不是来打仗的，倒像是来四川旅游的。

后唐大军兵临成都城下之日，王衍早早地开启城门，率文武百官于城外恭迎，奉表投降。魔咒显灵，前蜀灭亡。二世祖成了亡国主。

王衍投降后唐之后，李存勖曾拍着胸口的赘肉答应保证其安全，于是王衍举族归降，向后唐首都洛阳进发。队伍走到陕西咸阳附近的秦川驿时，李存勖突然变了卦，派人秘密诛杀了王衍及其宗族。游戏人生的王衍至此GAME OVER，终年二十八岁。

王衍的母亲徐氏临死前说了一句很诡异的话："我儿子以一国请降，你们却言而无信、大肆杀戮，我诅咒你们！走着瞧吧，你们的祸患不久就会来了！"

徐氏果然言中。这次后唐伐蜀之战最终出现了一个颇具讽刺意味的结局：被征服者死了，征服者居然也死了。前蜀刚刚被平定，立下汗马功劳的伐蜀军总指挥郭崇韬却被魏王李继岌秘密处死。于是，一场大乱不可避免。

这场变乱的最终结果是李存勖国灭身死，李嗣源登基称帝，而李克用的侄女婿孟知祥被任命为四川西部军区总司令（西川节度使），后唐另一大将董璋被任命为四川东部军区总司令（东川节度使）。至此，四川地区成了孟司令和董司令的势力范围。

后唐长兴元年（930年），李嗣源下诏削减两川军队，准备对二位司令开刀，结果董司令立刻就跳起来，就地造反，孟司令也友情赞助，派兵声援。

李嗣源派时任天雄军节度使的石敬瑭带兵讨伐，结果因为蜀道实在难走，部队的粮饷不继，折腾了大半年，最终无功而返，不了了之（石敬瑭平内乱不行，引外患倒是一把好手）。从此以后，中原政权就对两川之地失去了控制。

兄弟阋于墙，外御其侮。现在，没有了外部的威胁，刚刚还称兄道弟热乎得不行的董司令和孟司令立马大打出手，最终孟司令道高一丈，于长兴三年（932年）干掉了董司令，一举吞并了两川之地。

土鳖终于混成了土豪。

长兴四年，孟知祥被后唐中央政府正式册封为蜀王。一年后，颇有点理想而不满于现状的孟知祥同志干脆另起炉灶，建号称帝，立国号为蜀，这就是历史上的后蜀。

后蜀建立没多久，孟知祥就功德圆满、自然死亡。其子孟昶（chǎng）即位，又一位蜀后主新鲜出炉。

| 少帮主初登场 |

孟昶即位时，年仅十六岁，名副其实的少年天子。主少则国疑，这几乎是中国历史的铁律。所以，孟昶上台之初就遇到了不少麻烦，而这些麻烦还是他老爹亲自惹出来的。

孟知祥割据两川，靠的是一群功臣宿将打下的地盘。老孟也比较讲义气，对这帮患难兄弟照顾得无微不至，又是封官爵，又是发红包，君臣之间，亲如一家。

老孟在的时候，多少还能镇得住这帮老江湖，等到老孟两腿一蹬，局面就完全失控了。一向以功臣自居的这些元老级大佬们，自然没把嘴上还没长毛的少帮主放在眼里，一个个横行无忌、骄蛮无礼。

藩镇大将李肇倚老卖老，一天到晚拄着个拐杖，见到孟昶也不下跪、不行君臣大礼，理由很简单：人老了，腿脚不灵便，爱咋咋地。

大将军李仁罕伙同外甥张业大肆侵吞民田、欺压百姓、横行不法、肆无忌惮，弄得民怨沸腾、群情汹汹，李大将军不但不知收敛，反而变本加厉地向孟昶伸手要兵权、爵位。

孟少主虽然嘴上无毛，可是心里有数。他先是假意答应李仁罕的全部请求，

并一一兑现，成功地麻痹了李大将军的神经。紧接着，暗地里安排手下做好干掉李大将军的组织工作。很快，少帮主逮住了一个机会，果断地将不知天高地厚的老江湖李仁罕剁了，并族诛其家，"川民为之大悦"，老百姓拍手称快。

李仁罕的外甥张业当时是御林军的统帅，为了稳住他，孟昶不仅没有动他，反而提拔他为宰相。被官帽子砸中脑袋的张业美得都不知道自己姓什么了，看来，愚蠢也是可以遗传的啊。

自以为高枕无忧的张宰相从此更加无法无天，居然在家中私设监狱、滥用刑罚、敲骨剥髓、横征暴敛，将国家机器变成了自个儿发财的工具，由此造成的结果是显而易见的——"蜀人大怨"。

看到愚蠢的张业很自觉地在花样作死的路上狂奔，孟昶索性快马加鞭送他一程。不多久，张宰相被毫无悬念地砍了脑袋。接下来，就是见证奇迹的时刻了：腿脚不便的李肇同志神奇地恢复了健康，一见到孟昶就远远地扔掉拐杖，跪伏于地，姿势相当标准。

少帮主的几板斧下来，屁股也就坐住了。

| 孟昶的品位 |

即位之初的孟昶确实颇有点少年版康熙的味道，史书记载其"性明敏，孝慈仁义，能文章，好博览，有诗才"，中国历史上的第一副春联"新年纳余庆，佳节号长春"就出自孟昶之手。巧合的是，后来宋朝开国，赵匡胤的生日被称为长春节，后蜀最终被大宋所灭。

孟昶还亲笔题写了《戒石铭》，告诫各级官员"下民易虐，上天难欺。尔俸尔禄，民脂民膏。为民父母，莫不仁慈。勉尔为戒，体朕深思"。爱民之心，跃然纸上，一派明君风范。而且小孟同学还总是喜欢以前蜀后主王衍为反面教材，反复强调"王衍浮薄，而好轻艳之词，朕不为也"。

不过，孟少主年纪较小，性格未最终成型，没过多久，就比反面典型王二世祖有过之而无不及了。

前面说过，孟昶"能文章，好博览，有诗才"，通俗一点说，就是孟先生是个文化人。文化人品位都比较高，孟先生亦不例外，他的品位就是女人。广政六年（943年），孟昶下令：民间十三岁到二十岁的未婚女子，都要入宫待选。

好家伙，小孟同学的荷尔蒙分泌得也太旺盛了，准备把全国的黄花闺女都试一遍？！

真是个淫才啊！

这一下，举国骚动，老百姓无奈之下只得纷纷嫁女，史书对这个现象有一个贴切的称呼——惊婚。孟昶的品位可见一斑。

经过大范围的海选加PK，孟少主终于品出了一个极品女人。

| 只恐流年暗中换 |

这个女子姓费，青城（今四川省灌县）人，能歌善舞、娇美动人，孟昶给这个女子起了一个香艳撩人的雅号——花蕊夫人。

花蕊夫人出身歌伎。注意，此伎非彼妓。歌伎相当于古代的技术工人，只卖艺不卖身。她们往往出道很早，六七岁便开始学艺，学成之后，吹拉弹唱、诗词歌赋样样在行，颇受文人雅士的追捧。古代有不少名人就和歌伎闹过绯闻，这其中就有我们熟悉的风流才子唐伯虎、柳三变之类的人。

而花蕊夫人就是歌伎这个行当里的集大成者，不仅姿色绝美，而且文才出众，才色兼备，形神俱佳。孟昶得到了花蕊夫人，品位一下就提高了很多。这二位整天泡在一起，吟诗填词、游玩嬉戏。又因为花蕊夫人很喜欢牡丹，于是为了实现"洛阳牡丹甲天下，成都牡丹甲洛阳"的伟大抱负，孟昶不惜重金派人去洛阳求购上好的品种带回成都种植，待到花开时节，花团锦簇、争奇斗妍，沿城四十里，如铺了锦绣一般，成为名副其实的"锦城"。

孟少主即位之后，中原连年大乱，后唐、后晋、后汉三个朝代轮番登场，契丹人也来凑热闹，屡屡到中原入室抢劫，再加上后蜀地势险要、偏安一隅，这就使蜀地保持了相对的安宁。

在这种环境下，后蜀的社会经济获得了一定的发展，到后蜀广政十三年（950年）时，蜀地"斗米三钱"，而我们大家熟知的唐太宗贞观年间，"斗米不过三四钱"，后蜀广政年间的米价甚至比贞观之治时期的米价还便宜，可见后蜀已经富得流油了。

这么多钱放在手里，直烧得慌，孟少主便又搞起了艺术创作，弄了一个"七宝壶"——壶身上镶嵌了诸多奇珍异宝。

你说这样的壶，得用来干什么？

我觉得怎么着也不能用来洗脸吧？

洗脸？！那是抬举它！

盛尿！

你还别不信，这就是孟少主的一把夜壶！人家不差钱！

美女有得选，钱也有得花，孟昶也就扎扎实实地过了三十年神仙般的好日子。不过，他唯一感到不爽的是，蜀地夏天太热了，而尊贵的孟少主是最怕热的。于是，他又搞起了发明创造，命人在湖面上修建了一座华丽的官殿，汲取湖水于房顶，然后倾泻而下，形成水幕珠帘，以消夏祛暑，搞出了古代第一台立体式空调。

一日，孟昶与花蕊夫人又在这水晶官内云雨，孟少主显然爽得够可以，完事后做《玉楼春》一首以兹纪念。

> 冰肌玉骨清无汗，水殿风来暗香满。
>
> 绣帘一点月窥人，倚枕钗横云鬓乱。
>
> 起来琼户启无声，时见疏星渡河汉。
>
> 屈指西风几时来，只恐流年暗中换。

顿时，一幅花蕊夫人艳照图撩得人心旌荡漾。真是令我辈心跳加速、面红耳赤，身不能至，心向往之……噢，买嘎！连老夫都差点道心失守啊。

孟昶那句"王衍浮薄，而好轻艳之词，朕不为也"也就此成了笑柄。不过，他万万没想到的是，在他吟出"只恐流年暗中换"这句时，他已一语成谶，没过多久，流年暗中换，花蕊夫人也被迫易了主。

第三十七章 · 成都！成都！

乾德元年（963年），赵匡胤以假途灭虢之计，在一个多月的时间内迅速搞定了南平、武平两个地方割据政权。消息传来，后蜀国内一片恐慌。孟昶召集手下一帮大臣商议对策。

宰相李昊建议向宋朝示好、纳币朝贡，尽快建立外交关系，和平共处，或可保全蜀国。枢密使王昭远表示坚决、坚定、坚毅的反对，强调蜀国易守难攻、兵强马壮，不可示弱。

孟昶一看王昭远讲话了，马上转向，表示坚决、坚定、坚毅地支持王爱卿。于是，与宋朝建交的事宜就此搁浅。

| 后蜀"诸葛亮" |

王昭远这个人比较有特点，值得我们重点推介一下。

此人是孟昶的书童，自小就伺候孟昶，是孟少爷光着屁股一起长大的发小，两人关系好得一塌糊涂。对于孟昶来说，关系好就是他提拔官员的首要标准，所以在他登基之后，立马亲手提拔了一大批关系好的饭桶、白痴、低能儿，而王昭远就

是其中的佼佼者。

子曾经曰过："人贵有自知之明。"而这位王同学不但没有自知之明，反而自以为"明"——自己把自己当成了诸葛孔明。作为诸葛亮的忠实粉丝，王同学有样学样，经常拿着几本破兵书，摇头晃脑地到处显摆，处处以卧龙自诩。

其实，这种山寨版的诸葛亮自古以来就有很多，倒也不足为奇，没几个人会把他当真。可要命的是，有一个人把他当了真，这个人就是孟昶。两人可是穿一条裤子长大的，王同学说自己是诸葛亮，孟少爷就真信了。不但信了，还把权高位重的枢密使一职交给了他。

这下麻烦大了。

山南西道节度判官张廷伟知道王昭远素有伟大"抱负"，于是趁机拍马屁："老大，您身居高位，却一直未立过战功，怎么能服众呢？倒不如派出使者出使太原，联络汉主（北汉），我们南北夹击，使宋朝首尾不能相顾，一定能拿下丢失的秦、凤、成、阶四州之地。"

这位山寨版诸葛亮听完属下的这番"高论"之后，居然大喜。自我感觉良好的王部长立刻向孟昶进言，要求依计而行。孟少爷此时对这位王孔明已经达到了迷信的程度，自然是言听计从，于是立刻派出使臣携带蜡丸密书前往太原搞串联。

不过，让王昭远没想到的是，除了他这个山寨版诸葛亮外，又冒出来一个山寨版张松。这位"张松"就是此次出使太原的使者之一——赵彦韬。

对于二世祖孟昶已经完全丧失信心的赵彦韬在关键时刻，坚决、坚定、坚毅地选择了弃暗投明，半路开溜，直奔开封，将密信直接投递到了赵匡胤的手里。赵匡胤接信后大喜：吾西讨有名矣！

其实，早在吞并荆湖地区之后，赵匡胤就一直在做攻伐后蜀的准备。乾德元年四月，距大宋刚刚收复荆湖之地仅一个月，赵匡胤就调任治军严谨的陕西华县警备区司令（华州团练使）张晖为陕西凤县警备区司令（凤州团练使）兼西路军督察（西面行营巡检壕寨使）。

张晖上任后，立即开展大规模的情报工作，侦察川陕交接之地的险关要隘，了解宋蜀两国边境情况，并秘密上呈了攻伐后蜀的具体军事计划。不久，赵匡胤又命人在开封城郊凿池引入蔡河水，建立水军训练基地，并派河南三门峡军分区司令宋延渥（镇国军节度使）负责训练水军。

这边，猫正琢磨着怎么把耗子玩死呢；那边，耗子却打起了猫的主意。现在收到赵彦韬的密信，赵匡胤不禁喜出望外——终于师出有名了。

| 目标：成都！|

乾德二年（964年）十一月，赵匡胤任命王全斌为西征军凤州方面军总指挥（西川行营凤州路都部署），崔彦进为副总指挥，国防部副部长（枢密副使）王仁赡为总督察（都监），率陆军由凤州经陆路南下攻蜀。

同时，任命刘光义为西征军归州方面军副总指挥（归州路副都部署），国防委员（枢密承旨）曹彬为总督察（都监），率水军由归州（湖北省秭归县）溯江而上，沿水路进攻。水陆两军共计六万人，伐蜀之战正式拉开帷幕。

兵马未动，粮草先行。为了保证部队军粮物资的供应，赵匡胤另外任命沈义伦为随军转运使、均州刺史曹翰为西南方面军随军转运使。

在远征军即将出发之际，赵匡胤还亲自下达军令，要求部队此次伐蜀，不准擅自烧杀掳掠、惊扰百姓，否则一律法办。

不过，这条军令显然没有得到包括主帅王全斌在内的西征将士的足够重视，后来的大乱也由此而起。当然，这是后话。

为了迎接大军的胜利归来，赵匡胤还煞费苦心地命令建筑部门在开封右掖门处汴水河畔为孟昶修建豪宅五百间，生活设施一应俱全，拎包即可入住。用现在房地产商的广告词来形容就是：汴水河畔，传世大宅！京师豪门，荣耀不凡！而且更重要的是：NO FEE，租金的不要。孟昶同学即将受到的待遇还真是不错呢！

十一月初，王全斌准备率军出发，赵匡胤在崇德殿设宴饯行，并亲自嘱咐王总指挥，要求此次伐蜀的战利品，除军械军粮之外，其他值钱的东西一律分给将士，国家只要土地。

然后赵匡胤展开地图，指着长江一带，叮嘱刘光义：蜀军在夔州（今重庆市奉节县东）设有锁江浮桥，浮桥之上又设有木栅栏三重，夹江两岸还装备了投石机封锁江面，宋军不可在江面上直接开战，务必舍舟登岸，由陆路先行攻击，待敌军稍退之后，再水陆并进，方可突破。由此也可窥见，赵匡胤对于军事情报搜集工作的重视与细致程度。

王全斌、刘光义等欣然从命，伐蜀大军正式出发，兵分两路，直指成都！

宋军西征的消息传来，孟昶马上想到了"诸葛亮"，于是立刻任命王昭远为西南方面军总指挥（西南行营都统），赵崇韬为总督察（都监），韩保正为先锋（招讨使），李进为先锋助理（副招讨使），率领军队抵御宋军。

拿到了帅印的王昭远高兴得手舞足蹈——兵书都翻烂了，终于可以真刀真枪地玩一把了！

兵者，凶危之事也。打仗不是过家家，战争是世界上最难掌握的一门艺术。没有自知之明的王昭远，你还差得很远！

出兵之日，孟昶派宰相李昊于成都郊外为王昭远大军饯行。几杯酒下肚，王大帅终于激动了、兴奋了、澎湃了、纯爷们了、老霸道了、吹牛也不打草稿了，对着李昊狂呼："我手下有这三万猛士，岂止打败宋军，就是北取中原也易如反掌！"说完，一挥铁如意，做诸葛亮状，趾高气扬地率军出发了。

简直了，霸气侧漏啊！

李昊被彻底雷倒，默然不语，目送这位仁兄远远离去。

是的，王孔明，轻轻地你走了，正如你轻轻地来，轻轻地你挥挥手，害死了三万儿男……

| "诸葛亮"的处女秀 |

这边，王昭远还在表决心；那边，宋军已经以雷霆之势掩杀过来。

十二月中旬，王全斌率领的凤州方面军攻入蜀地，先后拿下兴州（今陕西省略阳县）多处外围据点，顺势而下兴州，击败后蜀七千守军，缴获军粮四十余万斛。在宋军凌厉的攻势下，后蜀兴州守将蓝思绾退守西县（今陕西省勉县）。招讨使韩保正得知兴州失守，遂主动放弃兴元（今陕西省汉中市），率军退至西县与蓝思绾会合。

西县是北路入川的咽喉要地，也是控制入蜀栈道的门户。后蜀军队收缩防线的目的，显然是想集结重兵固守此地，阻击宋军南下。王全斌也不和他们废话，立刻派骑兵总指挥（马都指挥使）史延德率军进逼西县。

史延德所率的是北路军的先锋部队，兵力并不多，在人数上与蜀军相比，明显处于下风，而且蜀军占据地利之便，按理说坚守一阵应该没什么问题。可不巧的是，蜀军这边的主将是韩保正，副将是李进，这二位仁兄正是孟昶亲手提拔的那一大堆饭桶、白痴、低能儿中的两个。

这样，结果就毫无悬念了。

史延德见蜀军依山背城，节阵自保，明显是怯弱拒战，不敢迎敌，于是挥军痛击，大败蜀军，韩保正和李进两个倒霉蛋被生擒。残余的蜀军烧毁栈道，退守葭萌关（今四川省广元市西北），王昭远所率的蜀军主力则屯驻于葭萌关后的利州（今四川省广元市），并在利州城北修筑小漫天寨和大漫天寨，立寨而守，构筑了三道立体式防线，企图遏制宋军的凌厉攻势。

然而，宋军主帅王全斌完全无视王昭远煞费苦心布置的这三道防线。此时，他的目光已经越过这些防线，紧紧地瞄准了蜀军主力驻地——利州！

要干，就干一场大的！

| 利州！利州！ |

利州地处嘉陵江东岸，山势险峻、易守难攻，是北面入蜀的必经之地，且因为栈道已经被烧毁，宋军的主力无法从正面突破。

关键时刻，总指挥王全斌采纳部将康延泽的建议，果断分兵，由副总指挥崔彦进率一部赶修栈道、大张声势，吸引蜀军主力注意，而总指挥王全斌则亲率大部队沿东南的罗川小路迂回南进，直插敌后。

宋军依计而行，没多久，崔彦进所率的正面部队顺利修复栈道，并乘势攻下小漫天寨。王全斌所率的大部队在崔彦进的掩护下，没有遇到任何像样的抵抗就一路直抵大小漫天寨之间的嘉陵江渡口——深渡，并按照原定计划在此与崔彦进所部胜利会师。

宋军两部合一，声势大振。蜀军士气低落，纷纷后撤至大漫天寨，结寨自保。次日，王全斌下令崔彦进、康延泽、张万友各率一支宋军，兵分三路，夹攻大漫天寨。蜀军集中精锐奋力抵抗，但在宋军的凌厉攻势下，最终溃败，蜀将王审超、赵崇渥、刘延祚等被生擒。

宋军乘胜连拔利州城外各个据点，王昭远率蜀军节节抵抗，结果三战三败，被宋军追着屁股砍，一路追到利州城北。王昭远这位冒牌诸葛亮此时已经吓破了胆，一路狂奔，干脆连利州也给放弃了，率残部渡过桔柏津（嘉陵江和白龙江汇合处），焚烧桥梁，退守剑门天险（今四川省剑阁县东北）。

十二月三十日，宋军顺利攻克利州城，缴获军粮八十万斛。《孙子兵法》有云：取用于国，因粮于敌。这一次，王孔明结结实实地替王全斌当了一回运输大队长。

在陆路势如破竹之时，水路也是捷报频传。刘光义所率领的水师沿江而上，连破巫县境内松木、三会、巫山等寨，歼灭蜀军万余人，生擒后蜀指挥使袁德宏等一千二百余人，缴获战舰二百余艘。

大军行至夔州附近水域，按照最高指示，刘光义在距离夔州浮桥三十里处舍舟登岸，率军从陆上进攻，迅速击溃两岸守军，顺利夺下浮桥，避免了重大伤亡。

赵匡胤临行前交代的锦囊妙计果然奏效，领导就是有水平啊！

紧接着，刘光义命大军"牵舟而上"，很快进抵旅游胜地——白帝城，即夔州。夔州是蜀国水路的咽喉，战略位置极其重要。在这场夔州争夺战打响之前，夔州城内一场舌战就已经开打了。守将高彦俦（chóu）认为，宋军劳师远征，必求速战速决，因此蜀军应坚壁固守、以逸待劳。监军武守谦则认为，高彦俦是胆小怯弱、畏战避敌，主张蜀军应出其不意、主动出击。双方争得面红耳赤，谁也说服不了谁。

其实，自古以来，凡城防战必有主战、主守之争，这不足为奇。而且，从当时的形势来看，高彦俦的建议无疑是比较正确的，蜀军占据地利之势，据险而守是最为稳妥的办法。

让人没想到的是，武守谦很倔很任性，为了证明真理掌握在自己手中，他果断地将理论转化为实践，十二月二十六日，也没跟高彦俦打招呼，就独自行动，率手下一千多人开门出战，结果——惨败！

宋军乘胜追击，尾随入城，高彦俦率军在城内与宋军展开巷战，虽拼死抵抗，但大势已去。高彦俦身中十余创，身边的军士也逃散殆尽。无奈之下，老高返回府第，整理好衣冠，望西北而拜，投火自焚，为国尽忠。

高彦俦死得其所！可见，后蜀也不乏忠臣良将，只可惜孟少爷只爱美人，不爱死士啊。

夔州的失守，意味着后蜀东面的大门已经敞开，四川东部的战局已定。宋军占领夔州之后，很快便溯江而上，大军在刘光义、曹彬的率领下，势如破竹，连克万、施、开、忠四州（今四川省万县、施县、开县、忠县），在宋军强大的军事压力下，遂州（今四川省遂宁市）知州陈愈献城投降。

在水路一线的战事中，有一个细节值得特别关注。本来，宋军将领攻克城池之后，都有屠城的意思（五代遗留的恶习），唯独曹彬不同意，并以总督察的身份制止了诸将的企图，所以水路这一线的宋军所到之处，秋毫无犯。

善治军而爱民，可为将。这位宋初第一良将已经开始崭露头角了。

第三十八章 · 六十六天的征服

随着水路的顺利推进，后蜀的东大门已经豁然洞开。而陆路在王全斌的率领下，宋军如秋风扫落叶般从兴州一路杀到了利州。乾德三年（965年）正月，宋军北路攻克益光（今四川省昭化镇），兵锋直指剑门。

说到剑门，就不得不说蜀道之险了。

| 剑门天险 |

自古以来，由于四川独特的地利位置，入川之路并不好走，能称得上蜀道的，大概就几条，如由云南入川的樊道、由甘肃入川的阴平道、由三峡溯江而上的水道等。但实际上，人们通常讲的蜀道，指的是自古以来连接川陕的交通主干线，也称金牛道或剑门蜀道。

这条蜀道是连接四川和中原的主干道，北起陕西汉中宁强县，南至四川巴中大剑山关口，全长千余里，其间丛山环绕、峭壁摩云、千仞壁立、雄奇险峻，唐朝大诗人李白的那句"噫吁嚱，危乎高哉！蜀道难，难于上青天"指的就是这一条通道。

剑门蜀道凶险无比，特别是剑门关一带，更是号称"险绝天下"，顾祖禹在《读史方舆纪要》中称其为"凭高据险，界山为门"，是蜀北之屏障、两川之咽喉，历来被视为蜀国抵御中原入侵的一道坚不可摧的防线。

剑门之后就是平坦的成都平原，剑门若失守，后蜀将再也无险可守。因此，当昭远惨败、利州失守、大军退守剑门的消息传到后蜀朝廷之时，孟昶被吓得六神无主。无何之下，孟少爷亲自买单，花钱招募了一万多士卒，任命皇太子孟玄喆（zhé）为统帅，率领这支援军赶赴剑门，守住后蜀的最后一道屏障。

太子爷孟玄喆在老子孟昶的耳濡目染下，学会了很多本领，吃喝玩乐自然不在话下。对他来说，世界如此之大，他却只有两件事情不会——这也不会，那也不会。知子莫若父，孟昶此时派这个啥也不会的皇太子出征，真是有一种搬起石头狠砸自己脚的勇气。不过，这也很符合孟昶用人的标准，能力不重要，关系最重要。

孟昶的眼力一向如此，所以倒也不奇怪。奇怪的是，这位太子爷可能连什么叫打仗都还没有搞明白。大军还未出发，他就做起了表面文章，用绸缎包裹旗杆，用刺绣做成旗帜，放眼望去，花花绿绿，煞是好看。

太子爷很满意，可是老天爷很不满意。部队出征之日，天降小雨，孟玄喆担心这些精心置办的行头被雨淋湿，便命令士兵将旗帜全部取下来，待到雨过天晴，才把旗帜重新挂上。结果，这支临时招募的杂牌军军纪涣散、将令不通，一不小心，几千面刺绣做成的军旗全部倒挂在旗杆上，沿途百姓见此情景，无不掩面窃笑。

知道的，这是一支部队，不知道的，还以为是马戏团呢。看来这位太子爷看戏看多了，以为战争就是戏台上的锦衣彩旗、花拳绣腿。

可惜啊，战争不是谈笑间樯橹灰飞烟灭的潇洒，而是刀剑破人头纷纷落地的残酷。太子爷不明白战争的残酷，但有一点他明白——绝对不能对自己残酷。于是，大军出发之时，太子爷果断地把二奶三奶等一众小老婆悉数带上，还亲自挑选了几十个演艺界人士随军而行。理由嘛，很简单：战士们也是人，也需要搞点娱乐活动。

就这样，后蜀的所谓援军一路游山玩水、吹吹打打、慢慢腾腾地往剑门挪。

王孔明，我孟昶不会不管你的，你就耐心地再等等吧。

| 智取剑门 |

乾德三年正月，剑门前线。

伐蜀军总指挥王全斌收到了一份意义非常的新年礼物——皇帝的紫貂大衣。原来，上个月，宋朝首都开封下了大雪，千里冰封，万里雪飘。赵匡胤穿着紫貂大衣在讲武殿处理公务，突然想起西征的将士，便对周围的大臣们说："我身上的衣服穿得这样厚还觉得寒冷，而西征将士们冒着风雪为国征战，想必更加难以抵御风寒。"于是脱下大衣，命太监火速送往西征前线。

王全斌接受赏赐之时，感动得涕泗横流。西征将士得知此事，也是心潮澎湃、莫不叹服，全军士气高涨，誓与后蜀帝国主义斗争到底。

善驭下者，无敌！

有这么好的领导，不把活儿干漂亮了，对得起自己吗！

于是，王全斌立刻召开战前军事会议，商讨作战方案。部将向韬建议："据抓获的后蜀士兵交代，在益光江东，翻越几座大山之后，有一条小路名叫来苏，从来苏再往南走二十里，可以抵达剑门以南的青强店，即与大道相通。大军如果按照这条线路行军的话，就可顺利地绕到剑门之南，断敌后路，剑门之险也就荡然无存了。"

王总指挥一听大喜，正准备同意，部将康延泽提出了异议："蜀军屡战屡败、军心动摇，我军一鼓作气，破剑门天险并不困难。而且最重要的是，来苏小路通道狭窄，大军通行困难，迂回绕远，部队疲乏，不利于速战。倒不如派遣一员偏将率一支偏师，迅速通过来苏小路，绕至敌后，配合正面大军攻击剑门，前后夹击，必能一举而克。"

康延泽的分析鞭辟入里，而且非常稳妥。于是，王全斌决定按照第二套方案行动，命此次战役中表现出色的史延德继续担当先锋，率一部趋来苏小路，迂回到剑门关以南，王全斌则亲率宋军主力正面强攻。

急先锋史延德领命出击，经来苏小路，抵达青强店，顺利迂回至剑门之南，剑门天险被甩在了身后。

"诸葛亮"王昭远做梦也没想到，宋军会经来苏小路而来，顿时乱了阵脚，立马玩起了"逃"字诀，率蜀军主力退守汉源坡（今四川省剑阁县东北三十里），只留下一员偏将留守剑门。

其实，纵观整个战役，这位"诸葛亮"最抢眼的表现，莫过于对"逃"字诀的熟稔掌握和精彩演绎，只要一有风吹草动，王昭远便会以迅雷不及掩耳盗铃响叮当之势，咻的一下没影了。

这下，主帅都跑了，剑门的守军自然是毫无斗志，在宋军的前后夹击下，剑门失守。至此，后蜀赖以据守的战略要地丢失殆尽，亡国也就只是个时间问题了。

| 带汁"诸葛亮" |

宋军拿下剑门之后，乘胜直抵汉源坡。此时的蜀军统帅王昭远已经吓得两腿发软，瘫倒在胡床（一种可以折叠的随军轻便坐具，一般只有主帅才有资格使用）之上，居然连站都站不起来了。

王全斌下达了总攻的命令，宋军如猛虎下山，直扑过来。蜀军军心大乱，一触即溃。蜀军万余人被歼，蜀将赵崇韬被俘。而那位山寨版诸葛亮却在两军交战之际，再次施展咻的一下没影的绝技，如丧家之犬一般逃到东川（今四川省三台县）的一个老百姓家中躲藏起来。

惶惶不可终日的王孔明只好拿出最后的必杀技——"哭"字诀，天天痛哭流涕，以泪洗面，不断哀叹"运去英雄不自由"。

出征时豪气冲天，现在是丧气冲天，把一切失败皆归于运气不好，王昭远"蜀"驴技穷，也只能自欺欺人了。没多久，宋军追兵赶到，将其擒获，此时的王卧龙已经哭得眼睛都肿了，遂得雅号——带汁诸葛亮。

宋军两路进展顺利，频频奏凯，成都已经旦夕可至了！

剑门失守的消息传来时，皇太子孟玄喆率领的援军刚刚"爬"到绵州（今四川省绵阳市），一路优哉游哉的一行人，这时才真正慌了手脚。

看来，剑门十日游是搞不成了，还是散伙吧。太子爷果断决定——逃！于是撂挑子不干了，撇下部队，带着部分亲随一路仓皇西窜，沿途焚烧民舍，狼狈逃回成都。

剑门失守、太子失德，搞成这个样子，孟昶终于头大了。

现在唯一的办法就是——怎么办？

| 降表世家 |

老将石斌建议集中兵力，坚守城池，血战到底。孟昶摇摇头，叹息道："我们父子以丰衣美食供养军队四十年，真正打起仗来，却一个都不顶用，不能东向发出一箭，现在就算要固守，又有谁能为我们卖命呢！"

孟昶的判断是对的，为他卖命的人已经没有了，但是利用他保命的人还是有的。这个人就是当朝宰相李昊。李昊既是前蜀王衍的属下，也是后蜀孟昶的重臣，三朝元老，德高望重，而且李宰相还有一手绝活，可谓独步天下、笑傲江湖。

原来，当年前蜀王衍投降后唐之时，正是由李昊代为起草降书的，从此声名鹊起，名动天下，系不世出的降书起草专家。因此，李宰相拥有丰富的投降经验，具备扎实的专业知识。此时，机会再一次垂青了这个有准备的头脑，在李宰相的建议下，孟昶同意投降，而起草降书的光荣任务，当然就交给了Mr.李。

李宰相功夫不减当年，文如泉涌，一挥而就，仅熬了一个通宵就把降书搞定了，保质保量地完成了领导交代的任务。第二天早上起来，李昊伸了伸懒腰，打开门一看，门口贴了一幅字——世修降表李家。

蜀之人才何其多邪！

正月七日，孟昶派遣伊审征携带降书前往宋军大营。正月十九日，王全斌率大军抵达成都升仙桥，孟昶备齐亡国之礼，跪于道旁迎接，举国投降。

至此，宋军自开封出兵，到孟昶归降，只用了短短六十六天时间，成功地打破了后唐灭前蜀七十天的纪录。

蜀不过二代的魔咒再次应验。

| 巧合 or 讽刺 |

乾德三年三月，亡国之君孟昶率臣僚携家眷，于峡州（今湖北省宜昌市）出发，经襄阳，前往开封，回归中原（孟昶祖籍邢州龙岗，和后周世宗柴荣是地地道道的老乡）。五月十四日，孟昶一行抵达大宋首都开封。

开封市长赵光义同志在玉津园国宾馆，代表大宋中央政府对后蜀亡国代表团的到来表示了热烈的欢迎和亲切的慰问，并对孟昶同志深明大义、束手就擒的伟大操守表示了由衷的赞赏。宾主双方还就相互关心的待遇问题进行了友好磋商，取得了一致意见。

会见结束后，孟昶顺利入住汴水河畔的免费安置房。五月十五日，大宋王朝举行了盛大的阅兵仪式兼受降仪式。由经验丰富的李昊撑场面，孟昶自然是轻车熟路地又走了一遍程序。

赵匡胤很满意，孟昶很满意，开封军民也很满意。大家对这位亡国之君的印象都还不错，平静幸福的生活似乎正在向他招手。可是，很不幸，也许是水土不服的原因，六月九日，孟昶去世，享年四十七岁。

由于孟昶死得太过突然，很多人产生了合理怀疑：孟昶之死与赵匡胤有关，理由很简单——老赵看上了花蕊夫人，迫不及待了嘛。关于这一点，本人不敢妄下断言，因为史实上查无实据。但是，有一些史实片段，我把它摘录过来，见仁见智，相信各位心中自有一杆秤。

片段一，早在孟昶一行启程之时，就有人密奏赵匡胤，强调孟昶主政蜀国长达三十年，且蜀地与开封相距千里，路途遥远，恐易生变，极力要求皇帝派人在路上将孟昶斩草除根，以绝后患。其实这种担心也是很正常的，而且还有先例可循：前蜀后主王衍一行就是在投降后唐前往中原的途中，被后唐庄宗李存勖所杀。而赵匡胤在收到密奏后，却皱了皱眉头，直接批复：你小子心眼忒小了（汝好雀儿肚肠）！

片段二，孟昶虽死，但是孟氏家族得以保全，赵匡胤对孟家人也比较照顾。孟昶长子孟玄喆，也就是那位优哉游哉的太子爷也很受朝廷的重用，先后镇守贝州（今河北省清河县）、定州（今河北省定州市），后来还跟随宋太宗赵光义北伐契丹，立过战功，于滁州善终。

片段三，同样是亡国之君的武平节度使周保权、南平节度使高继冲，在孟昶之前也已经归顺朝廷，赵匡胤对他们的照顾一样很好。周保权后来当上了山西省榆次市市长（知并州），后于雍熙二年（985年）去世。高继冲则在归顺之后被封为江苏徐州军分区司令（武宁军节度使），到任之后，居然一反常态，痛改前非，做了很多有利于百姓的事情，后于开宝六年（973年）七月在任内去世。由于感激高继冲的仁政，当地百姓甚至集体请求将其留葬。可见，赵匡胤对于高继冲的照顾也很到位，并且成功地将其改造成了一个对人民有用的人。

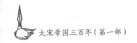

片段四，孟昶归朝之时，南方还有南汉、南唐，北方还有北汉这三个割据政权，出于政治影响的考虑，赵匡胤似乎没有必要置孟昶于死地，否则对于今后的招降不利。而且事实上，后来的南汉后主刘鋹、南唐后主李煜在归降之后，赵匡胤对他们也都不错。

因此，我相信赵匡胤与孟昶之死无关，只可惜孟少主福薄。

不过，阴谋论者的想法也可以理解，毕竟一个亡国之君、一个神武天子、一个绝代佳人，三者搅和在一起，这故事就已经香艳撩人、甜香扑鼻了，作为茶余饭后的谈资博人一笑，也未尝不可。

孟昶死后，花蕊夫人入宫觐见，赵匡胤素闻其才，命其作诗。花蕊夫人想了想，写下了一首《述亡国诗》。

君王城上树降旗，妾在深宫哪得知。

十四万人齐解甲，更无一个是男儿！

不知九泉之下的孟少主听后是否有愧呢？

最后交代一句：孟昶死后被归葬于北邙山，在其墓的旁边是另一个人的墓——刘禅。将近七百年后，两位蜀国的后主竟然以这种方式重聚，不知是历史的巧合，还是现实的讽刺。尘烟散尽，唯余感叹，这正是：

浮香暗渡美人唇，十万铁骑下剑门。

三十年来家国梦，一朝化为邙山魂。

第三十九章 · 将不可骄

　　孟昶的死很突然，而另一件事似乎更突然：刚刚平定的蜀国又造反了！惹出这场祸端的罪魁祸首居然就是此次立下大功的伐蜀军总指挥王全斌。

　　王全斌出身将门，小伙子从小力气就大，胆子也大。当年，后唐庄宗李存勖诛杀大将郭崇韬，引起了宫廷兵变。李存勖身边的勋臣宿将逃得一干二净，只有王全斌等十几个愣头青仍然奋不顾身地拼死保护。混战之中，李存勖被流矢所伤，王全斌冒着生命危险将其扶到绛霄殿，直到其伤重不治，王全斌才俯身叩拜、大哭而去，堪称有情有义、忠贞事主的楷模。

　　也正是因为王全斌的忠诚勇敢，赵匡胤才最终放心地将伐蜀重任交给了他。王全斌最初也确实没有辜负赵匡胤的信任，仅用六十六天就平定了蜀国。

　　可是，自从他进入成都之后，情况就发生了变化。

｜蜀地之乱｜

　　自认为立下了汗马功劳的王大帅，被胜利冲昏了头脑，完全沉浸在自我陶醉之中，史载其"日夜饮宴，不恤军务，纵部下掠子女财货，蜀人苦之"。总督察曹彬多次予以规劝，王大帅都置之不理，依旧我行我素。

如果光是吃吃喝喝倒还没什么，关键问题是，王全斌居然打起了军饷的主意。赵匡胤为了保证蜀地的稳定，命令王全斌将后蜀的降卒押往京城，给的待遇还很不错：愿意来京城的，每人发一万元（钱十千）；不愿意来的，就发两个月的伙食补助（加两月廪食）。

后蜀的降卒有多少？

花蕊夫人的诗里写到"十四万人齐卸甲"。一人一万，十人十万，百人百万，这么一算，王全斌何止眼红啊，连眼睫毛都红了！于是，到可怜的蜀军手里就只剩下打酱油的钱了。

以王大帅为代表的宋军高级将领的胡作非为（曹彬除外），终于激起了后蜀军民的愤恨：爷爷的，当我们是二等公民啊？！

乾德三年三月，后蜀降宋的军队在被押往开封的途中，路经绵州（今四川省绵阳市），兵变毫无悬念地发生了。叛军民主推选原后蜀文州（今甘肃省文县）刺史全师雄为主帅，号称"兴国军"，很快就发展到十余万人。而此时，前任老板孟昶前脚才刚走。

如果在兵变之初，宋军果断采取措施，或许事情还有转机，因为叛军的主帅全师雄是被士兵赶鸭子上架赶上去的，史书对此记载得很明确——胁迫。

可是，事情又坏在了王全斌手上。

| 冲动的惩罚 |

将不可骄，骄则失礼，失礼则人离，人离则众叛。

——诸葛亮《将苑》

兵变的消息令王全斌手忙脚乱。仓皇之间，他派遣骑兵总督察（马军都监）朱光绪前往招抚全师雄。没想到，这个朱总督察真不是个东西，居然把"招抚"搞成了"招死"，将全师雄全族诛杀，唯独留下他的一个女儿，做了自己的小老婆。

红白喜事一起办，见过狠的，没见过这么狠的！朱屠夫上演了一场现实版的逼上梁山。

得知消息的全师雄义愤填膺，从此抛弃幻想，决定死磕，遂自号"兴蜀大王"，设置中央机构、任命文武百官，开张营业，欲与大宋分庭抗礼。

叛军很快攻克彭州（今四川省彭州市），并占领灌口、新繁、青城等战略要地，屡战屡胜，兵临成都，蜀地境内十七州纷纷响应。

后蜀投降之时，共献出四十六州，如今超过三分之一的地区复叛，形势十分严峻。已经方寸大乱的王全斌完全没了主见，昏着迭出，很快又想到一个馊主意。

当时，成都城内还有二万七千降卒，王全斌害怕他们起兵呼应叛军，居然将手无寸铁的二万七千人全部诱到夹城之中杀掉，上演了一幕惨绝人寰的成都大屠杀。

看清了形势的叛军终于明白，对付这个捞钱不手软、杀人不眨眼的王全斌，只能用四川麻将的四字真言伺候——血战到底！

于是，叛军更加坚定了作战决心，各地兵变此起彼伏。王全斌无奈之下，只得向朝廷求援。得知消息的赵匡胤气得直跳脚，无可奈何之下，派遣丁德裕领兵增援。最后，经过前前后后将近两年的折腾，蜀国境内的叛乱才渐渐平息。

一场六十六天的速胜，一场长达近两年的乱局，王全斌交出了两份迥然不同的答卷。

| 皇帝的一票否决权 |

蜀国境内的叛乱虽然平息了，但对于蜀国百姓来说，这场兵变留下的后遗症却一直延续着。毕竟，宋军在进驻成都之后的种种表现实在是令人大失所望。虽然赵匡胤在事后做了很多的补救措施，比如免除赋税、兴修水利等，但是那道伤疤始终横亘在蜀人的心中。

而伴随着这种失落感，蜀地百姓自然对于大宋王朝缺乏发自内心的认同感和归属感，于是一有风吹草动，人心就易思变。后来的王小波、李顺起义就是明证。

可见，得城池易，得民心实在是难啊！

乾德五年（967年）正月，伐蜀军总指挥王全斌一行回京复命。对他失望透顶的赵匡胤命令监察部门立刻启动调查程序。不查不知道，一查吓一跳。最终查实王全斌、王仁赡、崔彦进合谋贪污六十四万六千八百多贯，而根据《宋史·职官志》的记载，宋朝宰相的月薪才三百贯，王全斌这趟四川之行捞到的干货，足够赵普同志不吃不喝累死累活干180年！可见王全斌一伙胃口之大。

调查结果出来之后，赵匡胤召集百官，征询处理意见。文武百官的结论惊人

的一致——死刑，立即执行！很显然，王全斌等人的行为已经激起了公愤。

可是，毕竟王全斌立下了平蜀大功，赵匡胤有意维护，在群情汹汹之下，他只好借死刑复核的机会，动用了至高无上的"皇帝一票否决权"：将王全斌贬为湖北随州军分区候补司令（留后），将崔彦进贬为陕西安康军分区候补司令，免去王仁赡国防部副部长（枢密副使）的职务，降为右卫大将军。其他西征将士一律不予追究。

与此形成鲜明对比的是，一名在西征途中涉嫌强奸妇女并在事后割掉受害妇女乳房将其残杀的中级军官，在各级官员一致维护的情况下，赵匡胤动用了"皇帝一票肯定权"：将其斩首示众。

应该说，这名军官罪有应得，赵匡胤这样处理没有问题，但问题在于，王全斌曾经屠杀了二万七千名降卒并引发蜀中大乱，却仅仅是降职。两相比较，赵匡胤显然有失偏颇。

当然，此次伐蜀之战，虽然总指挥做人做得很失败，但至少还是有一个人令赵匡胤感到欣慰。此人就是曹彬。此次伐蜀之战的陆军总督察王仁赡在面对皇帝的质问时，诋毁诸将，对谁都不服，却说"不负陛下任使者，惟曹彬一人耳"，认为其"清谦畏谨"，不辱使命。

事实上，纵观整个战争进程，也只有曹彬始终保持了清醒的头脑，严格约束部下，军纪严明，秋毫无犯，其清廉严谨的做派颇有大将风度。于是，曹彬也就此脱颖而出，被赵匡胤擢升为内务部副部长（宣徽南院使）兼河南滑县军区司令（义成军节度使）。

值得注意的是，当年赵匡胤随后周世宗二征淮南，名动江北之后，因军功被柴荣敕封的官职，也是义成军节度使。赵匡胤将自己曾经担任过的官职予以实授，可见曹彬的确得到了领导的高度认同。

那么，为什么独独曹彬得享此殊荣呢？

| 宋初第一良将 |

曹彬能一战成名而得到最高领导人的赏识，并非偶然，一切皆源于下面这句话。

听领导的话。

曹彬，字国华，真定灵寿（今河北省正定县）人。后周太祖郭威在位时，曹彬的姨母是郭威的皇妃，因而曹彬也算和后周皇室沾亲。到了世宗当政之时，曹彬被任命为供奉官，也就是皇宫内的后勤主管，负责柴荣的饮食茶酒。

那时，赵匡胤还是柴荣手下一名普通将领，与曹彬比起来，显然离领导的距离远了点。不过，赵匡胤属于自来熟型的人，见到谁都先套套近乎，再加上曹彬只比他小四岁，两人年岁相仿，又同殿为臣，倒也渐渐熟络起来。

军人都喜欢喝两口，赵匡胤也不例外，而曹彬正好掌管着皇宫的茶酒之用，于是赵匡胤时常不请自来地找曹彬讨酒喝。曹彬倒也不介怀，每次都拿出好酒来，让赵匡胤尽兴而归。次次如此，从无例外。

后来一个偶然的机会，赵匡胤才知道，这些酒原来都是曹彬自己掏腰包到集市上沽来的。他不禁不好意思，同时大惑不解："哥们儿，我正是因为你掌管官中茶酒，才来跟你讨酒喝的，你怎么每次都自己掏钱呢？"

曹彬同志严肃地说："赵匡胤同志，俺掌管的是官酒，怎么能私用呢？"

一句话令赵匡胤肃然起敬。

后来，小赵同志发愤图强、勇往直前，凭借军功晋升为后周朝殿前都点检，手握中央禁军大权，一时权势熏天、风光无限，军中将领、朝中大臣莫不争相与之结交，唯独曹彬始终不偏不倚、保持中立，既非赵匡胤的"义社十兄弟"之一，更不是"黄袍惹的祸"的剧组成员，甚至到了赵匡胤黄袍加身、龙飞九五之后，曹彬同志仍是不远不近，保持合理合法又合适的距离，无半点攀龙附凤之举，真正做到了"没有大事不登门"。搞到最后，连昔日的讨酒男赵匡胤都有点莫名其妙了。

于是，在建隆二年（961年），赵匡胤特地从外地召曹彬回宫，一见面就单刀直入："你小子，行啊！我过去一直都想和你走得近一点，你怎么老是疏远我呢？"

曹彬一脸严肃地说："臣是后周皇亲，还是宫内近侍，谨慎地做好自己的本职工作，还担心有所过失，怎么敢随便结交人呢？"（臣为周室近亲，复忝内职，靖恭守位，犹恐获过，安敢妄有交结？）

这就是曹彬，一个头脑清醒、坚持原则的人。

赵匡胤对他的评价是："不敢负其主者，独尊彬耳。"说白了，曹彬是一个听领导话的人。也正是因为这一点，曹彬才能在此次伐蜀之战中，坚决地贯彻赵匡

胤的命令，真正做到了不滥杀妄杀，维护了大宋的国威。而大宋的国威就是赵匡胤的脸面，所以曹彬战后独享殊荣也在情理之中。

赵匡胤的举动再次证明了一点：任何敢于违抗皇命的人，绝没有好果子吃！兵骄将悍、擅杀妄断的时期已经一去不复返了！

说到底，一句话——皇权至上，乾纲独断！

第四十章 · 皇权与相权

提到皇权，就不得不提相权。自古以来，这两者就是一对矛盾体，始终是你中有我，我中有你，剪不断，理还乱。

秦始皇统一六国后，宰相制度就作为一种官制确定了下来，这一确定，就令人瞠目结舌地一直沿袭了近两千年。

| 宰相是个打工仔 |

皇帝设置宰相这个职务的最初目的，很明显只是为了找一个打工的，毕竟皇帝既不是劳动模范也不是三八红旗手，这么多的活儿全指望皇帝去干是不现实的，不累死也得烦死，所以必须招聘一个CEO。

关于这个CEO的职责，西汉宰相陈平有一个准确的定义："宰相者，上佐天子，理阴阳，顺四时，下遂万物之宜，外镇抚四夷诸侯，内亲附百姓，使卿大夫各得任其职也。"

由此可见，宰相虽然是个打工的，可那仅仅是对于皇帝而言，在整个王朝的政府机构中，宰相却是名副其实的位极人臣，一人之下万人之上，统率百官，总掌政务，事无巨细，无所不统，实打实的二当家。

这就带来一个问题——如果相权过重，那么对皇权就是一种威胁。而对于赵

匡胤来说，这是不能容忍的。实际上，自从"杯酒释兵权"后，赵匡胤仍然认为还没有真正解决自唐朝末年以来的"君弱臣强"问题，而要达到皇帝"总揽威柄，独制天下"的目的，就需要在制度上进一步牵制和削弱宰相的权力。

陈桥兵变后，为了稳定政局、笼络人心，赵匡胤并没有对后周旧臣进行清洗，相反，仍然任命范质、王溥、魏仁浦为相，而且又是赐爵位，又是发红包，极尽维稳之能事。但是这三位毕竟是前朝重臣，特别还是柴荣的托孤之臣，赵匡胤对他们没有一点忌惮是不可能的。

"坐而论道"的废除就是一个明显的信号。

所谓"坐而论道"其实是唐朝的规矩：唐时的宰相，上朝可以坐下喝茶，边品茶边与皇帝坐谈国家大事，一派儒雅风范、名士风度，这就是《千字文》中所说的"坐朝论道，垂拱平章"，现在听起来都还让我等知识分子艳羡不已。不过，这令天下读书人口水直流的待遇，到了宋太祖手里就有了变化。

据宋人王定国的《闻见近录》记载，某一天早朝，宰相王溥、范质同以往一样，和宋太祖商议国家大事，赵匡胤突然对王溥、范质说："朕眼睛最近不太好，看东西比较模糊，你们把奏章送到朕面前来。"

两个老实巴交的宰相立马起身，走上前去递奏章。就在这哥俩离座之时，早已经得到指示的侍卫趁机将宰相的座位搬走。这哥俩回头一看，凳子不见了，再一看，赵匡胤似乎压根就没看见，两人对了一眼，自然心照不宣。

自此以后，"坐论之礼"废止，宰相只能和寻常官员一样，站立于朝堂之上奏事，"坐而论道"成为历史，宰相的待遇明显降级了。由此可见，赵匡胤搬走的不仅仅是一张宰相的座位，而是宰相的地位。

这还不算，赵匡胤又设置了一个职位——三司使，主管全国的财政工作，其地位甚高，被称为"计相"，名副其实的财神爷。CEO之外又多了一个CFO，宰相的财政权被分离出去了。

在旧制中，宰相统辖军权、政权和财权，但是新主子赵匡胤上台后，这三项权力演变成：枢密使掌军权，三司使掌财权，宰相只管行政权。赵匡胤对于权力制衡的理解已经大大超越了那个时代。

不仅如此，赵匡胤对于宰相行使行政权也不放心，又想把行政权中最重要的人事任免权也控制在自己手中，于是他想出了一个前无古人后无来者的奇招。

| 大宋官员的吃饭问题 |

赵匡胤的奇招就是四个字——官职分离。

这样一种非常特别的人事任免制度，它的产生有着深刻的历史背景。可以说，这种人事任免制度的诞生，与陈桥兵变有直接的关系。

赵匡胤通过陈桥兵变，兵不血刃，顺利夺权。为了确保新政权的稳定，其上台之初就定下了留用后周旧臣的国策。于是，几乎所有前朝的官老爷们都捧上了赵匡胤给他们的新饭碗。

赵匡胤的政策是，后周旧臣的官位全部保留、俸禄照给、待遇照有，确保大家都有饭吃。但是，不确保大家都有事做。也就是说，后周旧臣们待遇不减，甚至还有增加，但大多数人只是挂个官名，并不再担任实职，官员的官名只与品级高低、待遇多少有关。这种官名也就被形象地称为"寄禄官"。官员能不能吃上饭，吃上什么标准的饭，希望全部寄托在官名上。

当然，不是所有的官员都是吃货，一些有理想的官员还是有点精神追求的，所以，别急，赵匡胤把精神食粮也准备好了。

| 大宋官员的精神食粮 |

这就是"职"。

职是一种荣誉头衔，体现的是官员的文才和文化程度。这些职包括待制、直学士、学士、大学士等，类似于今天所推崇的学历，如学士、硕士、博士等。虽然叫法不同，但都是时人对文化程度的一种标签。

在宋朝，能得到"职"这种荣誉的，一般是中央机构的中高级文官。这种皇帝给予中高级知识分子的礼遇，低级文官是享受不到的。

所以，有宋一代，凡是获得"职"的官员，其履历往往首先突出"职"。如被世人所熟知的那位包青天包大人，他在开封府的时候，其官职是：龙图阁直学士、刑部郎中、权知开封府。"龙图阁直学士"的职名被毫无疑问地排在首位，所以世人称包拯为"包龙图"。可见，"职"在宋朝人心目中的那份荣耀。

有了"官"和"职"，也不等于就有事可做。

| 大宋官员的职业梦想 |

宋朝官员要做事，必须有"差遣"，这才是官员们所担任的实际职务。也只有拥有"差遣"，官员们才能名正言顺地行使职权。

打个比方，假设你好不容易混到了枢密直学士（职）、左赞善大夫（官），荣誉有了，待遇也有了，但是，没有差遣，那你就上朝的时候老老实实站着，在家的时候老老实实待着，每个月老老实实地等着发薪水吧。

无实职就无实权，什么也干不了。

也许某一天，皇帝心血来潮，一不留神想起来，哦，原来还有一个这么乖的你，于是准备给你个市长当当，那么，就会把你差遣为"知州"。恭喜你，终于熬出头了！这时你才是真正名正言顺的地方大员，准备屁颠屁颠去上任吧。

不过，别高兴得太早，因为在你的差遣名称之前，通常会加点字眼，如"权、判、直、试"等。因此，你得到的差遣多半是"权知某某州"。

什么意思？

皇帝的意思是，某某同志，你还是很不错的，我给你找了个好地方，那里物产丰富、民风淳朴、天地广阔，大有作为，你就去那儿好好干吧。至于干多久，嘿嘿，我不告诉你。

于是，你明白了——靠！闹了半天，原来是个临时工啊！

是的，这才是皇帝的真正目的。

| 就不告诉你 |

差遣名称之前的字眼，诸如"权、判、直、试"等，代表的是临时办理某事的意思。实权是给你了，但是干多久，不知道。

以地方官为例，一般来说，一任为三年，如果皇帝心情好，也许你还能干满一任，心情不好，那就难说了，你懂的……而且，要注意，任期一旦届满，就必须调任，无论什么理由，均不允许留任。宋朝曾发生地方官员工作出色、当地百姓请求其留任的情况，但即使百姓求情，朝廷也不允许，目的就是防止官员在地方形成势力。

而具体去哪儿，待定！这时这位官员很可能又变成实质上的"无业"了，又要等待皇帝的差遣。所以，在官职分离的制度下，只有差遣才是最关键的。

《宋史·职官志》的记载充分说明了这一点："故仕人以登台阁、升禁从为显宦，而不以官之迅速为荣滞；以差遣要剧为贵途，而不以阶、勋、爵邑有无为轻重。"

所以，在宋朝，"职"是官员的荣耀，而"差遣"才是官员的梦想。

| 大宋临时工 |

为了便于大家理解，我们再以北宋名臣寇准为例，回过头来看看赵匡胤的这套官员任职制度。

真宗朝时，寇准曾是枢密直学士、户部郎中、判吏部东铨。

直学士是职，郎中是官，判吏部东铨是差遣。也就是说，当时寇老西同志戴的是直学士的荣誉头衔，领的是郎中这个级别的俸禄，干的是吏部的活儿，判吏部东铨才是他的实职。

所以，有宋一代，比较有名的官员，名字前往往会加一堆的头衔。例如那位小时候砸缸的名臣司马光同志，他在向皇帝献上《资治通鉴》时，自称是：端明殿学士、兼翰林侍读学士、太中大夫、提举西京嵩山崇福宫、上柱国、河内郡开国公……

每每读史至此，我的反应和大家一样——晕……所以，我实在是佩服赵匡胤，他居然能够凭那颗小时候受过重创的铁头脑袋，捣鼓出这么多名堂来。

赵匡胤正是通过官、职、差遣三个系统，分别控制官员的待遇、荣誉、实职，使得官员要想获取实权，必须经过皇帝"差遣"这一关，从而将官吏的人事任免权牢牢地攥在自己手中，实现了皇权的高度集中。

同时，又通过临时安排职务的方式，使各级官员对于自己将要被实授何职心中无底，对于授官之后任期多长心中无数，给官员的心理造成一种时时刻刻可能被取代的感觉，即"名若不正，任若不久"，从而达到赵匡胤的最终目的：防止官员利用职权在某地或某部门培植自己的势力。既然"名若不正，任若不久"，那就难以形成气候，难以蓄谋作乱了。

如此，皇帝在宝座上才能坐得安稳。

于是，整个宋朝官场，满眼望去，尽是临时工矣！这些临时工们也只能眼巴

巴地盯着皇帝，希望有朝一日祖坟冒烟，能被赏个实职，签上一份实实在在的劳动合同，干点正事儿。而签或不签，皇帝就在那里，不言不语。

这就是宋朝的官职分离制度。

赵匡胤所采取的"官职分离""名实不一"等方法，造成"官无定员，员无专职"的局面，使宰相无法行使朝廷官员的人事任免权。再加上撤宰相凳子、分宰相财权等狠招，赵匡胤乐此不疲、全方位全天候地干扰相权。这几招儿下去，是个人都被他玩废了。

眼看手中权力被一天天削弱，再加上对自己前朝旧臣的身份忐忑不安，范质等人开始不停地上疏恳请提前领退休金。架不住这三位的执着，赵匡胤终于批准了范质等人的辞职报告。乾德二年正月，范质、王溥、魏仁浦三位宰相被免去职务，同时，赵普官拜集贤殿大学士、门下侍郎、平章事，成为当时唯一的宰相。陈桥兵变四年之后，赵大导演终于修成正果。从此，"上视（赵普）若左右手，事无大小，悉咨决焉"。

在董事长赵匡胤和CEO赵普的通力合作下，大宋王朝独资公司进入了快速增长期。

五代大事年表

后梁（907—923）

庙号	谥号	姓名	在位年限	陵寝
太祖	神武元圣孝皇帝	朱温	907—912	宣陵
	开平元年（907年）	朱温废唐哀帝，自立为帝，改名为朱晃，建立后梁，定都开封		
	乾化二年（912年）	朱温被其子朱友珪刺杀		
	郢王	朱友珪	912—913	
	凤历元年（913年）	均王朱友贞发动洛阳禁军兵变		
	末帝	朱友贞	913—923	
	凤历元年（913年）	即帝位，改名为朱锽，后再改名为朱瑱		
	龙德三年（923年）	李存勖攻入开封，朱友贞自尽，后梁亡		

后唐（923—936）

庙号	谥号	姓名	在位年限	陵寝
庄宗	光圣神闵孝皇帝	李存勖	923—926	
	同光元年（923年）	李存勖称帝，建立后唐，迁都洛阳		
	同光四年（926年）	李存勖在"兴教门之变"中被乱箭射死		
明宗	圣德和武钦孝皇帝	李嗣源	926—933	徽陵
	明宗之治	明宗废苛法，平冤狱，力革宦官专政、伶人干政、贪官当道等弊政，稳定了政局		
愍宗	昭成闵孝皇帝	李从厚	933—934	
	应顺元年（934年）	李从厚被废为鄂王，不久遇害		
	末帝	李从珂	934—936	
	清泰三年（936年）	石敬瑭与契丹大军进逼京师洛阳，李从珂自焚而死，后唐亡		

后晋（936—947）

庙号	谥号	姓名	在位年限	陵寝
高祖	圣文章武明德孝皇帝	石敬瑭	936—942	
	清泰三年（936年）	石敬瑭勾结契丹，以幽云十六州为代价，登基称帝，建立后晋，定都开封		
	出帝	石重贵	942—946	
	开运三年（946年）	石重贵不肯向契丹称臣，契丹攻后晋，占开封，后晋亡		

后汉（947—950）

庙号	谥号	姓名	在位年限	陵寝
高祖	睿文圣武昭肃孝帝	刘知远	947—948	睿陵
	天福十二年（947年）	刘知远太原称帝，沿用天福年号		
	乾祐元年（948年）	刘知远正式称帝，定都开封，改名为刘暠，改国号为大汉，史称后汉		
惠祖	隐皇帝	刘承佑	948—950	颍陵
	乾祐三年（950年）	叛军攻开封，刘承佑被杀，后汉亡		

后周（951—960）

庙号	谥号	姓名	在位年限	陵寝
太祖	圣神恭肃文武孝皇帝	郭威	951—954	嵩陵
	广顺元年（951年）	郭威称帝，建立后周，定都开封		
世宗	睿武孝文皇帝	柴荣	954—959	庆陵
	显德二年（955年）	令大臣撰《为君难为臣不易论》《平边策》		
	显德六年（959年）	柴荣在北伐途中病逝		
	恭皇帝	柴宗训	959—960	
	显德七年（960年）	陈桥兵变，赵匡胤黄袍加身，柴宗训被迫禅位于赵匡胤，后周亡		